D1289858

*Ñaque o de piojos
y actores*

———

¡Ay, Carmela!

Letras Hispánicas

José Sanchis Sinisterra

Ñaque o de piojos y actores
y actores
———
¡Ay, Carmela!

Edición de Manuel Aznar Soler

DECIMOSÉPTIMA EDICIÓN

CÁTEDRA

LETRAS HISPÁNICAS

1.ª edición, 1991
17.ª edición, 2016

Documentación gráfica de cubierta: Fernando Muñoz

© José Sanchis Sinisterra
© Ediciones Cátedra (Grupo Anaya, S. A.), 1991, 2016
Juan Ignacio Luca de Tena, 15. 28027 Madrid
Depósito legal: M. 27.975-2010
ISBN: 978-84-376-1034-4
Printed in Spain

Índice

Introducción

José Sanchis Sinisterra. Foto F. Martí.

El teatro, pasión de vida

José Sanchis Sinisterra, nacido en Valencia en 1940, es un dramaturgo español que resalta ante todo por la coherencia ejemplar entre su teoría teatral y su práctica escénica. Desde que en 1958 fue nombrado director del Teatro Español Universitario (TEU) de la Facultad de Filosofía y Letras de Valencia hasta la escritura de sus últimas obras —pasando por la creación en 1977 de El Teatro Fronterizo, de Barcelona, y por la inauguración en 1989 de la Sala Beckett—, la trayectoria de Sanchis Sinisterra expresa una permanente voluntad de investigación, realizada con un rigor teórico muy poco frecuente en el teatro español. Además, esta actitud implica una constante exigencia autocrítica que, contra la tendencia «espectacular» dominante en la política teatral de los años ochenta[1], rechaza por igual las convenciones y los códigos teatrales establecidos, el éxito

---

[1] «Para mí, uno de los problemas fundamentales del teatro actual es la inflación de lo espectacular gracias a los apoyos institucionales, con montajes muy caros, unos medios técnicos y un acabado de los productos realmente extraordinario, pero sin sustancia interna, sin experimentación, sin motivación, ni necesidad real de hacerlos. Se hacen simplemente por la coyuntura de unas circunstancias y de unos millones. En esta situación, la tendencia a la desnudez escénica, la búsqueda de los límites de la teatralidad, es una opción estética y también ideológica» (Joan Casas, «Diálogo alrededor de un pastel bajo la mirada silenciosa de Beckett», entrevista a J. Sanchis Sinisterra, *Primer Acto,* núm. 222, enero-febrero de 1988, pág. 36).

fácil conseguido a través de la complicidad acomodaticia con el gusto del público y el posmoderno esplendor escénico, tan «espectacular» pero por desgracia tan frecuentemente vacuo. El trabajo de Sanchis Sinisterra se orienta hacia la indagación de los territorios oscuros de la teatralidad, de sus propios límites y fronteras. Éste es sin duda el sentido de El Teatro Fronterizo, el grupo teatral que fundó en 1977 y que hasta la fecha dirige, un grupo que ha sido capaz no sólo de explicar con claridad sus planteamientos y objetivos, sino también de asumir públicamente sus errores y fracasos, convictos y confesos personalmente por el mismo dramaturgo como un riesgo inherente a la propia investigación escénica[2], actitud autocrítica que confiere a grupo y director un carácter tan insólito como radicalmente ejemplar.

Sanchis Sinisterra es un verdadero «animal teatral», un hombre que ha hecho del teatro su pasión de vida, su manera de comprender el mundo y de estar en él[3]. Director

---

[2] «Desde una lúcida conciencia de fracaso, pero sin la más mínima autocompasión», El Teatro Fronterizo reafirma su voluntad de no someterse a una política teatral dominante que valora el éxito por la cantidad de público; «Porque, no lo olvidemos, tales son las consignas imperantes; hay que hacer un teatro que guste a todos los públicos, que gratifique todos los estómagos, que no moleste a nadie (...) Es el signo de los tiempos; las "masas" son un concepto cuantificable estadísticamente... y electoralmente». Con pasión y rabia, fiel a un «pertinaz olvido del mercado cultural», Sanchis Sinisterra pregunta: «¿Y la investigación? ¿Y la experimentación? ¿Y el sentido del riesgo inherente a la creación artística? ¿Y su derecho al fracaso? ¿Y los circuitos marginales?... Ah, bueno; eso son tópicos trasnochados, supervivencias del "teatro independiente" o vestigios elitistas» (J. Sanchis Sinisterra, «Crónica de un fracaso», *Primer Acto,* núm. 222, enero-febrero de 1988, págs. 24-25).

[3] El dramaturgo, a la pregunta de si, en las actuales circunstancias, la pasión teatral vale la pena, responde a su entrevistador que, «en la medida en que el teatro es una actividad que se justifica a sí misma; una manera de estar en el mundo, de relacionarse con los demás, una forma de afirmar una presencia, ilusoria si quieres, en este mundo en el que nos ha tocado vivir, entonces, para mí, sí vale la pena» (Santiago Fondevila,

del TEU de Valencia en 1958[4] y, tras su ruptura con aquel sindicato falangista, fundador y director del Grupo de Estudios Dramáticos al año siguiente; impulsor de un proyecto de Asociación Independiente de Teatros Experimentales (AITE), del que fue director provisional[5]; corresponsal por entonces de la revista *Primer Acto* en Valencia; fundador y codirector en 1960 y hasta 1966 del Aula de Teatro de la Facultad de Filosofía y Letras de Valencia[6], en

---

«Sanchis Sinisterra: "El teatro no es un círculo cerrado"», *El Público,* núm. 67, abril de 1989, pág. 43). Y, a continuación, añade «que para mí el teatro no es un círculo cerrado, un "ghetto", sino que debe estar en conexión ya no con la realidad más objetiva sino con todo lo que ocurre en el mundo del arte, del pensamiento, y en ese sentido nunca me he conformado con ser un hombre de teatro. Una de las cosas que más crítico de la gente de teatro de este país es la pobreza de horizontes» (ob. cit., pág. 43). Ya en 1982 el dramaturgo afirmaba que «es desolador verificar la pobreza del discurso teórico que subtiende la práctica teatral contemporánea posterior a Brecht, especialmente en España» (J. Sanchis Sinisterra, «Teatro Fronterizo, taller de dramaturgia», *Pipirijaina,* núm. 21, marzo de 1982, pág. 30); mientras que en 1988 se reafirmaba en su convicción de que «el teatre és un territori de la cultura que té fronteres amb tots els territoris de la cultura. I una de les raons de la misèria teatral d'aquest país és la misèria cultural de la gent que fa teatre» (Patricia Gabancho, «José Sanchis Sinisterra», en *La creació del món. Catorze directors catalans expliquen el seu teatre,* Barcelona, Institut del Teatre, 1988, pág. 339).

[4] El TEU de Valencia representó en el Festival Nacional de Teatro Universitario, celebrado en marzo de 1960 en Zaragoza, la *Antígona,* de Anouilh, y *Los habitantes de la caverna,* de William Saroyan: «Estupenda la dirección de José Sanchis Sinisterra y excelente la interpretación de Concha Navarro, Francisco Manzaneque y Pilar Puchol» (Felipe Bernardos, «Importancia del Festival Nacional de Teatro Universitario de Zaragoza», *Primer Acto,* núm. 14, junio de 1960, pág. 63).

[5] «Para una Asociación Independiente de Teatros Experimentales», *Primer Acto,* núm. 51, 1964, págs. 25-26. La coordinación del proyecto de Asociación la realiza el Aula de Teatro de la Facultad de Filosofía y Letras de Valencia. Con posterioridad, el propio autor firmará, como director provisional de esta AITE, una «Carta a los grupos no profesionales españoles» *(Primer Acto,* núm. 60, enero de 1965, págs. 63-64).

[6] «Importa destacar la labor que realiza el Grupo de Estudios Dramáticos, en colaboración con la Cátedra de Literatura de la Facultad de Fi-

la que fue profesor ayudante de Literatura Española entre 1962 y 1967, Sanchis Sinisterra es durante el franquismo un protagonista relevante del teatro independiente español, autor de numerosas ponencias en coloquios nacionales, como el de Gijón en 1963[7], el de Córdoba en 1965[8] o el de San Sebastián en 1970, en donde participó con una ponencia titulada muy lúcidamente «Las dependencias del teatro independiente»[9]. Esta etapa valenciana del autor es,

---

losofía. Se trata del Aula y del Seminario de Teatro, que semanalmente congregan a algunos núcleos de interesados en torno a cuestiones teóricas y prácticas del arte escénico. El Aula de Teatro, en su segundo año de existencia, desarrolla un ciclo de conferencias en el que se estudian tendencias del teatro contemporáneo, aportaciones de los clásicos y problemas del arte dramático en general. El Seminario de Teatro profundiza, por medio del trabajo colectivo, en el desentrañamiento de obras, desde el punto de vista de la interpretación, de la dirección, de la escenografía, de la construcción dramática, etcétera. Un grupo de jóvenes actores, directores, autores, escenógrafos, recibe de este modo la formación que en otra parte no puede encontrar» (Espiral, «Muchas actividades del teatro no profesional», *Primer Acto,* núm. 31, febrero de 1962, pág. 63).

[7] J. Sanchis Sinisterra, «I Festival de Teatro Contemporáneo de Gijón», celebrado entre el 3 y el 8 de septiembre de 1963 *(Primer Acto,* núm. 119, abril de 1970, págs. 15-17); reproducido en *Documentos sobre el teatro independiente español,* edición de Alberto Fernández Torres, Madrid, Ministerio de Cultura, INAEM, colección «Teoría escénica», 1987, págs. 21-24.

[8] J. Sanchis Sinisterra, «Teatro español. No todo ha de estar en Madrid», *Primer Acto,* núm. 79, 1966, págs. 4-12; recopilado por Luciano García Lorenzo, editor de unos *Documentos sobre el teatro español contemporáneo* (Madrid, SGEL, 1981, págs. 317-336). En esas Conversaciones Nacionales de Teatro de Córdoba, clausuradas con esta ponencia, hubo animados coloquios en los que intervino el autor. Pueden seguirse por las transcripciones publicadas en la revista *Primer Acto* (núm. 70, 1965, págs. 12-15; núm. 71, 1966, págs. 11-14; y núm. 73, 1966, págs. 6-7). Un ensayo más condensado sobre el tema de «El teatro en provincias» se publicó en un número extraordinario que la revista *Cuadernos para el Diálogo* dedicó al «Teatro Español» en junio de 1966 (ob. cit., págs. 20-22).

[9] J. Sanchis Sinisterra, «Las dependencias del teatro independiente», *Primer Acto,* núm. 121, junio de 1970, págs. 69-74; antologado por Alberto Fernández Torres en ob. cit., págs. 131-140. El autor expresa una

por tanto, fecunda para su formación y para sus primeras experiencias dramatúrgicas y escénicas. Con el Grupo de Estudios Dramáticos puso en escena, entre otras, la *Antígona* de Anouilh, primer montaje del Grupo, estrenado en diciembre de 1959, al que siguieron obras de Shakespeare[10], de clásicos españoles[11] o de autores contemporáneos, como el argentino

---

opinión autocrítica sobre el desarrollo de dicho polémico festival en su respuesta a la encuesta de *Primer Acto*: «Hemos optado por hacer de este Festival Cero un Punto Cero, para, la próxima vez, tener que partir, como siempre, de cero (...) Sigo creyendo en la necesidad de una federación de teatros independientes» (núm. 125, octubre de 1970, págs. 31-32).

[10] «Una imperfecta realización de una idea interesante y ambiciosa nos la ofreció el Grupo de Estudios Dramáticos, bajo la dirección de José Sanchis Sinisterra, al presentarnos un montaje de *Cuento de invierno*» (Espiral, «Valencia. Cervantes, Fry, Shakespeare y la Escuela Adrià Gual», *Primer Acto*, núm. 33, abril de 1962, pág. 63).

[11] Por ejemplo, el director se refiere, en un artículo titulado «Sobre la revisión crítica de los clásicos», a una puesta en escena de «Teatro Burlesco», compuesta por cinco obras breves de Lope de Rueda, Cervantes, Ramón de la Cruz, Juan Ignacio González del Castillo y Alejandro Casona, que el Grupo representó en diciembre de 1962 en el Salón Columnario de la Lonja valenciana: «Lo esencial para nosotros no eran las obras en sí, ni el puro carácter espectacular que el dinamismo de los montajes podía acentuar, sino la españolidad de la burla como respuesta a unas circunstancias concretas y su variación en consonancia con éstas. (...) El estudio de una constante de nuestro teatro en su conexión con lo social nos proporcionó una visión coherente y una intención reveladora. Se trataba de desnudar la representación de todo lo accesorio y de religar el proceso histórico a su pura expresión dramática. ¿Esteticismo? No: teatralidad directamente en función de una idea, de una trayectoria crítica que se pretende hacer recorrer al espectador, obligándole a completar con su imaginación y su reflexión las insinuaciones plásticas y conceptuales que se le ofrecen desde la escena. Independientemente de los resultados efectivos de nuestra experiencia, creemos que se hace precisa una revisión de nuestros clásicos a partir de un criterio dialéctico. El teatro por el teatro, como el arte por el arte, no tiene nada que hacer en un mundo de exigencias inmediatas y urgentes, y, muy especialmente, nuestra sociedad necesita una seria revisión de todas sus creaciones ideológicas desde la perspectiva enriquecedora de una sociología objetiva» (José Sanchis Sinisterra, «Sobre la revisión crítica de los clásicos», *Primer Acto*, núm. 43, 1963, págs. 63-64).

Osvaldo Dragún[12], el valenciano Manuel Bayo[13] o, en un

[12] «Sanchis Sinisterra, en dos montajes interesantes de Teatro Burlesco, en colaboración con Juan Antonio Lacomba, y de Teatro Dialéctico, poniendo en escena la historia de Dragún *Los de la mesa diez,* nos pareció demasiado preocupado en sus ideas preconcebidas de técnica y montaje teatral, pero sin poner en pie en un escenario —más allá de todo ello— una obra importante montada con intuición y claridad» (Martínez Romero, «Valencia», *Primer Acto,* núm. 43, 1963, pág. 65).

[13] «Le siguió José Sanchis, al frente de su Grupo de Estudios Dramáticos, con la obra de un novel: *Ilsa,* de Manuel Bayo. Obra muy discutida y, por tanto, interesante, abre el camino a una teatralidad nueva, honda, directa, sin afectaciones ni extravagancias, revelando en su autor una madurez insospechada. Servida por un montaje de interesantes sugerencias escénicas no plenamente logradas, dentro de la línea de búsqueda, de experiencia, característica del Grupo» (Espiral, «Muchas actividades del teatro no profesional», *Primer Acto,* núm. 31, febrero de 1962, pág. 62). El propio Grupo montó más adelante, dirigido por Sanchis Sinisterra, *Ahora en Tebas,* también de Manuel Bayo, a propósito de la cual escribía el corresponsal una caracterización generacional: «Una generación mal informada y peor formada como es la nuestra no abunda precisamente en actitudes equilibradas y conscientes: entre el conformismo y la superficialidad de la mayoría y el extremismo inconformista y no siempre bien orientado de desconectadas minorías, resulta difícil encontrar individuos que se esfuercen por ver claro, comprender y obrar de acuerdo con lo que las circunstancias permiten. En esta posición situaríamos la actual dramática de Bayo, y especialmente *Ahora en Tebas,* obra concebida, estructurada y revisada en equipo —un sociólogo, un director escénico y el dramaturgo—, que utiliza la acción de cuatro tragedias griegas como ejemplificación distanciada de un proceso histórico» (Espiral, «Ahora en Tebas», de Manuel Bayo, *Primer Acto,* núm. 49, enero de 1964, pág. 66). Juan Antonio Lacomba, José Sanchis Sinisterra y Manuel Bayo compusieron, respectivamente, ese equipo. Por último, y dentro de un programa de «teatro concreto», estrenaron *El jornal,* del mismo Manuel Bayo, obra que pretendía mostrar al público universitario «la evidencia de una situación extrema que, no por serlo, deja de producirse frecuentemente en otros sectores de su misma sociedad» (Grupo de Estudios Dramáticos, «Notas al programa de Teatro Concreto», *Primer Acto,* núm. 66, 1965, pág. 63. Este texto aparece fechado en Valencia, abril de 1964). El texto de *El jornal* se publicó en *Aula. Cine. Teatro,* revista de la Facultad de Filosofía y Letras de la Universidad de Valencia (Valencia, 1968, págs. 8-11, con una introducción del autor sobre «Teatro concreto, 1964-1968», ob. cit., págs. 5-7). Por esta revista sabemos de la ac-

programa de «teatro concreto»[14], de Bertolt Brecht[15] y *Midas,* del propio director[16], Sanchis Sinisterra conjuga, por

tuación en Valencia ese mismo año 1968 de un grupo independiente tan significativo como Los Goliardos (José F. Belenguer, «Los Goliardos, una experiencia colectiva del teatro», ob. cit., págs. 3-4).

[14] «La idea de llevar a la práctica lo que podría denominarse un "teatro concreto" forma parte de las experiencias planteadas teóricamente en el Aula y Seminario de Teatro de la Facultad de Filosofía y Letras» (Grupo de Estudios Dramáticos, «Notas al programa de teatro concreto», *Primer Acto,* núm. 66, 1965, pág. 63). Ese «teatro concreto» es necesario en la medida en que «se impone, pues, la necesidad de un teatro que revele, sin deformaciones ni escamoteos, la situación real de aquellos estratos cuya voz no trasciende, cuyos conflictos estallan sordamente en regiones sin eco del conjunto social. Se impone además, para este teatro, la máxima objetividad y, fundamentalmente, un alto grado de concreción, sin la cual lo teatral puede ocultar o paliar la entraña de lo real» (ob. cit., pág. 64). El brechtianismo del proyecto de «teatro concreto» es evidente cuando se precisa que «se trata de despertar su (del espectador) conciencia crítica no sólo ante la representación, sino a través de ésta, ante su propia vida. Lo verdaderamente difícil no es que el público siga *racionalmente* el desarrollo de la representación, sino que sea capaz de trasladar la reflexión desplegada en el teatro a la realidad, de la que es él mismo actor y espectador» (ob. cit.).

[15] «Por medio de una técnica tan tradicional como el monólogo —cuasimonólogo, en realidad—, la obra de Brecht consigue mostrar la dimensión histórica de un drama aparentemente individual». Para el autor, el drama de la mujer judía que, víctima del nazismo, se ve obligada a abandonar su hogar «es además una acusación contra todo sistema que aliente o sustente la superioridad de unos individuos sobre otros y que utilice el miedo como base de su seguridad» (Grupo de Estudios Dramáticos, ob. cit.). Ese programa de «teatro concreto» estuvo compuesto por *Aria, hermana mía,* una de las escenas de *Terror y miseria del III Reich,* de Bertolt Brecht, obra a la que se refiere el texto.

[16] «Inscrito en un orden social eminentemente mercantilista, el intelectual no posee, sin embargo, una conciencia clara de la forma en que las fuerzas económicas actúan sobre los individuos que le rodean. Bien por elevar sus reflexiones hacia el terreno de la pura abstracción, bien por ser él mismo juguete de tales fuerzas, bien por orientar su vida en función de un presente inmediato, el caso es que los procesos desencadenados por el capitalismo escapan en general a su reflexión y, por lo tanto, a su control racional. Lo habitual de la compra-venta de valores humanos no debe

tanto, las clases con la dirección escénica y con la escritura. Al parecer, sus primeros textos datan de 1957, aunque la primera obra de que se tiene constancia pública es *Tú, no importa quién,* escrita en 1962 y que obtuvo en 1968 el Premio Carlos Arniches, instituido por la Diputación de Alicante, con un jurado compuesto por Enrique Llovet, José Monleón y Ricard Salvat[17]. *La risa*[18], *Algo está por arreglar*[19], la antes mencionada *Midas y Demasiado frío,* de 1965, son algunas de las obras escritas por el dramaturgo en aquellos años valencianos, todas ellas inéditas. Esta última, subtitulada «melodrama épico en tres partes divididas en quince escenas», puede ser representativa de sus primeras inquietudes e influencias.

Demasiado frío es un «melodrama épico», es decir, un intento de conjugar la tradición popular melodramática, dirigida a conmover el corazón de los espectadores a través

---

adormecer su actitud crítica. *Midas* intenta proponerle una reflexión por medios específicamente dramáticos y, para ello, sintetizando al máximo situaciones y personajes, desarrolla un proceso en el que lo convencional de la fábula no oculta lo concreto de las realidades esbozadas. La presencia de un "Narrador" y de un "Explicador", así como la reiterada interpelación al público por parte de los personajes, tiene como fin primordial el evitar en todo momento que lo anecdótico aleje al espectador de un contenido que aspira a despertar su conciencia crítica» (Grupo de Estudios Dramáticos, ob. cit.). En rigor, el autor del texto es sin duda el propio dramaturgo, por lo que sus palabras adquieren así carácter testimonial.

[17] Lo consigna Francisco Álvaro en *El espectador y la crítica. El teatro en España en 1968,* Valladolid, Talleres Gráficos Ceres, 1969, pág. 375.

[18] El Grupo de Estudios Dramáticos clausuró en mayo de 1961 las actividades del Aula y Seminario de Teatro con un programa en cuya primera parte, titulada «Posibilidades expresivas de la escena», se representó, entre otras, *La risa,* dirigida por el propio autor.

[19] *Algo está por arreglar* es, en rigor, el acto primero de *Tú, no importa quién,* puesto en escena bajo el epígrafe de «Teatro dialéctico (Grupos de escena)» por el Grupo de Estudios Dramáticos en la segunda parte, titulada «La escena y el público: contactos», del programa citado en la nota anterior.

de una tópica serie de elementos sentimentales, con la racionalidad reflexiva del teatro épico de Bertolt Brecht[20]. El autor utiliza, por tanto, una técnica de contrastes: «frente a la convencionalidad de los decorados o fondos de cada escena —que pueden ser de papel o tela pintados—, es exigible un máximo realismo en los muebles, objetos y vestuario. Realismo estilizado o, mejor, realismo expresivo, pero capaz de dar corporeidad sensible al universo inmediato y concreto de los personajes». Contraste también entre la interpretación oral y la gestual o corporal, esta última la hay que realizar

---

[20] En aquel mítico año de 1968 publicó un ensayo titulado «Después de Brecht. Consideraciones posteriores sobre las notas de una conferencias que apareció en *Aula. Cine. Teatro,* revista de la Facultad de Filosofía y Letras de la Universidad de Valencia (Valencia, 1968, págs. 16-24), en donde lamentaba que en España se hablara en ciertos ambientes teatrales de que Brecht estaba superado cuando apenas, por razones de censura, se le conocía y se le empezaba a representar. Sanchis Sinisterra demuestra en este artículo un conocimiento preciso de la teoría del teatro épico, que él prefiere llamar «dialéctico», cuyos conceptos fundamentales expone con rigor y claridad. Elogia el pensamiento estético de Brecht en tanto superación del concepto lukacsiano de realismo, así como que en su teatro plantee «el incierto presente y problemático futuro de un mundo desgarrado por las contradicciones, en el que la lucha por una sociedad mejor no adopta nunca la forma de un conflicto entre "buenos" y "malos", con su consiguiente *happy end.* Frente al "héroe positivo" del realismo socialista, nos presenta el héroe alienado que sufre en sí mismo las consecuencias de su inconsciencia ante el mundo, de su impotencia o de su inadecuación a la verdadera dinámica de la sociedad» (ob. cit., pág. 22). El articulista alerta sobre los peligros de un posible dogmatismo brechtiano, por ejemplo, el de malinterpretarlo y «convertir la escena en cátedra, estrado o púlpito» (ob. cit., pág. 21). Nos interesa resaltar, por último, que este artículo de Sanchis Sinisterra viene a ser en aquel mítico año de 1968 una especie de manifiesto personal de su brechtianismo antidogmático, en el que no caben «amplios sectores de la actividad teatral contemporánea aparentemente impermeables, incluso radicalmente opuestos, a la estética brechtiana: teatro del absurdo, teatro pánico, *happening*» (ob. cit., pág. 24). Un autor posteriormente tan decisivo para nuestro dramaturgo como Samuel Beckett quedaba, pues, en 1968, fuera de sus intereses estéticos e ideológicos.

según el concepto de «*gestus* social» elaborado en la teoría y en la práctica por Brecht. Contraste, por último, entre los elementos melodramáticos (estructura argumental, extremismo de situaciones y de la propia acción dramática, tipificación de los personajes) y los elementos épicos, según explica el dramaturgo en una nota introductoria a la obra:

> Estos elementos (melodramáticos) se hallan imbricados en una concepción épica del teatro, que se revela especialmente en el carácter parabólico de la fábula, en la disposición discontinua —por escenas— de la acción, en la consideración del personaje, del hombre, como proceso, como ser mutable, cuyo pensamiento está determinado por su existencia social, por su situación; en la utilización de la escena, de la obra dramática, como lugar de investigación sobre este hombre socialmente condicionado que se transforma ante el espectador, mostrándole una imagen distanciada del mundo que le rodea y exigiendo de él una toma de conciencia[21].

Demasiado frío plantea la historia de una familia que, ante la intensa ola de frío dominante y su imposibilidad de hallar carbón o leña, debe dispersarse y realquilarse por caridad. A pesar de que la propaganda oficial habla de un eficaz servicio social de Ayuda y Asistencia, el cabeza de familia, Antonio, debe rellenar impresos y pólizas, y esa lentitud burocrática contrasta con la urgencia de su problema. Por ello, a pesar de su respeto a la propiedad privada, decide invadir la casa vacía de los Valderrobles como única solución para que su familia (mujer, hijos, abuelo y hasta una hermana, Carmen, viuda con un hijito) pueda sobrevivir. Pero todos tienen hambre, el sobrinito necesita leche y Antonio, hombre de bien y honrado, decide que deben utilizar las provisiones de los Valderrobles. Sin embargo, un

---

[21] Debo el conocimiento de esta obra, como las demás inéditas que analizo, a la generosa colaboración del autor.

vecino advierte su presencia como intrusos en la casa y avisa a la policía. Es entonces (cuadro II de la tercera parte, titulado «Una conversación de altura») cuando Acosta, un abogado de veintinueve años, habla con el señor Valderrobles, católico, apostólico y romano, en teoría, un hombre moralmente íntegro. Para Acosta, ese allanamiento de morada, dado el sacrosanto respeto de los intrusos a la propiedad privada (el juguete que parecía haber robado uno de los hijos de Antonio aparecerá por fin) y su situación de necesidad extrema, no puede considerarse éticamente delito, mientras que para el señor Valderrobles, dadas las circunstancias difíciles por las que atraviesa el país, «es preciso ser implacables, defenderse sin piedad, renunciar... provisionalmente... a los buenos sentimientos, para no ser destruidos, para salvarse...». Defiende, por tanto, la supervivencia capitalista antes que la moral cristiana o, dicho de otra manera, practica la doble moral característica de los cristianos que pertenecen a la clase dominante y para los cuales la religión debe servir socialmente para la domesticación resignada de los pobres. Mientras tanto, Antonio ha muerto en la cárcel, abatido por los disparos de sus guardianes, quienes alegan haber actuado en defensa propia, pues el recluso, al saber que su sobrinito se había muerto de hambre, se abalanzó contra uno de ellos al tiempo que gritaba «¡Asesinos!». En la última escena, que se desarrolla de noche en un bar de mala muerte adornado con banderitas, se escucha por la radio un discurso oficial, patriotero y reaccionario, en donde se exalta la victoria nacional contra el frío, la anarquía y el caos, mientras el abogado Acosta, borracho, defiende, entre la rechifla de los parroquianos del bar, la inocencia de Antonio a través de un patético discurso ante un juez imaginario. Con la acusación del joven abogado contra el orden y la moral dominantes concluye este «melodrama épico», que, pese a sus innegables y muy obvias limitaciones dramatúrgicas, ilustra con claridad algunas de las características más representativas del teatro del realismo social por entonces dominante en España, teatro de oposición política a la dictadura franquista. Acaso lo más valioso de *Demasiado frío* resida en el hecho de que un joven dramaturgo de veinticinco años invoque el nombre de Brecht, autor prohibido entonces por la censura franquista[22], como santo y seña de un teatro popular. Sanchis Sinisterra, brechtiano forzosamente autodidacta, demuestra conocer y haber entendido la teoría del teatro épico, que practica con una razonable tosquedad y con las limitaciones impuestas por la represión dictatorial. De este modo, escribe en las «Notas» de este «melodrama épico» que «es preciso tender a la máxima objetividad escénica, dejando que el contenido de la acción revele —si puede— sus propósitos críticos», porque lo que *Demasiado frío* pretende cuestionar es «una forma específica de deformación ideológica, de alienación, que revela todas sus contradicciones de manera patente, violenta, trágica, cuando la sociedad que la incuba y mantiene se encuentra en una situación extrema». Por tanto no se trata, entre otras cosas porque no se puede, de que la interpretación en nombre del marxismo como método de conocimiento y transformación de la realidad se realice explícitamente, sino que es al espectador a quien «corresponde interpretar, descubrir y juzgar. En resumen, se trata de conseguir un equilibrio entre emoción y reflexión, entre identificación y distanciación, base indispensable para la consecución de un auténtico teatro popular». Estas palabras, escritas por un joven dramaturgo y profesor universitario en la España franquista de 1965, son muy expresivas de un sentido razonable de la realidad, de un posibilismo digno y de un compromiso ético y político con el teatro como instrumento estético de capacidad social transformadora. Aquella Universidad de Valencia era la del drama-

---

[22] Sobre el tema puede consultarse el libro de Javier Orduña, *El teatre alemany contemporani a l'Estat espanyol fins el 1975,* Barcelona, Institut del Teatre, 1988.

turgo Manuel Bayo, la del historiador Juan Antonio Lacomba, la del cantautor Raimon, participantes los tres en el Grupo de Estudios Dramáticos, la que ya se atrevía a denunciar *(Diguem no)* el estado de cosas franquista.

Trasladado en 1967 de Valencia a Teruel como catedrático de Literatura Española, en aquel instituto convive entre otros con el cantautor José Antonio Labordeta. Son años de alejamiento forzoso del teatro, como refleja su respuesta a una encuesta de *Primer Acto*[23], hecho que no le impide seguir escribiendo en silencio y seguir expresándose públicamente con un permanente sentido crítico acerca del conservadurismo estético e ideológico del teatro español[24]. Al

---

[23] «Viviendo en Teruel, y con pocas posibilidades de desplazamiento a Madrid u otras capitales, apenas he tenido ocasión de seguir la marcha de la temporada teatral más que a través de las lecturas críticas, fundamentalmente en *Primer Acto*. Mi testimonio, pues, no sería en modo alguno directo ni personal. En líneas generales, podría apuntarse que esta temporada ha significado un cierto aumento *cuantitativo* de los factores positivos que intentan abrirse paso en la escena española de los últimos años, pero sin que haya llegado a producirse un cambio auténticamente cualitativo, para lo que tendrían que modificarse antes un montón de cosas. Una impresión muy vaga, ya lo ves, que quizá pudiera concretar y precisar releyendo críticas y carteleras, pero en tal caso estaría basada en juicios ajenos» (J. Sanchis Sinisterra, respuesta a la «Encuesta», *Primer Acto*, núm. 98, julio de 1968, pág. 17). El protagonismo del autor en el Grupo de Estudios Dramáticos queda reflejado indirectamente en el siguiente comentario: «La actividad escénica de los grupos no profesionales, dado el carácter teórico que ha asumido transitoriamente el Grupo de Estudios Dramáticos, ha quedado reducida al Teatro Club Universitario, que dirige Antonio Díaz» (José Gandía Casimiro, «Teatro en toda España. Valencia», *Primer Acto*, núm. 83, 1967, pág. 73).

[24] Sanchis Sinisterra critica el desfase entre teatro y sociedad española, y lamenta que los dramaturgos españoles no planteen «lúcidamente en sus obras el problema universitario, la fiebre del consumismo, la utilización alienadora del erotismo, la situación real de la mujer, la tácita admisión de ciertas formas —refinadas o brutales— de violencia, etc. Y ello mediante unas técnicas escénicas que asimilen el creciente poder expresivo de la imagen visual, la aceleración del ritmo narrativo, la objetivación

año siguiente, como antes mencionamos, obtiene el Premio Carlos Arniches por su obra *Tú, no importa quién* que, como la mayoría de su producción, permanece inédita. En 1968 escribe *Un hombre, un día,* adaptación de un relato de Ricardo Doménech titulado «La decisión»[25], pero nos interesa sobre todo *Algo así como Hamlet,* otra obra escrita por entonces, concretamente entre enero de 1967 y enero de 1970, que merece comentarse siquiera brevemente.

Algo así como Hamlet, «acción en tres (o dos) partes», es una obra de mayor madurez y complejidad dramatúrgicas que *Demasiado frío.* La influencia de Brecht no ha cesado y,

---

fragmentaria, discontinua o incoherente de la realidad como medio realista para *reproducirla,* la interiorización caótica de una realidad confusa y contradictoria, la sugestividad directa del lenguaje mímico, etc. Algunos de estos recursos han sido aceptados por nuestros públicos a través del cine, de la televisión y de ciertos espectáculos musicales, con la consiguiente modificación de sus hábitos receptivos. ¿Qué hace el teatro aferrado al prestigio de la palabra, a los convencionalismos realistas o a la estructura dramática cerrada?» (J. Sanchis Sinisterra, respuesta a la «Encuesta sobre la situación del teatro en España», *Primer Acto,* núms. 100-101, noviembre-diciembre de 1968, pág. 65).

[25] R. Doménech, «La decisión», en *La rebelión humana,* Madrid, Taurus, 1968, págs. 127-165. Sanchis Sinisterra profundiza su respuesta a la encuesta citada en la nota anterior en un artículo titulado «Presente y futuro del teatro español» *(Primer Acto,* núm. 104, enero de 1969, págs. 4-8), en donde critica que sea «un teatro de fundamentos literarios. Un teatro basado en la palabra, que comunica la mayor parte de sus contenidos a través de la expresión oral, del lenguaje verbal que, como se sabe, no es más que uno de los posibles lenguajes de la escena, y no precisamente el más específicamente dramático» (ob. cit., pág. 6). Por ello considera negativa la hegemonía en nuestro teatro de «un mal entendido realismo» y la ausencia correlativa de investigación e imaginación escénicas: «Falta en nuestra práctica escénica una mayor dosis de espíritu investigador sobre las posibilidades expresivas del universo teatral, sobre las relaciones del espectáculo con el público y viceversa. (...) Falta, en fin, imaginación escénica» (ob. cit., pág. 7). Tiene sentido, pues, que mencione elogiosamente a ciertos grupos independientes, seguidores de las teorías de Artaud, por su contribución a una posible alternativa de futuro del teatro español.

ya desde la Introducción, podemos leer cuatro versos que pertenecen al poema titulado «A los hombres futuros»[26]. Además de Brecht, hay referencias textuales a una serie de autores que constituyen una parte prestigiosa de la nómina estética y moral de la resistencia antifranquista: Pablo Neruda, César Vallejo, Antonio Machado, Blas de Otero. Ahora bien, ese Neruda es el Neruda de *Veinte poemas de amor y una canción desesperada*[27], es decir, el marxismo se conjuga aquí con la introducción de la propia subjetividad del dramaturgo, interesado ya por el psicoanálisis y por un intento ambicioso de síntesis entre marxismo, psicoanálisis y estructuralismo como materiales de una nueva teatralidad. En efecto, en *Algo así como Hamlet* hay una mayor ambición técnica que le lleva a la ruptura de la sintaxis, a la utilización frecuente de los puntos suspensivos, a un atisbo de reflexión metateatral. La situación dramática nos plantea ya desde el principio a un grupo de actores en escena, en un escenario cuya superficie, «lisa y desnuda en su parte anterior y central, se quiebra hacia el fondo en rampas, plataformas y peldaños irregularmente dispuestos». Todo ello con el propósito de evocar «muy vagamente ruinas, construcciones sin acabar y algo semejante a un extraño —¿onírico?— almacén», un espacio en cualquier caso mal iluminado, pues la luz se concentra en el área central y en los laterales del primer término. Para complementar «las sugerencias del diálogo y de la acción», pueden proyectarse

---

[26] Bertolt Brecht, «A los hombres futuros», en *Poemas y canciones,* versión de Jesús López Pacheco sobre la traducción directa del alemán de Vicente Romano, Madrid, Alianza, 1970, tercera edición (primera edición: 1968), págs. 97-100. «Verdaderamente, vivo en tiempos sombríos» es el verso inicial del poema.

[27] El Neruda de «Me gustas cuando callas porque estás como ausente» y el de «Puedo escribir los versos más tristes esta noche», composiciones 15 y 20 de esos *Veinte poemas de amor y una canción desesperada* (en *Poesía,* Barcelona, Editorial Noguer, 1974, t. I, págs. 114 y 116-117, respectivamente).

diapositivas o películas sobre las superficies lisas, que funcionan como pantallas.

La situación dramática se presenta desde el inicio como el esfuerzo de H., a preguntas de C., por recordar. Todo el interés de C. se orienta a que esa memoria de H. tenga coherencia formal, por lo que, a la vista de su caótica imposibilidad, asume él mismo en la segunda parte el protagonismo de esa reconstrucción. Y ese esfuerzo de memoria de H. y C. se realiza sobre algo que, representado por el grupo de actores, pronto identificaremos con la historia de los últimos treinta años de la vida española. Francia constituye en 1939 la única posibilidad de salvación de muchos exiliados republicanos, que huyen para ser internados en campos de concentración, pero también es para muchos obreros españoles durante los años sesenta la posibilidad de emigrar y de conseguir un trabajo que les redima del paro y las miserias de la dictadura. También H. va a recordar que un joven ha decidido entonces viajar en autoestop a París, al mito de una ciudad libre en donde florecerá una primavera revolucionaria como la de 1968, para imaginar cómo pudo ser toda aquella historia prohibida en los manuales del bachillerato franquista. No falta la memoria del suburbio y la injusticia social, de la represión sexual, de un catolicismo que atemoriza contra el pecado con el miedo al infierno. Ese joven busca, huyendo del infierno franquista, la experiencia de la libertad, del amor, del paraíso de la utopía. Es un viaje iniciático hacia la libertad, de claro trasfondo autobiográfico[28], en donde el protagonista encuen-

---

[28] El dramaturgo ha evocado su viaje a París en una entrevista con Santiago Fondevila: «Fue a los veinte años y con la excusa de estudiar francés con una beca del Instituto Francés de Valencia, donde yo hacía y escribía teatro desde los catorce o quince años. A través de las lecturas descubrí que el teatro era también un campo de reflexión y descubrí los escritos de Barrault, de Jouvet... y también el teatro de Brecht. A partir de aquel viaje intenté conciliar mi vocación filosófica con la práctica artística y teatral. Vi que el teatro no era solamente una praxis más o menos

tra represaliados políticos, profesores de Historia que han huido porque querían contar una verdad distinta a la oficial. Memoria de una guerra civil —versos del Vallejo de *España, aparta de mí este cáliz*[29]—, memoria de un país en ruinas, de los años oscuros y difíciles de la posguerra, del hambre, racionamiento y estraperlo, de la Segunda Guerra Mundial y de la bomba de Hiroshima, de un paisaje inundado en sangre como el descrito por Blas de Otero[30]. Pero el dramaturgo apuesta, en un país condenado forzosamente a la desmemoria, por la reconstrucción de la razón, por soñar machadianamente con otra España joven[31] que luche, sin miedo, por un futuro humano, digno y libre. Ése es el sentido político, dirigido a que el espectador tome conciencia de la realidad y a que después se comprometa en la lucha colectiva por transformarla, de las últimas palabras de H. en su monólogo final, en donde subyace la convicción brechtiana de que la política es una superación de la ética. Pero, a la vez, ese monólogo final de H. expresa, acaso autobiográficamente, la impotencia del intelectual, y más concretamente del intelectual español, impotencia que se deriva de una sobredosis de reflexión que paraliza la acción, el compromiso orgánico. Por ello H. (¿Hamlet u Ho-

---

lúdica o estética, sino que era una herramienta para entender el mundo, y entonces creía que también para actuar sobre él» («El teatro no es un círculo cerrado», ob. cit., pág. 43).

[29] «Si cae —digo, es un decir— si cae / España de la tierra para abajo...» (César Vallejo, poema «España, aparta de mí este cáliz», del libro *España, aparta de mí este cáliz,* Barcelona, Barral Editores, 1978, págs. 752-753).

[30] «Con la sangre hasta la cintura, algunas veces / con la sangre hasta el borde de la boca...» (Blas de Otero, «Crecida», de *Ángel fieramente humano,* en *Verso y prosa,* edición del autor, Madrid, Cátedra, 1977, cuarta edición, págs. 30-31).

[31] «Mas otra España nace, / la España del cincel y de la masa...» (Antonio Machado, «El mañana efímero», de *Campos de Castilla,* en *Poesía y prosa,* edición crítica de Oreste Macri, Madrid, Espasa-Calpe, nueva colección de Clásicos Castellanos, 1989, t. II, págs. 567-568).

racio?) asume al final la responsabilidad de dar testimonio de esa encrucijada hamletiana en la que se halla el personaje y en la que se encuentran también, claro, los espectadores:

> ¿Hacemos algo? Uno se contesta: sí... o no, según los días. Y ya es mañana. Pasan más cosas. Otros hacen... Pueden seguir sin ti, ¿comprendes? Sin ti. Es... es... No sé. Y tú continúas ahí, dentro de tu piel, queriendo comprenderlo, juzgarlo... Muy bien, así se hace, muchachos... No, no, es una equivocación... Primero hay que saber a qué atenerse, ¿no? Luego, tomar postura. Postura... Eso es. Tomar postura. ¿Y qué más? ¿Es digna, tu postura? ¿Es objetiva, es justa? ¿Y qué más? ¿Qué más? Porque quisiérarsos... ¿o quisimos?... No, quisiéramos reparar... cumplir con... Pero ¿cómo? Él hubiera querido... Estoy aquí para decirlo... con todas las cosas, grandes o pequeñas... Me dijo que... que os dijera cómo... Él pensaba que... decía.

> *(C. se ha dado cuenta de que está solo. Ha mirado con inquietud al público y con furor a H. y ha salido de escena. Se escucha dentro una discusión violenta y, por fin, el telón cae rápidamente cortando el monólogo de Horacio.)*

Aquellos cuatro años turolenses no son, pues, tiempo teatral perdido, aunque su práctica escénica se circunscriba, por razones obvias, a experiencias de creación colectiva con adolescentes[32]: *Quince en una isla* (Teruel, 1969-1970), *Babel no* (Peñíscola, 1970) o *Nysos* (Teruel, 1970-1971). En 1977, como consecuencia de esta dedicación y ya residente en Barcelona, participa en las Primeras Jornadas de Estudio

---

[32] José Sanchis Sinisterra, «Agrupamiento, creatividad y desinhibición. Informe sobre una experiencia teatral con adolescentes», *Estudios Escénicos,* núm. 17, julio de 1973, págs. 11-35. Algo de premonitorio tiene el hecho de que el autor, con motivo de la concesión a Beckett en 1969 del Premio Nobel, pronunciase el 16 de febrero de 1970 una conferencia en la Casa de la Cultura de Teruel titulada «Samuel Beckett, Premio Nobel del Absurdo», que desgraciadamente no llegó a editarse.

sobre el Teatro Escolar, Teatro para niños y Teatro de Títeres con una ponencia titulada «Práctica y didáctica teatral con adolescentes: La creación colectiva»[33].

En 1971 ingresa como profesor en el Instituto del Teatro de Barcelona, con las dificultades políticas, culturales y lingüísticas que ello le acarrea a un valenciano que escribe en lengua castellana y que debe buscarse un hueco en un medio teatral tan militantemente nacionalista como el catalán. Por razones sociológicas, Sanchis Sinisterra, sensible y comprometido con la normalización de la lengua y cultura catalanas, pero sin querer renunciar a su formación castellana, se verá abocado a una marginalidad voluntariamente asumida pero involuntaria. Sin embargo, la oposición política al franquismo y el rigor profesional del medio teatral catalán suponen un cambio cualitativo que le beneficia intelectualmente. Porque lo cierto es que, pese a discriminaciones lingüísticas y capillitas varias, en la Barcelona de 1971-1975 existe un clima civil de libertad y tolerancia, de lucha por la democracia y de resistencia antifranquista que constituye un excelente caldo de cultivo para su brechtianismo teatral y que fructificará poco después en *Historias de tiempos revueltos* (1978), segundo montaje de El Teatro Fronterizo, y en *Escenas de Terror y miseria en el primer franquismo,* escritas en 1979[34]. En estos años de radicalismo

---

[33] José Sanchis Sinisterra, «Práctica teatral con adolescentes: la creación colectiva», *Pipirijaina,* núm. 6, enero-febrero de 1978, págs. 41-44.

[34] Dos de estas «escenas», tituladas «Intimidad» y «El anillo», fueron publicadas en sus páginas de «Galeradas» por la revista aragonesa *Andalán* (núm. 346, diciembre de 1981, págs. III-V y VI-VIII, respectivamente), con un prólogo sobre los años turolenses del dramaturgo escrito por Eloy Fernández Clemente: «Pepe Sanchis Sinisterra: Apenas mis recuerdos» (ob. cit., págs. I-II). Además, cuatro escenas tituladas «Primavera 39», «L'anell», «Intimitat» y «El taup», junto a otras tres de Jaume Melendres, han sido publicadas en lengua catalana con el título de *Terror i misèria del primer franquisme* (Barcelona, Institut del Teatre, 1983, traducción de Jaume Melendres, págs. 13-19, 21-27, 29-34 y 35-40, respectivamente).

militante escribe *Testigo de poco* (1973) y *Tendenciosa manipulación del texto de La Celestina, de Fernando de Rojas* (1974), dos obras que nos explican la evolución del dramaturgo hacia nuevas fronteras teatrales.

Testigo de poco, escrita en 1973, está introducida por tres textos de A. Korzybski («La palabra no es la cosa, el mapa no es el territorio»), R. D. Laing («Yo no puedo expresar lo que no es susceptible de ser expresado, pero los sonidos nos pueden hacer escuchar el silencio») y Artaud («Destruir el lenguaje para alcanzar la vida es crear o recrear el teatro»), que nos sitúan en la experiencia de una representación teatral que aspira a expresar lo que verbalmente no puede comunicarse. La escenografía sugiere un espacio circular o poligonal totalmente cerrado por un muro de unos tres metros de altura, mientras el suelo aparece cubierto por un mar de periódicos y revistas que, en un determinado momento, lloverán sobre el escenario. Aquí, una decena de actores plantean al espectador la desconfianza sobre nuestras fuentes de conocimiento, la alienación colectiva, la necesidad de que alguien, no exento de ironía, plantee la pregunta fundamental: «Porque, en definitiva, ¿cuál es el verdadero sentido de la existencia del hombre sobre la tierra?», dirá el Actor 3. Una existencia alienada en la que el hombre contemporáneo vive una realidad, «caótica, confusa y multívoca», en donde se ahoga en un mar de retóricas manipuladoras que han prostituido el lenguaje y que se visualizan en ese mar de periódicos que hay en escena. En este paisaje, sólo el acto bruto es capaz de transmitir algo, así que cuando uno lo ve se convierte en *Testigo de poco.* Síntesis de marxismo, psicoanálisis y estructuralismo, esta obra breve se convierte en hito del proceso hacia esa nueva teatralidad que indaga el dramaturgo. El conflicto dramático de *Testigo de poco* se personaliza en los Actores 3 y 5, ya que si para éste el lenguaje se configura como un método de conocimiento y ordenación de ese caos que constituye nuestra experiencia vital («con el don supremo de la palabra, el hombre da forma y significado al caos»), para el Actor 3, según nos explica, «todos hemos sentido esa especie de frustración que el empleo del lenguaje ocasiona —y que en casos extremos provoca el enmudecimiento total— al comprobar cómo las palabras cuadriculan y falsean el flujo y la trabazón inextricable de la realidad...». La Actriz 1, acusada por el Actor 5 de realizar una pregunta revolucionaria y subversiva, se interroga: «¿Cómo podemos saber que sabemos?». El grito escuchado tras el muro al inicio de la acción dramática impulsa al Actor 1 a salvar ocho palabras («Se abalanzaban sobre el cuerpo caído del hombre...»), mientras el Actor 5 trata de distraer a los demás actores al plantearles la pregunta inocua de «¿Cuántas palabras caben en una mirada?». El ensimismamiento verbalista del Actor 1 provoca que, excepto la Actriz 1 y el Actor 2, el resto se vaya desinteresando progresivamente de su monólogo entrecortado. Por ello la Actriz 1 y el Actor 2 van a iniciar una reconstrucción teatral «para transmitir a los demás, fácticamente, lo que verbalmente no pudo ser comunicado». Mientras tanto, el Actor 5 encuentra lo que buscaba: «es una bolsa de cuero negro de la que extrae, con clara satisfacción, una cadena de hierro». Con ella va a golpear, «sin sombra de ficción» y ante el estupor general, al Actor 1. El Actor 4, la Actriz 2, el Actor 3 y la Actriz 3 se convierten en cómplices del Actor 5 y golpean con las cadenas al Actor 1 ante el horror del Actor 2 y la Actriz 1, mientras las Actrices 4 y 5 leen «apresuradamente los periódicos, como si buscaran en ellos la información de lo que está sucediendo ante sus ojos». Finalmente, ante la impotencia del Actor 2 y la Actriz 1, se consuma el asesinato del Hombre 1.

Si el ritual y la ceremonia estructuran *Testigo de poco,* con la *Tendenciosa manipulación del texto de la Celestina de Fernando de Rojas,* escrita en 1974, nos hallamos de nuevo ante un ejercicio brechtiano de actualización de un clásico al contexto sociopolítico de la dictadura franquista. Sanchis Sinisterra realiza una lectura materialista de *La Celestina* a partir de *Los figurantes,* es decir, a partir no de Calisto y Melibea sino de los «de abajo», de Pármeno, Sempronio, Celestina y Areúsa. El oro de los señores, la cadena que Calisto da a Celestina, «es la verdadera *tragedia* de esta versión; de hecho, Pármeno, Sempronio y Celestina se enfrentan y mueren por haber caído en la trampa de perseguir el valor supremo de los "de arriba": el dinero, esa "prostituta universal", esa "alcahueta entre la necesidad y el objeto", con su enorme "poder desintegrador para el individuo y los lazos sociales", al decir del joven Marx». La venganza de una prostituta como Areúsa es la clave de la catástrofe de Calisto y Melibea en esta *tendenciosa manipulación,* interesada por el espectáculo de la astucia, la deslealtad y el engaño de esos explotados como atributos de una nueva conciencia social aún por nacer. El autor, que reconoce explícitamente su deuda con Brecht y con su actitud «tendenciosa» ante los clásicos[35], quiere conseguir con su *manipulación* una obra «ejemplar», pues, según Barthes a propósito de *Madre Coraje,* «el espectáculo de la inconsciencia es el comienzo de la consciencia»[36]:

> Una característica de esta versión que la diferencia de anteriores manipulaciones idealistas —por ejemplo, la de Casona— es la deliberada adopción de un punto de vista de clase: el popularismo no es aquí un mero contrapunto picaresco y castizo de la trama amorosa y «elevada»,

[35] «Actualizar una obra clásica es, pues, para Brecht, conservar y destacar lo que en ella se contiene de revelador para la problemática fundamental del hombre contemporáneo, lo que en ella es capaz de suscitar una captación más profunda del presente o, en definitiva, de "iluminar la estructura de los sucesos, el juego de las grandes pasiones con relación a las concretas situaciones históricas" (Paolo Chiarini)». Se refiere al libro de Paolo Chiarini, *Bertolt Brecht* (traducción de Jesús López Pacheco, Barcelona, Ediciones Península, 1969).
[36] Se refiere al artículo de Roland Barthes sobre «La ceguera de Madre Coraje», recogido en *Ensayos críticos,* traducción de Carlos Pujol, Barcelona, Seix-Barral, 1967, págs. 57-60.

sino el territorio central de la acción y la perspectiva única desde la que se contempla el proceso —en el doble sentido del término— dramático. Restitución de un texto clásico, pues, a los públicos populares.

Pero el autor sigue comprometido con la indagación de una nueva teatralidad y esta *Tendenciosa manipulación* constituye una interesante experiencia dramatúrgica que intenta «la yuxtaposición e interacción de tres poéticas escénicas que podríamos denominar, simplificando, *épica, dramática* (aristotélica) y *ceremonial*». El brechtianismo heterodoxo de Sanchis Sinisterra le conduce a asumir, con las primeras pasiones y urgencias de una libertad democrática recién conquistada, un compromiso activo con el cambio teatral. Así, en el verano de 1976 participa, como miembro de l'Assemblea d'Actors i Directors, que organiza la campaña popular del Teatre Grec, en la codirección de la puesta en escena de *Bodas que fueron famosas del Pingajo y la Fandanga,* de José María Rodríguez Méndez, una obra antes censurada[37]. Al año siguiente, la propia Assemblea le estrenará, dentro del espectáculo *Crack,* su *sketch La Edad Media va a empezar.* Estas experiencias teatrales del dramaturgo se realizan al tiempo que sigue ejerciendo la docencia de Literatura Española en el instituto Pau Vila de Sabadell y sin menoscabo de publicar esporádicamente algún poema

---

[37] Assemblea d'Actors i Directors de Barcelona, «La temporada "Grec-76" de l'Assemblea d'Actors i Directors de Barcelona», *Pipirijaina,* núm. 1, octubre de 1976, págs. 40-42. Antoni Bartomeus es autor de un libro sobre el *Grec 76: al servei del poble* (Barcelona, Editorial Avance, 1976), algunos de cuyos textos han sido editados por Alberto Fernández Torres en ob. cit., págs. 299-306. No se olvide que el 4 de febrero de 1975 se inició una huelga de actores, primera en la historia del teatro español desde la guerra civil, que duró nueve días y que vinos sumarse a esa temperatura sociopolítica favorable al cambio democrático. Sobre el tema puede consultarse el documentado informe, fruto de un solidario trabajo colectivo, que se publicó entonces con el pertinente título de *El espectáculo de la huelga, la huelga del espectáculo* (Madrid, Editorial Ayuso, 1976).

y hasta de obtener por ello el premio *Camp de l'Arpa* en 1975[38]. El dramaturgo Sanchis Sinisterra posee, por tanto, una formación intelectual que conjuga inquietudes filosóficas y conocimientos filológicos; enseñanza de la literatura y experiencia pedagógica con actores; práctica escénica como director y talleres de dramaturgia como creador, una formación teórica particularmente sólida que, complementaria de su trabajo escénico, le convierte en un hombre de teatro de un talante y unas cualidades muy proclives a la investigación dramatúrgica «fronteriza».

1. *La creación en 1977 de El Teatro Fronterizo*

La creación por Sanchis Sinisterra en 1977 de El Teatro Fronterizo concreta todos sus esfuerzos por organizar colectivamente los fundamentos de un trabajo de investigación explicado con precisión en un manifiesto.

El Teatro Fronterizo: Manifiesto y planteamientos de un taller de dramaturgia

En una entrevista realizada en 1980 por José Monleón, Sanchis Sinisterra resumía con claridad los tres objetivos fundamentales de trabajo para el Teatro Fronterizo: investigación de las «fronteras de la teatralidad, modificación de los mecanismos perceptivos del espectador y proceso de reducción, de despojamiento de los elementos de la teatralidad»[39]. Ya en el «Manifiesto (latente) del Teatro Fronterizo», docu-

---

[38] José Sanchis Sinisterra, «Tu soledad tu infierno tu camino», tomado de un verso de Miguel Labordeta, *Camp de l'Arpa,* núms. 23-24, agosto-septiembre de 1975, págs. 26-27. En realidad el poema se titulaba «La paulatina ciénaga».
[39] José Monleón, «Entrevista con Sanchis», ob. cit., pág. 95.

mento fundacional del grupo fechado en 1977, se defendía la existencia de una cultura fronteriza «que se produce en la periferia de las ciencias y de las artes, en los aledaños de cada dominio del saber y de la creación», una cultura fronteriza que es «una cultura centrífuga, aspirante a la marginalidad, aunque no a la marginación, que es a veces su consecuencia indeseable, y a la exploración de los límites, de los fecundos confines»[40]. La cultura fronteriza es, por tanto, una cultura «exploradora» de nuevos espacios de relación entre las artes, de «zonas de encuentro entre dos campos que se ignoraban mutuamente. Así que, a la deriva, a impulsos del azar o del rigor, discurre permanentemente una cultura fronteriza, allí donde no llegan los ecos del Poder»[41]. Naturalmente, «hay —lo ha habido siempre— un teatro fronterizo»:

> Teatro ignorante a veces de su nombre, desdeñoso incluso de nombre alguno. Quehacer humano que se muestra en las parcelas más ambiguas del arte; de las artes y de los oficios. Y en las fronteras mismas del arte y de la vida.
>
> (...)
>
> Es un teatro que provoca inesperadas conjunciones o delata la estupidez de viejos cismas, pero también destruye los conjuntos armónicos, desarticula venerables síntesis y hace, de una tan sola de sus partes, el recurso total de sus maquinaciones.
>
> (...)
>
> Pero no es, en modo alguno, un teatro ajeno a las luchas presentes. Las hace suyas todas, y varias del pasado, y algunas del futuro. Sólo que, en las fronteras, la estrategia y las armas tienen que ser distintas[42].

---

[40] *Primer Acto,* núm. 186, págs. 88-89; reproducido también en J. Sanchis Sinisterra, *¡Ay, Carmela!,* Madrid, El Público, colección Teatro, núm. 1, enero de 1989, págs. 21-23 (cito por esta edición). Puede leerse este Manifiesto en el Apéndice documental de la presente edición.

[41] Ob. cit., págs. 22-23.

[42] Ob. cit., pág. 23.

Es obvio que esta defensa de un «Teatro Fronterizo», que se proyecta como oposición al Poder y a los códigos teatrales establecidos, implica un compromiso político que el propio Sanchis Sinisterra ha reivindicado para su dramaturgia en todo momento, pero muy enfáticamente con motivo del estreno de *Los figurantes*[43]. Sin embargo, el texto más revelador en este sentido es la declaración de «Planteamientos» del Teatro Fronterizo, también de 1977 y que completa su Manifiesto, un texto en que, tras afirmar que «EL TEATRO FRONTERIZO es un lugar de encuentro, investigación y creación, una zona abierta y franqueable para todos aquellos profesionales del teatro que se plantean su trabajo desde una perspectiva crítica y cuestionadora», precisa que lo que hoy se llama Teatro «no es más que una forma particular de la teatralidad, una estructura sociocultural generada por y para una clase determinada, la burguesía, en una etapa de su evolución histórica». Ahora bien, esta convicción, compartida durante el franquismo por la práctica totalidad del teatro independiente español, se concreta ahora, en 1980, con una lucidez teórica, a mi modo de ver auténticamente rigurosa, en el diseño de una verdadera alternativa escénica que trata de superar las insuficiencias específicamente teatrales de aquella dramaturgia de oposición política a la dictadura:

> Para crear una verdadera alternativa a este «teatro burgués», no basta con llevarlo ante los públicos populares, ni tampoco con modificar el contenido ideológico de las obras

---

[43] En el programa de mano de *Los figurantes,* obra estrenada en la Sala Rialto del Centre Dramàtic de la Generalitat Valenciana en febrero de 1989 bajo la dirección de Carme Portaceli, el dramaturgo escribe a propósito de una obra que, por otra parte, es un compendio de metateatralidad: «Ocurre a veces, sin embargo, que los comparsas se rebelan. Esas figuras grises, desvaídas, sin casi rostro y con papel exiguo, deciden de repente parar la representación, revisar el reparto, cuestionarse la obra y plantearse el gran interrogante: *¿Qué hacer?* No es una tarea fácil».

representadas. La ideología se infiltra y se mantiene en los códigos mismos de la representación, en los lenguajes y convencionalismos estéticos que, desde el texto hasta la organización espacial, configuran la producción y la percepción del espectáculo. El contenido está en la forma. Sólo desde una transformación de la teatralidad misma puede el teatro incidir en las transformaciones que engendra el dinamismo histórico. Una mera modificación del repertorio, manteniendo invariables los códigos específicos que se articulan en el hecho teatral, no hace sino contribuir al mantenimiento de «lo mismo» bajo la apariencia de «lo nuevo», y reduce la práctica productiva artística a un quehacer de reproducción, de repetición.

Se hace preciso, pues, revisar y cuestionar a través de la práctica los componentes de la teatralidad, investigar sus manifestaciones en dominios distintos al Teatro, en tradiciones ajenas al discurso estético de la ideología dominante, en zonas fronterizas del arte y de la cultura[44].

Estos «Planteamientos» que El Teatro Fronterizo, es decir, el Sanchis Sinisterra teórico, enuncia, también en 1977, pero con mayor rigor y precisión que en el «Manifiesto», constituyen todo un programa «político» de trabajo teórico-práctico en la investigación de una nueva teatralidad alternativa al discurso escénico burgués, desde la convicción de que «la teatralidad no es algo definitivamente establecido por los sistemas y códigos tradicionales, sino una dimensión humana de reconocimiento y autoconstrucción que cambia con el hombre, que precede, acompaña o sigue sus deseos de cambio»:

EL TEATRO FRONTERIZO se plantea este ambicioso programa de revisión y cuestionamiento de la práctica escénica en todos sus niveles de una forma gradual y siste-

[44] J. Sanchis Sinisterra, «El Teatro Fronterizo. Planteamientos», *Primer Acto,* núm. 186, pág. 96.

mática, acotando para cada etapa, para cada experiencia, un área de investigación determinada, en la que son focalizados aquellos segmentos de la estructura teatral sujetos a examen: la naturaleza del texto dramático y el modo de escritura teatral, la noción de «personaje» y su relación con las funciones escénicas del actor, el imperialismo de la «fábula» y la estructura de la trama, los conceptos de Unidad y Coherencia estéticas, el pretendido carácter discursivo de la representación, las fronteras entre narración oral e interpretación, la plasticidad del juego espectacular, la teatralidad diferente del juego, del ritual, de las fiestas, de la juglaría... Toda una serie de cuestiones aparentemente «formales», pero que comprometen el lugar, el sentido y la función del hecho teatral en la cultura y en la historia[45].

Es justo por insólito resaltar la coherencia entre estos «Planteamientos» y la trayectoria escénica de El Teatro Fronterizo, la coherencia entre sus objetivos de investigación teórica y sus espectáculos. En un tercer manifiesto del grupo, publicado en 1982, se afirma con rotundidad que El Teatro Fronterizo es, «antes que un grupo dedicado a la realización de espectáculos, un taller de investigación y creación dramatúrgicas, un laboratorio de experimentación textual»[46]. Y estas palabras no son mera retórica, ya que los espectáculos del grupo son una consecuencia del

[45] Ob. cit.

[46] J. Sanchis Sinisterra, «Teatro Fronterizo. Taller de dramaturgia», *Pipirijaina*, núm. 21, marzo de 1982, pág. 30. Poco antes, el autor escribe que «subvenir la *teatralidad* a partir del trabajo textual mismo y, desde allí, en una etapa posterior, cuestionar la condición especular atribuida a los códigos escénicos, son, pues, requisitos indispensables para desarticular los modelos ideológicos que esclerotizan la práctica teatral *desde* su matriz espectacular» (ob. cit., pág. 30). Y más adelante precisa: «Es un mismo gesto creador el que configura texto y contexto, instituyendo así un territorio fronterizo potencialmente fluctuante, ambiguo, tenso, fecundo en transgresiones y fricciones. Escribir *desde* la escena, escenificar *desde* la escritura. Cuestionamiento recíproco de textualidad y teatralidad» (ob. cit., pág. 32).

trabajo teórico previo de laboratorios y seminarios, un trabajo en donde la manipulación textual y el cuestionamiento recíproco de textualidad y teatralidad son tareas esenciales. Ésta es la génesis de espectáculos como *El gran teatro natural de Oklahoma,* dramaturgia sobre textos de Kafka estrenada en mayo de 1982; *Informe sobre ciegos,* adaptación del capítulo homónimo de la novela de Sábato *Sobre héroes y tumbas* (octubre de 1982); *Moby Dick,* dramaturgia de la novela de Melville (mayo de 1983); *Primer amor,* dramaturgia del relato del mismo título de Beckett (abril de 1985) o *Bartleby, el escribiente,* dramaturgia del relato del mismo título de Melville, estrenado el 2 de noviembre de 1989 con motivo de la inauguración en Barcelona de la Sala Beckett, sede de El Teatro Fronterizo. Como puede advertirse, Sanchis Sinisterra se interesa por realizar dramaturgias sobre textos que, «por una parte, no prefiguran una representación convencional y, por otra, se sitúan en zonas particularmente refractarias a la domesticación cultural burguesa: textos excéntricos, o excesivos, o extemporáneos, o exteriores en relación con el discurso dominante»[47] de

---

[47] «Indican, eso sí, una preferencia por lo fragmentario, por lo inacabado, por lo parcial, por lo disperso... frente a la pretensión de totalidad inherente a la gran mayoría de los textos consagrados. Preferencia también por una textualidad abierta, ambigua, polisémica, contradictoria, dialéctica... frente a la obra unívoca, coherente, cerrada, plena de sentido pleno. Preferencia, en fin, por los géneros híbridos, por las estructuras fluidas, por las formas menores, por los textos liminares, por los autores apátridas, por una literatura *nómada,* errática, transterrada» (J. Sanchis Sinisterra, «Teatro Fronterizo. Taller de dramaturgia», ob. cit., pág. 34). El dramaturgo escribió un texto, «La aventura kafkiana a escena», que sirve de prólogo a *El gran teatro natural de Oklahoma,* materiales publicados por la revista *Primer Acto* (núm. 222, enero-febrero de 1988, págs. 40-41 y 42-71, respectivamente). Por otra parte, Sanchis Sinisterra incluyó unas páginas «Del "Cuaderno de bitácora" de "Moby Dick" (Notas de dramaturgia y puesta en escena)» en su ponencia «De la chapuza considerada como una de las bellas artes», incluida en el libro colectivo *Nuevas tendencias escénicas. La escritura teatral a debate* (Madrid, Ministerio de Cultura, 1985, págs. 125-130).

autores como Kafka, Sábato, Melville o Beckett, fronterizos ellos mismos o proclives a una teatralidad fronteriza. Pero pasemos a analizar todos estos elementos teóricos, estos planteamientos y objetivos a través de la propia historia del grupo y de sus sucesivas puestas en escena, a fin de situarnos de este modo ante ese punto de inflexión que para la dramaturgia de Sanchis Sinisterra y para El Teatro Fronterizo constituye en 1980 su cuarto espectáculo, *Ñaque o de piojos y actores.*

En efecto, su primer espectáculo estrenado, dirigido por Sanchis Sinisterra en marzo de 1978, fue una dramaturgia de *La leyenda de Gilgamesh* que, en palabras suyas, quiso ser «una investigación sobre la génesis de la teatralidad o, mejor, sobre los procesos de articulación de lo teatral a partir del juego dramático y de la narración oral»[48]. En abril de 1979 se estrena el segundo espectáculo, *Historias de tiempos revueltos,* que de nuevo incide en las relaciones entre narración oral y representación dramática, y que «constituye una investigación sobre las raíces populares del teatro épico»[49] a partir del cuento *La historia del círculo de tiza* caucasiano y de *La excepción y la regla,* dos obras de Bertolt Brecht. En noviembre de 1979 se estrena el tercer espectáculo, *La noche de Molly Bloom,* una adaptación del último capítulo del *Ulises* de James Joyce, un extenso monólogo interior de una mujer durante una noche de insomnio que vino a demostrar que la fascinación teatral puede lograrse con los mínimos elementos escénicos: una actriz y el bulto de un actor dormido, una cama, unos cuantos sonidos y la penumbra de una habitación[50]. En rigor, *La noche de Molly*

---

[48] J. Sanchis Siniaterra, «Itinerario fronterizo», *Primer Acto,* núm. 222, enero-febrero de 1988, pág. 27.

[49] Ob. cit.

[50] «En este montaje, tal como indicábamos en el programa, se trataba de eliminar algunos de los componentes de la teatralidad, digamos naturalista, para ver qué nueva dimensión de la teatralidad se ponía de mani-

Bloom fue el primer espectáculo de El Teatro Fronterizo que obtuvo, en el umbral de la década de los ochenta, un resonante éxito de crítica y público, al cual contribuyó decisivamente la revelación de Magüi Mira como actriz. El 29 de octubre de 1980 se estrenó su cuarto espectáculo, *Ñaque o de piojos y actores,* una «mixtura joco-seria de garrufos varios sacada de diversos autores (pero mayormente de Agustín de Rojas), agora nuevamente compuesta y aderezada por José Sanchis Sinisterra», que le valió por unanimidad el Premio Artur Carbonell del Festival Internacional de Teatro de Sitges de aquel año[51]. *Ñaque* constituye, a mi modo de ver, una pequeña obra maestra de la dramaturgia de Sanchis Sinisterra y nos resulta particularmente útil porque, como reconoce el propio autor, supone un punto de inflexión en su trayectoria que nos aboca brutalmente en el «metateatro», tema principal de nuestro análisis[52]. En rigor, *Ñaque* es un hermosísimo texto literario que, en palabras del dramaturgo, «además de mostrar la dimensión picaresca y marginal del teatro del XVII, pretende suscitar una reflexión *in situ* sobre la condición del actor y sus relaciones

fiesto y en qué medida el público podía modificar sus esquemas perceptivos ante una propuesta de teatralidad diferente. Esto de los esquemas perceptivos yo lo considero clave» (J. Monleón, «Entrevista con Sanchis», *Primer Acto,* núm. 186, octubre-noviembre de 1980, pág. 94). Se reproduce ese texto introductorio en la revista *Pipirijaina* (núm. 11, noviembre-diciembre de 1979, págs. 30-31).

[51] Remito a la antología de textos sobre la puesta en escena de *Ñaque* según la crítica teatral, incluida en el Apéndice documental que acompaña a este trabajo.

[52] «Sí, *Ñaque* és el punt d'infiexió. El llenguatge m'interessa, però m'interessen més aquests aspectes de convivència, de trobada, d'interacció entre codis. Però resulta que, en no tenir mitjans, em trobo molt limitat des del punt de vista dels codis que puc emprar: estic obligat a fer un treball basat en el text i en l'actor» (P. Gabancho, ob. cit., pág. 327). Patrice Pavis clarifica el concepto de «metateatro» en su *Diccionario del teatro. Dramaturgia, estética, semiología* (Barcelona, Ediciones Paidós, 1984, págs. 309-311).

con el público, sobre la naturaleza de ese fugaz encuentro que el hecho escénico propicia»[53]. Desde *Ñaque,* por tanto, la reflexión sobre la naturaleza del hecho escénico y sobre los elementos que intervienen en la representación (actor, personaje, autor, y muy principalmente, como veremos, público), la reflexión sobre las propias fronteras del teatro, el metateatro, en suma, constituye el eje temático fundamental de la dramaturgia del Sanchis Sinisterra de los ochenta, que comprende desde *Ñaque* a ese espectacular éxito de crítica y público que es *¡Ay, Carmela!,* una «elegía de una guerra civil en dos actos y un epílogo», estrenada el 5 de noviembre de 1987 por el Teatro de la Plaza en el Teatro Principal de Zaragoza, las dos obras que ahora editamos.

2. «Ñaque o de piojos y actores»: metateatro y teatralidad fronteriza

La génesis dramatúrgica de *Ñaque* está claramente explicada por Sanchis Sinisterra, teórico e investigador, en una ponencia titulada «La condición marginal del teatro en el Siglo de Oro», que presentó en las III Jornadas de Teatro Clásico Español, celebradas en Almagro en septiembre

---

[53] J. Sanchis Sinisterra, «Itinerario fronterizo», ob. cit., pág. 28. Para el dramaturgo «más claramente que las demás artes, el teatro es autorreferencial» («Personaje y acción dramática», ponencia presentada en las VII Jornadas de Teatro Clásico Español, celebradas en Almagro entre el 20 y el 23 de septiembre de 1983 y editadas por Luciano García Lorenzo con el título de *El personaje dramático,* Madrid, Taurus, 1988, pág. 104). Para él esta «autorreferencialidad» constituye el «denominador común a las corrientes más dinámicas de la práctica artística contemporánea»: «El arte más progresivo de nuestro tiempo habla fundamentalmente de sí mismo, se interroga sobre su especificidad, discute sus procedimientos, cuestiona sus convenciones, desorganiza sus códigos, defrauda sus expectativas, proclama sus límites» (J. Sanchis Sinisterra, «Teatro en un baño turco», en *Congrés Internacional de Teatre a Catalunya 1985. Actes,* vol. IV, Barcelona, Institut del Teatre, 1987, pág. 141).

de 1980, un mes antes del estreno de la obra en el Festival de Sitges.

Contra la opinión establecida por la mayoría de críticos (Maravall, Arróniz, Díez Borque) de que el teatro español del Barroco fue un teatro política y religiosamente ortodoxo, Sanchis Sinisterra reflexiona, a partir de la *Bibliografía de las controversias sobre la licitud del teatro en España* que Emilio Cotarelo y Mori publicó en Madrid en 1904, sobre el hecho de que la licitud moral, social e incluso política del teatro fue un tema polémico en España durante cuatrocientos años y, sobre todo, según documenta el propio Cotarelo, precisamente entre los años 1590 y 1690, un momento histórico en que la crítica oficial sostiene que el teatro fue un mero recurso privilegiado de propaganda ideológica y política. El ponente recuerda la existencia de una realidad teatral «fronteriza» ajena a Lope o a Calderón, de un teatro «menor» que representan en pueblos, posadas y aldeas las llamadas «compañías de la legua» y, contra la prioridad de lo literario sobre lo escénico, reivindica con razón la potencialidad subversiva del hecho teatral, de la representación escénica que, en la práctica cotidiana, burlaba el largo brazo de la censura inquisitorial:

> Un interesante análisis sobre la naturaleza profesional, social y artística de este lumpen-teatro puede realizarse a partir del conocido pasaje de *El viaje entretenido,* de Agustín de Rojas, en que se relatan las andanzas de Ríos y Solano, dos representantes que circunstancialmente constituyen un «ñaque»[54].

---

[54] J. Sanchis Sinisterra, «La condición marginal del teatro en el Siglo de Oro», *Primer Acto,* núm. 186, págs. 73-87. La cita en pág. 78. Se publicó también entre las ponencias de las *III Jornadas de Teatro Clásico Español,* celebradas en Almagro en 1980, edición de José Monleón (Madrid, Ministerio de Cultura, 1981, págs. 95-130). En esta edición se reproduce el coloquio que suscitó esta tan interesante como polémica ponencia, en ob. cit., págs. 131-145.

Sanchís Sinisterra, a partir de un texto de Suárez de Figueroa, afirma que, en la realidad barroca, también «se perfila la imagen de una dramaturgia plebeya cuya heterodoxia no concierne sólo a lo moral, sino también a lo cultural, estético, social y político», y que esa «dimensión plebeya, así como también la carga irreverente, satírica y aun obscena que se censura en el repertorio dramático del XVII, irrumpe sin ambages en el llamado teatro "menor", en ese conjunto multiforme de elementos espectaculares que enmarcan y taladran el tejido de la comedia: loas, entremeses o sainetes, bailes, jácaras, mojigangas, follas, matachines...»[55]. El ponente nos recuerda el nomadismo de los «cómicos de la legua», la condición marginal de los actores en la sociedad barroca, esa ambigua vinculación entre teatro y prostitución que parece ser una de las raíces de su popularidad, además de la capacidad proteica del actor como elemento de fascinación del público popular. Por todo ello, y ante todo por la potencial «fuerza transgresora de la actividad escénica» que, para los enemigos del teatro, «es una prueba palpable de la presencia y actividad del diablo en el mundo»[56], el teatro es perseguido y prohibido. Ahora podemos comprender el sentido de la cita artaudiana («El espectáculo actúa no sólo como un reflejo, sino

---

[55] Ob. cit., pág. 81. Sanchis Sinisterra precisa que en *Ñaque* pueden hallarse también elementos «épicos», pues él entiende lo épico «no según el modelo del Berliner, sino como una forma popular de teatralidad, en la que el narrador se ofrece como mediador, sin ocultarse». En *Ñaque* puede hablarse, a su juicio, de elementos «épicos» en la medida en que se indagan aquí «las raíces de las formas narrativas populares del teatro español del Siglo de Oro» (J. Monleón, ob. cit., pág. 94).

[56] Ob. cit., pág. 79. Sobre el actor en la época pueden consultarse con provecho los libros *Sociedad y teatro en la España de Lope de Vega,* de José María Díez Borque (Barcelona, Antoni Bosch, editor, 1978, págs. 29-90) y *El actor en el teatro español del Siglo de Oro. Investigaciones sobre la profesión del actor y su papel dentro de la sociedad,* de J. Oehrlein (Fráncfort, Vervuet, 1986).

como una fuerza») que Sanchis Sinisterra sitúa al inicio de su inteligente reflexión:

> Los enemigos del teatro son sus mayores apologistas. Ellos han sabido valorar en su exacta medida el poder del teatro, su extraordinaria fuerza corrosiva, su parentesco con la Peste, como quería Artaud. Por ello puede afirmarse que el teatro es, en su momento de apogeo, un fenómeno social y políticamente marginal, casi espúreo, lindante con la delincuencia y la prostitución —si no incluso con la subversión y la herejía—, permanentemente atacado por la Iglesia en la época de su mayor influencia, controlado por los poderes públicos, amenazado de aniquilamiento y prohibido de hecho en reiteradas ocasiones[57].

Ya tenemos a dos actores, a dos «cómicos de la legua», Ríos y Solano, procedentes del *Viaje entretenido* de Agustín de Rojas, que forman un ñaque. Y tenemos también unos materiales literarios «menores», residuales, plebeyos, de desecho y derribo (desde loas a entremeses), que constituyen la estructura dramatúrgica del *Ñaque* de Sanchis Sinisterra. Debemos analizar ahora el proceso dramatúrgico de la obra, la manipulación textual de estos materiales literarios hasta situarlos en un nuevo contexto de enunciación que, en la medida en que el teatro es para el dramaturgo «un lugar de encuentro»[58], relaciona a los dos «cómicos de la

---

[57] Ob. cit., págs. 86-87. En la etapa en que José Luis Gómez dirigió el Teatro Español de Madrid, Sanchis Sinisterra realizó la dramaturgia de dos dramas calderonianos: *La vida es sueño* y *Los cabellos de Absalón*. A esta última dramaturgia se refiere en su ponencia «Personaje y acción dramática» (ob. cit., págs. 106-114).

[58] «En último término, el teatro es un *encuentro,* no una emisión unilateral de significaciones; una experiencia compartida, no un saber impartido; una confrontación pactada, no una pasiva donación de imágenes. La escena *propone* las condiciones de este encuentro, de esta experiencia, de esta confrontación, y la sala *responde* o no a esta propuesta con

legua» y su representación de aquel repertorio «menor» con los espectadores del siglo XX, el público que asiste a esa representación del *Viaje entretenido* de Ríos y Solano, transformado ahora, por arte de dramaturgia, en el *Ñaque* de Sanchis Sinisterra, es decir, en una reflexión contemporánea sobre las fronteras del teatro y, más concretamente, sobre la naturaleza del actor y sobre la condición del espectador.

La dramaturgia cohesiva

Según anota el propio Sanchis Sinisterra, que se complace en inventariar los materiales literarios que constituyen el objeto de su trabajo dramatúrgico, el núcleo germinal de *Ñaque,* su eje articulador, son «dos loas de Agustín de Rojas y dos pasajes de su libro *El viaje entretenido* relativos a la vida y andanzas de los cómicos ambulantes»[59]. Ahora bien, si en la ensalada de refranes con la que Ríos y Solano salpican al espectador durante su frugal comida escénica advertimos la huella del Refranero popular, la narración por Solano del «cuentecillo aquel de los dos amigos que compartían una gallina» delata la presencia de relatos y chistes folclóricos de tradición oral. Ya durante el remedo de su representación, el romancero tradicional es la fuente de ese romance que inicia Solano con el verso «Compañero, compañero», mientras que Ríos recita la loa de «Las cuatro edades del mundo», que puede leerse en *El viaje entretenido.* El

---

un lenguaje mudo que sólo el actor es capaz de descifrar» (J. Sanchis Sinisterra, «Teatro Fronterizo. Taller de dramaturgia», ob. cit., pág. 34).

[59] He anotado estas referencias en la edición de la obra. El autor enumera sus fuentes literarias en el texto introductorio a la primera edición de la obra *(Primer Acto,* núm. 186, octubre-noviembre de 1980, pág. 109). El fragmento germinal, en donde Solano recita las «ocho maneras de compañías y representantes», puede leerse en Agustín de Rojas Villadrando, *El viaje entretenido,* edición de Jean Pierre Ressot, Madrid, Castalia, 1972, págs 159-162.

Códice de Autos Viejos es la fuente de procedencia del *Auto del sacrificio de Abraham* que ambos representan, interrumpido por *El entremés del bobo y del capeador,* uno de tantos entremeses anónimos, al que sigue una serie de «dichos» —el de un ladrón, el de un herrero y el de un truhán—, que se vinculan con la tradición de la narración oral, antes de que nos relaten el accidentado desenlace de la representación del auto. Abordan luego «residuos» de una comedia, *La Gran Semíramis,* de Cristóbal de Virués, al tiempo que su encuentro con Martinazos y la representación de la comedia de *La resurrección de Lázaro* vuelve a proceder de *El viaje entretenido.* Por último, ese Solo de Bululú que interpreta patéticamente Solano al final de la obra corresponde a «un fragmento adulterado de la comedia *Serafina,* del representante Alonso de la Vega». Ahora bien, ¿cómo se articula dramatúrgicamente esta serie de materiales textuales diversos? Sanchis Sinisterra afirma que «el principio rector de la elaboración dramatúrgica de *Ñaque* es el del *conglomerado,* próximo al que ha regido a lo largo de los siglos —y especialmente en el de Oro— la composición de las llamadas «Misceláneas», y nos recuerda que «en el *conglomerado* se trata de integrar las partes en el todo, sin anular plenamente sus diferencias originarias, su natural diversidad, pero sometiéndolas a las leyes de funcionamiento y sentido del nuevo texto y de su nuevo contexto»[60]. Y en su ensayo posterior, el autor citará *Ñaque* como ejemplo de dramaturgia cohesiva, ya que, «cuando se parte de una multiplicidad de textos, la teatralidad contextual ha de ser *cohesiva*»[61]. Lo fundamental, por tanto, es «la puesta en espacio» de esos materiales textuales en un nuevo contexto: el del aquí y el ahora de la representación, de cada representación, desde el momento en que Ríos y Solano se encuentran ante el público:

[60] J. Sanchis Sinisterra, «Prólogo» a *Ñaque,* ob. cit., pág. 109.
[61] Íd., «De la chapuza considerada como una de las bellas artes», en ob. cit., pág. 124.

En torno a esta temática —la condición del actor y su posición en la sociedad, concretada en su relación con el público— gira, deambula y discurre la trama textual de *Ñaque*. Condición precaria, ya que su debilidad y su fuerza dependen del encuentro fugaz y siempre incierto con ese ser múltiple y desconocido que acecha en la sombra de la sala y, aparentemente, sólo mira y escucha.

(...)

Arrastrando un viejo arcón que encierra todo su «aparatos teatral», llegan al *aquí* y al *ahora* de la representación procedentes de un largo vagabundeo a través del espacio y del tiempo. Han de repetir ante el público un tosco espectáculo, a medio camino entre el relato y la interpretación, pero el cansancio, el aburrimiento, las dudas y temores retrasan, interrumpen una y otra vez su actuación en un diálogo que —deliberadamente— los emparenta con Vladimiro y Estragón, los ambiguos *clowns* de Samuel Beckett[62].

La deuda beckettiana

Hemos visto la militancia brechtiana del dramaturgo desde sus años valencianos hasta *Historia de tiempos revueltos,* el segundo montaje de El Teatro Fronterizo, escrita en 1978. Diez años antes, aquel París de mayo de 1968 que palpita en *Algo así como Hamlet* era un París en donde la imaginación que debía tomar el poder teatral era la brechtiana y no había lugar, entre las flores de aquella primavera revolucionaria, para ese parisino teatro del absurdo cuya figura más representativa era Samuel Beckett y que, siguiendo ortodoxamente a un teórico marxista entonces tan

---

[62] J. Sanchis Sinisterra, «Prólogo» a *Ñaque,* ob. cit., pág. 109. *Primer amor* y *Happy days* («"Happy days", una obra crucial», *Primer Acto,* núm. 206, noviembre-diciembre de 1984, págs. 36-41) son las dos experiencias dramatúrgicas que hasta la fecha ha realizado Sanchis Sinisterra sobre Beckett.

prestigioso entre la izquierda literaria española como el húngaro Georg Lukács en su *Significación actual del realismo crítico,* no pasaba de ser sino expresión de un vanguardismo decadente[63]. Esa valoración lukacsiana del autor de *Esperando a Godot* es la que subyace en declaraciones posteriores de Sanchis Sinisterra sobre Beckett:

> Mi producción de esos años está en esa línea de Brecht. Beckett me interesaba, me fascinaba, pero no lo entendía. Me parecía la expresión de un pensamiento decadente que no tenía relación directa con la realidad (...) No volví a encontrar a Beckett hasta que escribí *Ñaque*[64].

Desde luego, las condiciones de recepción de Beckett en España no eran durante el franquismo las idóneas para entender, salvo honrosas excepciones, el «realismo» de *Esperando a Godot*[65]. Para esa izquierda antifranquista de los sesenta,

---

[63] «La angustia que, como espera inquietante, como nostalgia sin objeto, constituía ya el contenido de muchas obras naturalistas, se convierte ahora en objeto excluyente, único, cuya omnipotencia inhibe todas las aspiraciones del hombre y que, como pura espera, como pura angustia, se eleva a una autocracia absoluta. A pesar de las evidentes diferencias en el modo de escribir y en la moral concreta evocada, esta temática y su estilo predominan también, por ejemplo, en el conocido drama de Beckett *Esperando a Godot*» (Georg Lukács, *Significación actual del realismo crítico,* traducción de María Teresa Toral, revisada por Federico Álvarez, México, Era, 1963, págs. 95-96).

[64] «El error en que caímos todos los hombres de teatro de aquella época fue creer que había una relación directa entre la praxis teatral y la socioeconómica o política. No darnos cuenta de que el arte actúa sobre la vida con caminos mucho más complejos, más indirectos, a más largo plazo. Y otro error fue pensar, típica pedantería religiosa de los marxistas de esa época, que éramos poseedores de una verdad y que transmitiéndola al pueblo íbamos a producir su despertar, su desalienación, cuando el arte, si enseña algo, se lo enseña al que lo está creando» (Santiago Fondevila, «Sanchis Sinisterra: el teatro no es un círculo cerrado» (entrevista), *El Público,* núm. 67, abril de 1989, pág. 43).

[65] «Yo nunca he visto un drama más realista» (Alfonso Sastre, *Anatomía del realismo,* Barcelona, Seix-Barral, 1965, pág. 32). Alfonso Sastre y

49

Beckett era un pequeñoburgués decadente que practicaba en París un teatro del absurdo y, como tal, nada representativo del París revolucionario de mayo de 1968. Iba a ser necesario que pasaran años y desengaños para que, sepultadas las playas del paraíso revolucionario bajo los adoquines, la derrota del espíritu y la letra del teatro épico de Brecht fuera iluminando el rigor implacable y la esplendorosa lucidez de una dramaturgia como la beckettiana. Sanchis Sinisterra, desde Agustín de Rojas a la dramaturgia de su *Ñaque,* sólo durante la transición democrática iba a encontrarse, en su particular «viaje entretenido», con Beckett. Y Beckett fue para él, sin renunciar nunca a Brecht, una revelación decisiva en su trayectoria teatral porque de él aprendió fecundas enseñanzas «fronterizas»: por una parte, un proceso irreversible de despojamiento escénico que implica un feroz ascetismo espectacular; por otra, una «minimización del tema, adelgazamiento de la fábula, simplificación de la acción dramática hasta el "grado cero" de la teatralidad situacional»[66]. En suma, una teatralidad de la penuria, teatralidad «concreta, inmediata y directa que no rehúye el humor, la ternura ni el patetismo»[67]. Pero, en rigor, al hablar de la dramaturgia beckettiana, ¿no estamos hablando también de *Ñaque?*

Ríos y Solano, aquí y ahora, han de actuar ante el público, han de representar su tosco espectáculo. Y van actuando a través de un diálogo conciso y entrecortado, paradóji-

---

José María de Quinto, desde su pensamiento estético marxista, antidogmático y antimecanicista, coinciden en valorar la obra, «por un especial mecanismo dialéctico de la negación de la negación», como reveladora de la realidad a pesar de su «decadencia», según la terminología luckasiana. Puede consultarse sobre el tema mi artículo «José María de Quinto, crítico teatral del realismo social», en los *Cuadernos Interdisciplinarios de Estudios Literarios.*

[66] J. Sanchis Sinisterra, *«Happy days,* una obra crucial», *Primer Acto,* núm. 206, noviembre-diciembre de 1984, pág. 40.

[67] Ob. cit.

co, a menudo intercambiable, que refleja las contradicciones entre el ser y el estar del hombre en el mundo, que plantea la situación de nuestra existencia, entre la supervivencia y la muerte. Hay, por tanto, una deliberada influencia, confesada por el propio dramaturgo, del Beckett de *Esperando a Godot* sobre *Ñaque,* que atañe también a la propia noción del personaje dramático, a esa encarnación de la fragilidad de la condición humana que es el actor, un piojo al borde de la evanescencia que se sostiene en pie gracias sobre todo a su memoria. Por ello cuando ésta se esfuma, como le sucede al Solano de *Ñaque,* el personaje siente la angustiosa disolución de su identidad:

> SOLANO. Anduvimos en esta alegre vida poco más de cuatro semanas, comiendo poco, caminando mucho, con el hato de la farsa al hombro, sin haber conocido cama en todo este tiempo... *(Súbitamente se interrumpe. Queda inmóvil, totalmente inexpresivo. Con voz temerosa susurra.)* Ríos... *(Al no obtener respuesta, grita despavorido.)* ¡Ríos!
>
> RÍOS. *(Sobresaltado.)* ¿Qué?... ¿Qué te pasa? (SOLANO *se pasa la mano por la frente, con expresión de pánico.)* ¡Solano!... ¡Solano!...
>
> SOLANO. *(Igual.)* Un blanco... un hueco...
>
> RÍOS. ¿Un hueco? ¿Dónde?
>
> SOLANO. *(Se toca la frente.)* Aquí... Nada aquí... No recuerdo... nada.
>
> RÍOS. ¿Cómo que no recuerdas nada?
>
> SOLANO. Que no recuerdo nada... De pronto... *(Gesto de vacío.)*
>
> *(La luz comienza a oscilar, a decrecer.)*
>
> RÍOS. *(Va junto a él y, nervioso, le palmea la cara.)* Vamos, vamos... No tiene importancia... Un pequeño olvido... ¿Qué estabas diciendo?
>
> SOLANO. Es como si... *(Gestos vagos.)* Vacío... Dentro y fuera... Vacío...

Ríos. ¡Te digo que no tiene importancia! Cualquiera pue-
de olvidar...
Solano. Nosotros no...
Ríos. ¿Por qué no?
Solano. Nosotros no... Es... horrible.

Por otra parte, «en apoyo de esta relativización del concepto de trama como sustentación de la acción dramática»[68],
Sanchis Sinisterra cita un fragmento de *Final de partida*
porque, como repite en otra ocasión, «el teatro de Beckett tampoco tiene argumento: ¿qué pasa en *Final de partida*? ¿Qué
historias se cuentan en *Esperando a Godot?*»[69]. Por tanto, lo
de menos en *Ñaque* es que, al inicio, Solano, como Estragon en *Esperando a Godot,* intente descalzarse, o que Ríos
le ofrezca a Solano, como Vladimir a su compañero, una
zanahoria. Tampoco importa demasiado esa alusión a la
posibilidad de un suicidio que le plantea Ríos a Solano
(«¿No sería mejor acabar?»), que nos recuerda a Estragon
preguntando ante el árbol a Vladimir por dos veces, al inicio del acto primero («Si on se pendait?») y al final del acto
segundo («Et si on se pendait?»), por tal posibilidad. Al
margen de algunas citas textuales («Debimos haberlo pensado hace una eternidad») que son guiños de complicidad
de este *Ñaque* con la memoria inteligente del espectador, el
mejor homenaje de Sanchis Sinisterra a la dramaturgia beckettiana reside en esas influencias conceptuales antes co-
mentadas, que siempre ha reconocido con admiración y
orgullo y que ha utilizado en sus reflexiones como teórico
para construir su propia noción de teatralidad.

En efecto, la «puesta en espacio»[70]se realiza en *Ñaque* a
través de un despojamiento escénico, aprendido en Beckett,

[68] J. Sanchis Sinisterra, «Personaje y acción dramática», ob. cit.,
pág. 103.
[69] Joan casas, «Diálogo alrededor de un pastel...», ob. cit., pág. 38.
[70] «A mi, m'agrada dir-li "posada en espai", no en escena. És veritat
que utilitzo molt poca escenografia i per això intento que tot es basi molt

que reduce el «aparato» de la representación, su tramoya y artificio, a la más estricta desnudez: un arcón, dos actores y poco más. Este despojamiento escénico es coherente con su rechazo de la «espectacularidad» teatral y significa una indagación en el «grado cero» de la teatralidad[71]. En este sentido, resulta modélica la «significación» de esa «moderna tapadera de retrete» que Ríos halla en su merodeo y con la que, colocada ingeniosamente alrededor del cuello a modo de aureola divina, reaparecerá en escena en el momento de interpretar el personaje de Dios en el *Auto del sacrificio de Abraham* provocando la hilaridad del espectador. Podríamos decir, por tanto, que en ese despojamiento escénico de *Ñaque* no hay nada gratuito: todo significa, precisamente por su desnudez, con mayor intensidad. Este fecundo encuentro de Sanchis Sinisterra con Beckett, tras una etapa anterior de incomprensión, resultará decisivo para

---

en la pròpia màquina de la interacció. Molts dels meus espectacles passen en un teatre, en el propi teatre en què actuem, i la representació té lloc aquí i ara. Això té a veure amb el meu concepte d'allò ficcional: el públic no assisteix a la representació d'una cosa que ha passat en un altre temps i en un altre lloc, sinó que veu una acció ficcional que passa ara, en aquest moment» (P. Gabancho, ob. cit., pág. 335).

[71] Joan casas evoca un sugestivo experimento de Manfred Wekwerth con un actor al que pidió que saliera a escena y permaneciera allí un cuarto de hora sin hacer nada. Luego preguntó al resto de alumnos qué habían visto y éstos, en tanto «espectadores», habían visto una cantidad de cosas extraordinaria. Sanchis Sinisterra responde: «Éste es un ejercicio que yo mismo propongo frecuentemente, y que pone el acento sobre lo que podemos llamar los límites de la teatralidad, su "grado cero", que ha sido otro de los temas importantes de investigación para El Teatro Fronterizo. Nos pone ante el hecho de que lo que fundamenta la fascinación del espectáculo es la mera presencia del actor, casi podríamos decir que todo lo que un actor hace en escena es secundario con relación a ese hecho fundacional. El "ocurrir" de la presencia escénica del actor y de la relación del actor con el público es la sustancia del hecho teatral, y, en este sentido, muchos de los espectáculos de El Teatro Fronterizo han buscado ese despojamiento. Y ahí nos encontramos de nuevo con Beckett» (Joan Casas, «Diálogo alrededor de un pastel...», ob. cit., págs. 34-35).

su trayectoria dramatúrgica posterior, hasta el punto de acabar bautizando como Sala Beckett —homenaje y, a la vez, manifiesto—, el propio local de El Teatro Fronterizo, su local[72].

Naturaleza y condición social del actor

Así como «La puerta» es un monólogo de *Pervertimento* en donde el actor que lo interpreta plantea al espectador la problemática identidad del personaje teatral que representa, condenado a morir cuando atraviese la puerta y abandone de esta forma la escena[73], *Ñaque* es una reflexión sobre la naturaleza y condición social del actor, sobre su esplendor y su miseria. El encuentro de Ríos y Solano con el público crea las condiciones mínimas de la representación teatral. Los dos «cómicos de la legua», como los cervantinos Chanfalla y la Chirinos de *El Retablo de Eldorado, o* Paulino y Carmela de *¡Ay, Carmela!* o los propios figurantes en *Los figurantes,* actúan en un espacio escénico que es un teatro[74] y ante un público que es el público, pero se interrumpen con frecuen-

---

[72] El autor ha dedicado a Samuel Beckett la edición de su libro, *Pervertimento y otros Gestos para nada* (Sant Cugat del Vallés, Cop d'Idees, 1991). Por otra parte, el autor confiesa a Santiago Fondevila que la Sala Beckett pudo llamarse también Sala Brossa (ob. cit., pág. 43). El Teatro Fronterizo tuvo su primer local en el pasaje del número 45 de la calle Tallers, sede de la asociación cultural Escena Alternativa, cuyo presidente era el propio Sanchis Sinisterra.

[73] José Sanchis Sinisterra, «La puerta», en ob. cit., págs. 59-65.

[74] «Esos teatros en donde sucede una buena parte del teatro de Sanchis son cualquier cosa menos lugares lujosos donde la gente va a verse, son siempre espacios marginales, polvorientos y peligrosos. Peligrosos en un sentido inmediato y real para los cómicos de la ficción, que en ellos pueden ser fusilados, como la pobre Carmela, o perseguidos por el Santo Oficio, como los apicarados farandules cervantinos, pero también en un sentido más sutil. Porque son los lugares de lo mágico» (Joan Casas, «La insignificancia y la desmesura», prólogo a *¡Ay, Carmela,* ob. cit., pág. 10).

cia para plantear en voz alta una reflexión intemporal, metateatral, sobre su naturaleza y condición. Así, Ríos y Solano
hablan de los sentimientos y sensaciones del actor en escena,
del miedo del actor al público, de su condición social marginal, resumida en una afirmación que confiere sentido al título de la obra, *Ñaque o de piojos y actores:*

> Ríos. *(Buscando.)* ¿Dónde diablos...?
> Solano. Déjalo estar. ¿Qué falta nos hacen los piojos?
> Ríos. Era un buen piojo...
> Solano. No lo necesitas. Tú eres un piojo... Quiero decir:
> un actor.
> Ríos. ¿Un piojo?
> Solano. Un actor... Somos actores.
> Ríos. Actores...
> Solano. ... o algo parecido.
> Ríos. Mitad mendigos, mitad rameras.
> Solano. Pero sentimos, ¿no?
> Ríos. ¿Qué sentimos? ¿Patadas al culo?
> Solano. Sí, y golpes y estocadas y pasiones...
> Ríos. ¿Qué pasiones?
> Solano. Todas: el amor, los celos, la cólera, el dolor, el
> ansia...
> Ríos. Oye... ¿Cuándo sientes tú todo eso?
> Solano. Al actuar. ¿Tú no sientes nada?
> Ríos. Las patadas sí, pero lo otro...
> Solano. ¿Sólo las patadas?
> Ríos. Bueno, y también el hambre y la sed, el frío, la fati-
> ga, el sueño.., y los piojos.

Para Ríos está claro que el actor es socialmente un piojo,
es decir, un don nadie. Por ello le advierte a Solano, quien
quiere requebrar a una moza de entre el público, que no se
olvide de la suerte del comediante Íñigo de Velasco, al que
degollaron en Valencia «por andar galanteando como cualquier caballero, olvidando su condición»: «Porque no somos nadie... fuera de aquí». Fuera de la escena el actor ya
no es nadie y dentro de la escena, su esplendor está siempre

55

amenazado por el miedo al público o por la pérdida de la memoria. El propio Solano, como antes vimos, va a experimentar durante la representación ese miedo escénico, ese pánico ante el hueco, ante el blanco, porque para el actor la memoria es vital y el olvido es la ruina, la muerte. Por otra parte, Ríos y Solano se interrogan sobre la huella que deja el actor sobre el escenario al actuar y ambos, «mirando fijamente al público», sienten el miedo al olvido, que tratan de conjurar con voces y gestos «en una especie de patética llamada que aspira a penetrar y a grabarse en la oscura memoria de los espectadores». El desenlace de *Ñaque* sume a actores y espectadores en un clímax de emocionado patetismo que Solano lleva al límite cuando actúa como Bululú en un último y desesperado esfuerzo por conjurar el olvido de los espectadores. Ríos, inicialmente «perplejo ante esta imprevista actuación» de su compañero, pasa «a una especie de abatimiento escéptico» ante «el vano afán de su compañero». Hay, por tanto, en ese «vano» de Sanchis Sinisterra una carga inequívoca de pesimismo, sólo atenuada por su convicción de que el futuro del teatro está en la implicación del espectador en ese «encuentro» que es la representación. Porque el público es, en definitiva, el verdadero protagonista de *Ñaque,* una reflexión también sobre su naturaleza y actitud.

La condición del espectador

El Teatro Fronterizo «propone» *Ñaque* y esta «propuesta» al espectador está exigiendo su respuesta activa, una respuesta que a veces modifica la propia dramaturgia y representación en la medida en que es una «propuesta» abierta[75]. San-

---

[75] «Por otra parte, dado que el proceso creativo es inacabable, dado que el producto del trabajo teatral no queda nunca definitivamente fijado, la confrontación del espectáculo con públicos diversos es susceptible de generar cambios más o menos significativos, tanto en las formas escé-

chis Sinisterra, en tanto investigador y teórico, se interesó, posteriormente a la escritura de esta obra, por la «estética de la recepción», aunque en *Ñaque* demuestre ya un interés práctico, *avant la lettre*, por implicar al público en la representación teatral. Pero apresurémonos a advertir que esta «participación» nada tiene que ver con la utopía mística que defendió el teatro de aquella «década prodigiosa» que fue la de los años sesenta, tal y como precisa el propio dramaturgo:

> Jo busco la participació en l'imaginari, treballo sobre els codis que tenim esclerotitzats i que són els que ens fan moure d'una manera o altra en la vida. Poso l'accent en modificar aquests codis de percepció, de recepció, a través d'aquest dispositiu ficcional que és el teatre[76].

Al dramaturgo le interesa lo que él mismo llama «la dimensión sistémica del teatro», es decir, «el circuito de interacción que se produce entre los códigos. La interacción entre la carnalidad viva del actor y la presencia también viva, concreta y real del espectador». Y le advierte a Patricia Gabancho, su entrevistadora, que «si t'hi fixes, veuràs que en els últims espectacles del Fronterizo aquesta semiòtica de l'espectador apareix funcionalitzada, forma part de l'espectacle, està en el propi tema»[77]. Sanchis Sinisterra confiesa que se propone

---

nicas como en la propia estructura literaria. Paradójicamente, la versión *definitiva* de un texto coincide con su *última* representación» (J. Sanchis Sinisterra, «Teatro Fronterizo. Taller de dramaturgia», ob. cit., pág. 32).

[76] *Apud* Patricia Gabancho, ob. cit., pág. 328. («Busco la participación en el imaginario, que es donde suceden las cosas en el terreno artístico. Trabajo sobre el imaginario, sobre los códigos esclerotizados que todos tenemos y que son los que nos hacen movernos de una u otra manera en la vida. Pongo el acento en modificar estos códigos de percepción, de recepción, a través de este pequeño dispositivo ficcional que es el teatro»). La traducción de los textos es mía.

[77] P. Gabancho, ob. cit., pág. 327 («Si te fijas, verás que en los últimos espectáculos del Fronterizo esta semiótica del espectador aparece funcionalizada, forma parte del espectáculo, está en el mismo tema»).

sacar al espectador de su actual pasividad, de su actitud puramente contemplativa, «televidente»[78], para implicar al público en la propia teatralidad. Así, *Ñaque* se plantea en un contexto *abierto* que cuenta explícitamente con la presencia de los espectadores, ya que el dramaturgo ha conferido al público de la representación una función dramática[79]. En *Ñaque,* por tanto, los espectadores cuentan «en tanto que espectadores reales»[80] que asisten al «encuentro» de Ríos y Solano con el aquí y el ahora de una representación que sólo su presencia hace posible. Es un público que

---

[78] «En general es fa un teatre, per a televidents; la caixeta amb cada vegada més recursos per a fascinar, hipnotitzar, i la gent cada vegada més extasiada» *(apud* P. Gabancho, ob. cit., pág. 330): «En general se hace un teatro para televidentes; la cajita con cada vez más recursos para fascinar, para hipnotizar, y la gente cada vez más extasiada»). Por contra, Sanchis Sinisterra defiende que «otorgar al público un papel en la creación de lo que se le da a ver es también un estímulo para despertar la inteligencia, y al espectador de hoy ya le está haciendo falta que le hagan sentirse inteligente» (Joan Casas, «Diálogo alrededor de un pastel...», ob. cit., pág. 39).

[79] «Dos últimas observaciones referentes al problema del *contexto*. Mientras que "Gilgamesh" y "Molly Bloom" implican contextos escénicos cerrados —sin interpelación al público—, es decir, microcosmos situacionales sumamente caracterizados por su particular "atmósfera", los otros dos espectáculos *(Historias de tiempos revueltos y Ñaque)* se plantean en contextos *abiertos* que cuentan explícitamente con la presencia de los espectadores, aunque esta presencia sólo posee *función dramática* en *Ñaque*» (J. Sanchis Sinisterra, «Teatro Fronterizo. Taller de dramaturgia», ob. cit., pág. 35).

[80] Joan Casas, «Diálogo alrededor de un pastel...», ob. cit., pág. 38. *Ñaque* ha sido, sin duda, el espectáculo de mayor éxito nacional e internacional de El Teatro Fronterizo en esta década: «¿Y qué me dices de *Ñaque?* Es el espectáculo más desnudo del mundo, lleva siete años funcionando y no ha habido un público que no lo haya acogido con entusiasmo» (ob. cit., pág. 37). Particularmente entrañable y calurosa fue, muy significativamenre, la acogida del público que habitualmente no frecuenta los teatros: «Amb el *Ñaque* hem tingut un *succés d'estime* amb els públics urbans, però veritables reaccions d'entrega i apassionament en els públics no cultivats» *(apud* P. Gabancho, ob. cit., pág. 340).

asiste, mudo y expectante, a la actuación de Ríos y Solano, que están esperando su inicio. Sin embargo, Solano se interroga, les interroga sobre la suficiencia o insuficiencia de esa actitud suya como espectadores que tan sólo escuchan y miran:

> Ríos. Entonces, ¿no les importa?
> SOLANO. ¿Qué?
> Ríos. Lo que decimos. Lo que hacemos.
> SOLANO. No sé: escuchan, miran...
> Ríos. ¿Eso es todo?
> SOLANO. Ya es bastante, ¿no? *(Logra quitarse un zapato.)*
> Ríos. Escuchan...
> SOLANO. Sí.
> Ríos. ... y miran.
> SOLANO. ¿Es bastante? *(Silencio.)* ¿Es bastante?

Ríos no se resigna a esa actitud pasiva y le propone a Solano un intercambio de papeles entre actores y público. Tras mirar al público durante dos minutos largos y a la vista de su inactividad, la decepción de Ríos les decide a iniciar su actuación. El espectador vuelve a ser interpelado sobre su actitud cuando los actores, tras su representación, apelan patéticamente al público, como ya vimos antes, para que les recuerde y esa memoria les salve de un olvido que es su muerte:

> SOLANO. *(Tras un silencio, mirando a su alrededor.)* Lo que decimos, lo que hacemos... ¿se borra todo?
> Ríos. Somos actores, ¿no?
> SOLANO. *(Mira intensamente al público.)* No queda nada... *(Lo señala.)* ¿Tampoco allí? *(Silencio.)* ¿Tampoco allí?
> Ríos. ¿Te refieres al público?
> SOLANO. Sí.
> Ríos. No sé... Escuchan, miran..
> SOLANO. ¿Eso es todo?
> Ríos. Ya es bastante, ¿no? *(Silencio.)* ¿Es bastante?
> (...)

SOLANO. Entonces... ¿nos olvidarán? *(Silencio.)* ¿Nos olvidarán?
RÍOS. Puede que ya... estén olvidándonos...

Ñaque desnuda la radical fragilidad de la condición del actor y cuestiona la actitud del espectador ante el hecho teatral, un territorio que Sanchis Sinisterra cree que debe constituirse en objetivo prioritario de investigación porque, a su juicio, el futuro del teatro depende de ello:

> Ahí tenemos un campo que está por explorar. El Teatro Fronterizo se ha movido en él de una manera un poco empírica, y una de las cosas que me apetece hacer desde el punto de vista teórico es sistematizar las posibilidades de implicación del espectador en la ficcionalidad y de hacer algo desde el escenario con el espectador que está en la sala, la constitución, por tanto, de un sistema, o de muchos sistemas posibles, entre lo que ocurre en el escenario y lo que ocurre en la sala. Para mí además ahí está el futuro del teatro[81].

Con mayor rigor teórico, el dramaturgo aborda de nuevo el tema en su ponencia ante el Congreso Internacional de Teatro celebrado en Barcelona en mayo de 1985 que, a partir de una provocadora afirmación de Gordon Craig, titula «Teatro en un baño turco». Pues bien, en un capitulillo denominado «La construcción del espectador», el dramaturgo enuncia los cuatro elementos fundamentales de la relación teatral (actor real, espectador empírico, personaje ficticio y receptor implícito) para centrar su atención en este último, al que caracteriza como «un conglomerado de deseos, presuposiciones y cálculos que nace, esta vez, del lado de la escena; destinatario ideal, prefigurado por todos los componentes de la representación, es pariente próximo

---

[81] Joan Casas, ob. cit., págs. 38-39.

de ese "Lector-Modelo" que la Estética de la Recepción sitúa en el origen de las estrategias narrativas»:

> La tarea futura del teatro con futuro se encuentra, en mi
> opinión, en la focalización de ese cuarto componente, el
> «receptor implícito», como eje de nuevas articulaciones de
> la relación teatral.
> (...)
> Ante todo, vamos a asistir al espectáculo de nuestra pro-
> pia condición de espectadores[82].

Ñaque, como hemos visto, es una lúcida reflexión metateatral, un espectáculo desnudo que, a lo largo de diez
años, ha seguido, como en el Sitges de 1980, divirtiendo y
asombrando a espectadores de medio mundo[83]. Desde los
más sublimes espacios, como el Teatro Español de Madrid,
a los más humildes locales en barrios obreros de la periferia
urbana o en plazas populares; desde el Festival norteamericano de El Paso a la plaza de un pueblo mexicano[84]; desde

---

[82] J. Sanchis Sinisterra, «Teatro en un baño turco», ob. cit., pág. 142.

[83] *Ñaque o de piojos y actores* se estrenó el 4 de febrero de 1981 en la
Sala Villarroel de Barcelona, y el 9 de diciembre de ese mismo año 1981
en el Teatro Español de Madrid, interpretada por Luis Miguel Climent y
Manuel Dueso, con escenografía de Ramón Ivars y dirección de José
Sanchis Sinisterra. Durante diez años ha recorrido la práctica totalidad
de la geografía española y, según datos publicados por el propio grupo,
hasta el año 1985 habían visto el espectáculo 104.370 espectadores
en 223 representaciones. La proyección internacional de *Ñaque* se inició en
Yugoslavia («Éxito del grupo Teatro Fronterizo, en Yugoslavia», *La Vanguardia,* 9 de febrero de 1983, pág. 31), y siguió en Estados Unidos
(X Festival de Teatro Clásico de El Paso, Texas), Italia (Festival de Teatro
Ibérico de Turín), Colombia (Festival de Manizales), Portugal (Lisboa),
Alemania (Maguncia) y Venezuela (Caracas). En 1986 sus intérpretes
fueron Miquel Górriz y Camilo Rodríguez, para regresar posteriormente
a su reparto originario.

[84] El número 2 de la revista *Pausa* (enero de 1990) es un número monográfico sobre *Ñaque* en donde puede consultarte un artículo de Sanchis Sinisterra («Ñaque: 10 años de vida», ob. cit., págs. 6-7), por quien

el instituto Pau Vila de Sabadell al Aula de Teatro de la Universidad Autónoma de Barcelona[85], el éxito de un espectáculo tan antiespectacular como *Ñaque* prueba que el teatro no es un problema únicamente de presupuestos millonarios, sino de inteligencia y sensibilidad. *Ñaque* es un espectáculo cálido y entrañable, reflexivo y emocionante que, con su radical desnudez, viene a demostrar que la esencia del teatro reside en el encuentro entre el actor y el espectador, y que en ese encuentro no son incompatibles humor y ternura, patetismo e inteligencia, pasión y reflexión.

Sanchis Sinisterra, incombustible ante los peligros del éxito o de honores como el Premio Nacional de Teatro 1990, ha proseguido, desde *Ñaque* a *Naufragios de Alvar Núñez,*

---

sabemos que el espectáculo había alcanzado «casi cuatrocientas» representaciones, en festivales internacionales o en «imposibles locales del cinturón rojo de Barcelona, de la parda estepa castellana, de las verdes vegas andaluzas...» porque, ante todo, «su vocación es nómada, suburbial, fronteriza». Como ejemplo de reacciones del público, escojo un par que se evocan en una conversación entre director y actores sobre la historia del espectáculo. La primera, la de un obrero que «se acercó encantadísimo por haber asistido al teatro y comentó: "—Es que ustedes me acaban de contar mi vida. —¿Cómo? —Sí, ustedes pueden hablar de actores, de esa vida puteada y tal, pero es que mi vida es lo mismo, nosotros también somos unos piojos"» (ob. cit., pág. 62). Y, por último, la muy emotiva de un campesino mexicano que, cuando Ríos y Solano interrogan al público («¿Nos olvidarán?»), respondió con sincera emoción: «Yo no, me llamo Octavio» («De cómo se gestó...», ob. cit., págs. 54-62).

[85] *Ñaque* se representó el 18 de febrero de 1981 en la Sala de Actos del Rectorado de la Universidad Autónoma de Barcelona. En octubre de 1984 Sanchis Sinisterra se estrenó como profesor de dicha universidad con un curso sobre «Teoría e historia de la representación teatral», alterno con un segundo titulado «Arte y ciencia del teatro». En octubre de 1989 le sucedió como profesor de dichas materias Sergi Belbel, antiguo alumno suyo y miembro del Aula de Teatro, un dramaturgo y director de escena al que, por su talento y juventud, puede calificarse como la revelación más sólida del teatro catalán durante los años ochenta. Sergi Belbel ha dirigido dos espectáculos del Teatro Fronterizo: *Pervertimento,* de Sanchis Sinisterra, y *Ópera,* del que es autor.

su trayectoria de investigación indagando, con rigor y riesgo en cada una de sus «propuestas», en el terreno fronterizo de una teatralidad alternativa.

3. «¡Ay, Carmela!»

¡Ay, Carmela!, «elegía de una guerra civil en dos actos y un epílogo», se convirtió desde la noche del 5 de noviembre de 1987, fecha de su estreno en el Teatro Principal de Zaragoza, en uno de los éxitos más espectaculares, tanto de crítica como de público, del teatro español durante los años ochenta[86]. Los espectadores de ciudades como Zaragoza y, sucesivamente y entre otras, Bilbao, San Sebastián, Murcia, Almería, Madrid[87],

---

[86] ¡Ay, Carmela! se estrenó el 5 de noviembre de 1987 en el Teatro Principal de Zaragoza por el Teatro de la Plaza, dirigido por José Luis Gómez, quien interpretó a Paulino, mientras Verónica Forqué representó el papel de Carmela. La escenografía fue realizada por Mario Bernedo, el vestuario por Pepe Rubio, y de la música y arreglos musicales se encargó Pablo Sorozábal Serrano. Una bibliografía sobre el teatro español posterior a la muerte en 1975 del general Franco puede consultarse en la bibliografía general que acompaña a este trabajo.

[87] El estreno en Madrid se realizó el 3 de octubre de 1988 en el Teatro Fígaro, con el único cambio de Manuel Galiana por José Luis Gómez como Paulino. El 16 de noviembre Kiti Manver sustituyó a Verónica Forqué como Carmela. Su estreno coincidió con el del musical Carmen, Carmen, de Antonio Gala, dirigido por José Carlos Plaza, con Concha Velasco como intérprete estelar, mientras Lina Morgan triunfaba por enésima vez en su Teatro de La Latina con El último tranvía. Inicialmente, Carmen desplazó a Carmela en el interés de crítica y público. Sin embargo, como puede comprobarse con los datos estadísticos de recaudación publicados por la revista teatral El Público, estas modestas «variedades a lo fino» supieron ganarse progresivamente, desde octubre de 1988 con 17 funciones (núm. 63, diciembre de 1998, pág. 69), 17 más en noviembre (núm. 64, enero de 1989, pág. 69), 35 en diciembre (núm. 65, febrero de 1989, pág. 69), 34 en enero de 1989 (núm. 66, marzo de 1989, pág. 69), 32 en febrero (núm. 67, abril de 1989, pág. 69), 36 en marzo (núm. 68, mayo de 1989, pág. 69) hasta las 3 funciones en abril de 1989 (núm. 69, junio de 1989, pág. 69), el favor del público. Por un

Valencia o Barcelona[88], pero también de pueblos como Alcudia de Carlet, Sant Cugat del Vallés o Granollers o, al otro lado del océano, el de los festivales de Bogotá y Caracas[89], han posibilitado, con su nutrida asistencia y sus en-

resumen de la «Recaudación de los teatros de Madrid entre el 1 de septiembre de 1988 y el 31 de agosto de 1989», y aunque las cifras no concuerdan, podemos saber que *¡Ay, Carmela!* alcanzó 205 funciones (174 según los datos antes consignados) (núm. 73, octubre de 1989, pág. 66), por lo que, según la cifra de recaudación y el precio de la butaca, podemos calcular en 62.087 sus espectadores, a una media de aproximadamente 306 por función. Entre los teatros de empresa privada dedicados a la «comedia, drama o vodevil», que es con quien hay que compararla y no con los de «revista, musical, varios» *(Carmen, Carmen, El último tranvía), ¡Ay, Carmela!* encabeza holgadamente la nómina por cifra de recaudación, dato que nos confirma que fue el éxito popular de la temporada 1988-1989 en Madrid. La propia revista *El Público* inauguró su colección de textos de creación con *¡Ay, Carmela!* («Teatro. 1», enero de 1989), prologada por Joan Casas.

[88] El 29 de noviembre de 1989 se estrenó en la Sala Villarroel de Barcelona, interpretada por Manuel Galiana y Natalia Dicenta, sustituta de Kiti Manver. Debido a su éxito, hubo de prorrogar sus representaciones. De nuevo podemos cuantificar a través de la información de *El Público* los datos de ese éxito, pues *¡Ay, Carmela!* tuvo en noviembre, 2 funciones y 583 espectadores (núm. 76, enero-febrero de 1990, pág. 159); 33 y 12.765 en diciembre, 34 y 14.466 en enero (núm. 77, marzo-abril de 1990, pág. 153), y 22 y 9.508 espectadores en febrero (núm. 78, mayo-junio de 1990, pág. 147), cifras cuya suma total arrojan un resultado de 91 funciones y 57.322 espectadores. Si comparamos estos datos con los de Madrid (cfr. nota 87), podemos advertir la espectacularidad del éxito barcelonés de *¡Ay, Carmela!,* una temporada más corta de funciones (91 frente a 205) pero de una cifra de espectadores casi igual (57.322 frente a 62.087), lo que indica que el teatro estuvo casi siempre lleno. Además, la obra fue galardonada por la crítica teatral barcelonesa con el premio al mejor espectáculo español de la temporada 1989-1990 («*¡Ay, Carmela!,* mejor espectáculo según la crítica teatral», *El País,* Barcelona, 27 de noviembre de 1990, pág. 39).

[89] *¡Ay, Carmela!* inauguró el 23 de marzo de 1988 el Festival Iberoamericano de Bogotá y el 3 de abril del mismo año clausuró el Festival Internacional de Caracas: «Con la obra de Sanchis Sinisterra se repitieron los aplausos y los bravos. El Teatro Nacional estuvo las cuatro noches li-

tusiasmados aplausos, que la representación de la obra por el Teatro de la Plaza, dirigido por José Luis Gómez, acabara constituyéndose en un pequeño fenómeno sociológico, insólito en el último teatro español. Este éxito de la obra teatral se vio acrecentado por la recepción favorable y por los premios otorgados a la película de idéntico título, dirigida por Carlos Saura e interpretada por Andrés Pajares y Carmen Maura[90]. Este éxito popular, por la índole dramatúrgica de la obra, por el ejercicio de memoria colectiva sobre la guerra civil que socialmente implica y por la calidad de su representación escénica (desde José Luis Gómez hasta Manuel Galiana y de Verónica Forqué a Kiti Manver o Natalia Dicenta), convirtieron *¡Ay, Carmela!* en uno de los estrenos más significativos en la historia del teatro español de los ochenta, y a su autor, José Sanchis Sinisterra, Premio

<hr />

teralmente repleto, hasta el punto de que, durante el entreacto, muchos espectadores preferían quedarse sentados, con tal de no perder el sitio que lograron alcanzar en el pasillo» (Carlos Espinosa Domínguez, «Caracas 88: el reto de la utopía», *El Público,* núm. 56, mayo de 1989, pág. 21). Hay constancia, por la corta pero ajustada crónica de Hugo Salazar, de que el grupo Ensayo, dirigido por Luis Peirano, la estrenó en Lima («Las variedades de Carmela y Paulino viajan de Belchite a Lima», *El Público,* núm. 77, marzo-abril de 1990, pág. 126), al igual que sucedió en Montevideo, Buenos Aires (Teatro Margarita Xirgu del Casal de Catalunya), Florencia y Berlín, nada menos que por el Berliner Ensemble (1 de octubre de 1991), dirigido en esta ocasión por Alejandro Quintana; también en La Habana, Santiago de Chile, Costa Rica, Río de Janeiro, París y Berlín, y se han publicado, hasta el momento traducciones al alemán, francés, griego, inglés (obra de John London), sueco y turco.

[90] La película se estrenó en Madrid el 15 de marzo de 1990, según un guion escrito por Rafael Azcona y el propio Carlos Saura. Resulta significativo que un director de cine del talante de Pedro Almodóvar declare: «Pues, si digo la verdad, es que a mí no me gusta mucho la obra de teatro» *(Tiempo,* núm. 488, 3-diciembre-1990, pág. 154). Por contra, el periodista argentino Jacobo Timerman es autor de una emocionada crónica sentimental sobre el impacto en Buenos Aires de la película («¡Ay, Carmen Maura!», *El País,* 9 de enero de 1991, pág. 11).

Nacional de Teatro 1990, en uno de los dramaturgos protagonistas, desde *Ñaque* a *¡Ay Carmela!,* de dicha década[91].

Tras *Ñaque o de piojos y actores, ¡Ay, Carmela!* es la segunda obra de una trilogía titulada *El escenario vacío,* que será completada por *El cerco de Leningrado,* obra en la que el dramaturgo quiere tratar la crisis de la izquierda tras la caída simbólica del muro de Berlín. Sanchis Sinisterra comparte con el Cervantes de *El retablo de las maravillas* —y el Chanfalla y la Chirinos de *El retablo de Eldorado* constituyen en este sentido un homenaje inequívoco—, la convicción de que el teatro es un espacio en donde pueden y deben suceder toda suerte de transgresiones poéticas de la realidad, de «maravillas» de la ficción dramática que se justifican ante el espectador por la propia índole específica del arte de la representación. Así, el espacio escénico vuelve a ser, como en *Ñaque,* el de un escenario teatral, un «espacio vacío», en terminología de Peter Brook[92], transformado por arte dramático, como defendía Artaud, en un «lugar

---

[91] Premio Nacional de Teatro 1990 compartido con otro valenciano, José Estruch («Premios nacionales. José Sanchis y Pepe Estruch», *Primer Acto,* núm. 233, marzo-abril de 1990, pág. 120), exiliado republicano cuyo trabajo profesional como director escénico se desarrolló sobre todo en Montevideo. Allí, como profesor de la Escuela Municipal de Teatro, sucedió a Margarita Xirgu. Pues bien, en una entrevista concedida con tal motivo, Estruch declaraba: «No hay tal crisis del teatro. Cuando al público le das algo que vale, pues responde con entusiasmo. Mira *¡Ay, Carmela!,* ya ves el éxito de público. Es una cosa entretenida, pero mucho más que eso y el público entra en ese "mucho más"» (Santiago Trancón, «Con Pepe Estruch. El teatro es un arte colectivo», *Primer Acto,* núm. 233, marzo-abril de 1990, pág. 128). José Estruch murió poco después, en julio de 1990.

[92] «Puedo tomar cualquier espacio vacío y llamarlo un escenario desnudo. Un hombre camina por este espacio vacío mientras otro le observa, y esto es todo lo que se necesita para realizar un acto teatral» (Peter Brook, *El espacio vacío. Arte y técnica del teatro,* Barcelona, Ediciones Península, 1973, pág. 9). Esta poética de la desnudez antiespectacular como esencia del arte teatral es compartida por Sanchis Sinisterra en su dramaturgia.

físico y concreto que exige ser ocupado, y que se le permita hablar su propio lenguaje concreto»[93]. Un lenguaje escénico por el que el espacio es teatro de las maravillas en donde el tiempo artístico avanza o retrocede para violar la linealidad temporal de nuestra vida cotidiana. Esta concepción poética del tiempo estructura el desarrollo de la ficción dramática en *¡Ay, Carmela!*, la representación de los sucesivos encuentros de Paulino y Carmela en el escenario desnudo de un teatro vacío. Y ello para que se realice ante el espectador de hoy, ante la sociedad española democrática, la reivindicación cálida y amarga de la memoria histórica, de la memoria colectiva de un pueblo como el nuestro que ha experimentado la tragedia de una guerra civil.

El autor introduce su obra

En el programa de mano, y con su habitual lucidez, el dramaturgo nos explica sus intenciones al escribir la obra y precisa que «*¡Ay, Carmela!* no es una obra *sobre* la guerra civil española, aunque todo parezca indicarlo», sino más bien «una obra sobre el teatro *bajo* la guerra civil»[94]. La pre-

---

[93] Antonin Artaud, *El teatro y su doble,* La Habana, Instituto del Libro, 1969, pág. 61. Sanchis Sinisterra, sin embargo, a diferencia de Artaud, que apuesta por «una poesía de los sentidos» porque a su juicio «ese lenguaje físico y concreto no es verdaderamente teatral, sino en cuanto expresa pensamientos que escapan al dominio del lenguaje hablado» (ob. cit.), concede una gran importancia a la «poesía del lenguaje», a la palabra.

[94] Véase Apéndice, documento núm. 7. (Todos los textos entrecomillados citados en este epígrafe 1 pertenecen a la introducción del autor, pero los subrayados son míos.) Sin embargo, el propio autor, en conversación mantenida el 18 de julio de 1991, confiesa haberla iniciado en diciembre de 1985, es decir, en vísperas de la conmemoración de su cincuentenario en 1986: «Yo la obra empecé a escribirla en diciembre de 1985, considerando que en el 86 iba a celebrarse el cincuentenario y que iba a ser una celebración, por decirlo así, social-demócrata, una celebración

cisión es importante porque, aunque la acción transcurre en marzo de 1938 «y nada menos que en Belchite, símbolo descarnado y real —aún hoy: visitad sus ruinas— de la feroz contienda fratricida que destruyó y marcó a varias generaciones de españoles», es decir, aun cuando el espacio y el tiempo de la acción dramática respetan rigurosamente la verosimilitud de la realidad histórica, Sanchis Sinisterra nos recuerda que *¡Ay, Carmela!* es la historia ficticia de una acción dramática «(La acción no ocurrió en Belchite en marzo de 1938)» protagonizada por dos «artistas» de *varietés,* Paulino y Carmela, inventados por él, y que «son éstos, y no la guerra, quienes se erigen en sustancia y voz de un acontecer dramático *totalmente ficticio,* en soporte y perspectiva *imaginarios* de la tragedia colectiva». En la obra, por tanto, el protagonismo corresponde a los personajes, actores de una ficción a través de la cual el dramaturgo prosigue su reflexión personal sobre el poder, la magia y las fronteras del teatro. De nuevo nos encontramos aquí con otro ñaque marginal y piojoso como el de Ríos y Solano, compuesto ahora por esta pareja de «artistas» de la más baja estofa, que han representado, en los más humildes teatros populares, su espectáculo de «variedades a lo fino».

Carmela y Paulino, dos «artistas» insignificantes de «escasas luces» y «mínima conciencia política» que «sólo aspiran a sobrevivir con su oficio en medio de unas circunstancias particularmente adversas para el «arte»... y para la vida», se ven obligados a realizar, por el azar de «su mala estrella» y por la voluntad fabuladora del dramaturgo, una representación muy singular: la representación de «una improvisada Velada Artística, Patriótica y Recreativa para ce-

---

conciliadora y, quizás, más bien destinada a cubrir con un discreto velo de objetividad todo el horror, la violencia de la guerra y su secuela de cuarenta años de franquismo. (...) Temía que iba a ser una conmemoración políticamente maquillada y entonces tenía la perversa intención de remover las aguas, no remover la herida, pero si al menos focalizarla».

lebrar, ante el ejército victorioso, la "liberación" de Belchite». En efecto, este nuevo ñaque, inadvertidamente por causa de una espesa niebla, ha cruzado las líneas republicanas para comprar morcillas en un Belchite que acaba de caer en poder de las tropas "facciosas". Por tanto, sin comerlo ni beberlo están metidos "de hoz y coz" en el mismísimo "teatro de operaciones" de la gran ofensiva nacional de la Zona del Ebro». Precisamente, el título de la obra (*¡Ay, Carmela!*) está tomado del estribillo de una famosa y popular canción del ejército republicano, *El paso del Ebro,* alusiva a aquella dura y decisiva batalla[95]. Amelio Giovanni de Ripamonte, un teniente italiano fascista «(representación del pueblo italiano, que es tanto como decir del alma joven, recia y cristiana de Occidente») que irónicamente encarna al ejército «nacional» —no olvidemos que la propaganda republicana, y sobre todo el humor, se refirió a esa decisiva ayuda militar al general Franco del nazismo alemán de Hitler y del fascismo italiano de Mussolini y lo llamó muy expresivamente ejército «nazi-onal»—, les conmina a que representen esa Velada con que el ejército vic-

---

[95] El *¡Ay, Carmela!,* como el *¡Ay, Manuela!,* alguna de cuyas letras se atribuye a José Herrera Petere, son canciones que nacen del estilo tradicional y que tuvieron una gran popularidad entre los milicianos republicanos durante la guerra civil. Sobre ese molde musical se improvisaron diversas letras, como la alusiva al frente del Ebro («El paso del Ebro»), que es la que aquí nos interesa: «El ejército del Ebro / una noche el río pasó... / ¡Ay, Carmela, ay, Carmela! /» (la transcribe Luis Díaz Viana en su edición de *Canciones populares de la guerra civil,* Madrid, Taurus, 1985, pág. 66 y también en otra de sus múltiples variantes, Joan Llarch en *Cantos y poemas de la guerra civil española,* Barcelona, Daniel's Libros Editor, 1987, pág. 188). Sin embargo, Andrés García Madrid ha editado la versión más completa (cfr. nota 3 de *¡Ay, Carmela!* en esta misma edición). Por otra parte, Ernst Busch editó durante la guerra unas *Canciones de las Brigadas Internacionales* (Barcelona, 1938), reeditadas con el título de *Cancionero de las Brigadas Internacionales* (Madrid, Editorial Nuestra Cultura, 1978, prologado por Arthur London), en donde, sin embargo, no se recopila nuestra canción.

torioso ha decidido celebrar, en un Teatro Goya de Belchite, al que por voluntad artística del dramaturgo asiste también el propio general Franco, la «liberación» del pueblo. He aquí, por tanto, la situación dramática que Sanchis Sinisterra nos plantea en *¡Ay, Carmela!*: una pareja de «artistas» de variedades, en el contexto del «teatro de operaciones» —siniestra expresión con que los estrategas del arte de la guerra denominan el espacio sobre el que planifican rigurosamente la destrucción y muerte del ejército enemigo—, de la guerra civil española, obligados a representar «(sub manu militari»; como quien dice, «con la pistola en la nuca»), una Velada cuyo carácter de ficción reivindica irónicamente el dramaturgo al referirse a ella como Velada «que la Historia no registra, quizá por el hecho, estéticamente irrelevante, de que nunca existió». Este contexto situacional se completa con «esa ocurrencia del comandante; permitir la asistencia a la Velada, como "última gracia", de un grupo de prisioneros republicanos, de las Brigadas Internacionales, que han de ser fusilados a la mañana siguiente...», presencia decisiva para que se produzca el desenlace trágico. En rigor, *¡Ay, Carmela!* plantea, con descarnada crudeza, la situación del teatro *bajo* la guerra, o mejor, del teatro frente a la muerte[96], que conduce al dramaturgo a poner una vez más el dedo en la llaga, a interrogarse («¿Puede el teatro, incluso tan plebeyo, ostentar su grotesca carátula ante la impúdica desnudez de la muerte?») sobre «los peligros y poderes del teatro, de un teatro ínfimo, marginal, en medio de la más violenta conflagración de nuestra historia contemporánea»:

> ¿Qué poderes? ¿Qué peligros? Aquellos que detenta y comporta ese ámbito de la evocación y de la invocación, esa encrucijada de la realidad y del deseo, ese laberinto que

---

[96] «Este enfrentamiento del arte —aunque ostente su más ínfimo rango— con la muerte, es un hallazgo dramático de primera magnitud» (Moisés Pérez Coterillo, «Nos queda la memoria», *El Público,* núm. 51, diciembre de 1987, pág. 4).

concreta y dispersa voces, ecos, presencias, ausencias, sombras, luces, cuerpos, espectros...

Redoma del sueño y de la vida, máquina dislocadora del tiempo, espacio electrizado de afectos, el teatro erige su frágil castillo de naipes en las fisuras de la dura e inhóspita realidad, para ofrecer a la memoria albergue seguro, nido duradero. La memoria, sí: única patria cálida y fértil de la rabia y de la idea.

Estructura, espacio y tiempo dramáticos

¡Ay, Carmela! está subtitulada por el dramaturgo como una «elegía de una guerra civil» que ha compuesto «en dos actos y un epílogo», necesario este último porque el conflicto dramático no se limita únicamente a la reconstrucción de aquella Velada que acabó con el fusilamiento de Carmela. Está claro el tono elegiaco de esta composición dramática, de este *Llanto por la muerte de Carmela,* como también que su contexto no es, diga lo que diga el dramaturgo, el de «una» guerra civil sino el de la guerra civil, nuestra guerra civil española de 1936-1939.

El espacio escénico de *¡Ay, Carmela!* vuelve a ser, como en *Ñaque,* un teatro vacío y desolado, pero a la vez, y sobre todo, ese espacio va a convertirse de nuevo, por arte dramatúrgica de Sanchís Sinisterra, en un espacio mágico y «maravilloso» en donde, a través de la historia ficticia de Paulino y Carmela, se quiere comprometer al espectador, emotiva[97] e intelectualmente, a un reencuentro con la memoria histórica de la

---

[97] «Hay, debe de haber, en el teatro un poder supremo, el de emocionar y hacer al público coprotagonista de la historia que se vive sobre el escenario. Este poder es el que posee la obra que acaba de celebrar su estreno nacional en Zaragoza. (...) *¡Ay, Carmela!* es una estupenda obra. Teatro que te llega a lo más hondo. Es el arte de saber emocionar desde un escenario» (Carmen Puyó, «Artistas de la emoción», *Heraldo de Aragón,* 7 de noviembre de 1987, pág. 38).

dignidad republicana, a un reencuentro en donde se conjugan lo vulgar y lo sublime[98], la ternura y el patetismo, el humor procaz y la ironía inteligente, la emoción y la reflexión. Porque la vulgaridad y frecuente chabacanería del diálogo entre ambos personajes, su comicidad fácil, no es óbice para que Sanchis Sinisterra logre alcanzar, a través de la situación dramática, el patetismo más sublime. De este modo, la aparente superficialidad de la obra no oculta, sino que, paradójicamente, contribuye a resaltar, la complejidad dramatúrgica de este teatro de la emoción y de la reflexión, la elevada calidad literaria y escénica de una obra protagonizada por personajes tan vulgares como este ñaque de *¡Ay, Carmela!*

---

[98] «En esta obra se da una unión perfecta entre lo vulgar y lo sublime, que es lo que yo creo que la hace grande: la unión entre la más espantosa vulgaridad del "varietés" —que muy bien pudiera resumir la frase de saludo y bienvenida con que comienza una actuación en el Plata de Zaragoza: "¿Cómo estáis, chochonas mías". Pepe Sanchis utiliza en la obra toda la vulgaridad del medio, pero insufla a los personajes la pasión, el dolor humano, el sufrimiento, el patetismo... y entonces se comienza a sublimizar la historia. Ahí es donde radica la buena escritura» (Moisés Pérez Coterillo, «Entrevista a José Luis Gómez», *El Público*, núm. 51, diciembre de 1987, pág. 6). José Luis Gómez, director de la puesta en escena y primer intérprete de Paulino, reitera esa unión de lo vulgar y lo sublime, «porque en muy pocas obras uno puede oír hablar de teta, culo, morcilla, mear, pedo..., unido a un nivel de intensidad emocional de los personajes como el que alcanzan Paulino y Carmela». Y, tras confesar sus iniciales reservas sobre el personaje, confiesa: «Al final terminó por fascinarme la humanidad del personaje de Paulino; lo cobarde, lo chaquetero, lo entendible que es» (ob. cit., págs. 6-7). En una entrevista concedida a Lola Santa-Cruz tras haber sido galardonado con el Premio Nacional de Teatro 1988, José Luis Gómez ilustra su concepto del teatro con un ejemplo que, salvadas las distancias, puede ser pertinente para nuestro caso. A su juicio, el teatro «tiene que ser algo de lo que emane una corriente espiritual que te invada, más allá de las pequeñas anécdotas. Cuando uno recuerda, por ejemplo, *La madre,* de la Taganka, lo que se te queda no es que aquel actor actuase mejor, o similares, sino el gran impacto de ese espectáculo en la boca del vientre. Eso debe ser el teatro y es lo que a mí me interesa» (Lola Santa-Cruz, «José Luis Gómez: crear la vida, vivir la creación», *El Público,* núm. 57, junio de 1988, pág. 38).

Fiel a su convicción dramatúrgica de que nada sea ni unívoco ni unidimensional, Sanchis Sinisterra estructura la obra a través de una red de dualidades que, como veremos, afecta no sólo al argumento (elementos realistas o verosímiles y elementos fantásticos o inverosímiles), sino también al tiempo y al espacio, a los personajes y al público. Al tiempo, porque hay una clara distinción entre la reconstrucción de la noche de la Velada (media hora antes de iniciarse ésta en el acto primero, y poco antes de que la veamos empezar y hasta que acabe de la manera trágica en que lo hace, en el acto segundo) y los encuentros, días después de aquella Velada, entre un Paulino superviviente y una Carmela recién muerta (dos diálogos en el acto primero y todo el epílogo). Este tratamiento del tiempo produce un contraste muy evidente entre el dinamismo de la acción dramática en el primer caso, presionados los personajes por la urgencia temporal, por la inminencia de la Velada, y la ausencia de acción dramática en sentido convencional en el segundo, días después. Porque ahora ya ha ocurrido todo, no hay expectativas y, por ello, la acción dramática se desarrolla a través de un «tempo lento», de un diálogo moroso y «estático». En cuanto al espacio, hay un espacio verbal, construido por la palabra de los personajes y que se refiere tanto a una muy precisa geografía española de nuestra guerra civil (Belchite, pero no sólo el Teatro Goya, sino también la calle Mayor, la Puerta del Pozo, el Economato o el Centro Agrícola) cuanto a una geografía imaginaria del más allá (mucho secano, un cruce de vías...). Pero no sólo existe dualidad en este espacio verbal, sino que a su vez hay un espacio físico en el que también podemos diferenciar entre escena (el propio escenario del Teatro Goya) y extraescena (la trasescena, donde se supone que Gustavete maneja la gramola, pero también la sala en donde está el público o la cabina donde está el teniente-dictador). Dualidad que, en rigor, alcanza también a los mismos personajes, pues unos están presentes (Paulino, Carmela) y otros ausentes, aunque, sin embargo, participan en la acción dramática (Gustavete por el sonido y el teniente, cuya presencia escénica se materializa a través de un elemento inmaterial como las luces). Por último, el público también tiene una presencia dual, pues uno es el público real que asiste a la representación del ¡Ay, Carmela! de Sanchis Sinisterra, es decir, nosotros espectadores, y otro es el público ficcional, el asistente a aquella Velada, compuesto por militares fascistas y condenados a muerte de las Brigadas Internacionales. Estas oposiciones duales no son, sin embargo, rígidas ni irreductibles, pues la vida y la muerte se parecen, los tiempos se entremezclan, como también los públicos, lo real y lo ficcional, el humor y el patetismo. Ahora bien, el factor mediador máximo de toda esta red de dualidades es el teatro en tanto encrucijada de la realidad y el deseo, ámbito metateatral donde la ficción supera la realidad, donde todo es posible que suceda porque todo ocurre en un teatro y *precisamente porque es un teatro,* un espacio físico en donde es perfectamente lógico, con la lógica del arte y, por decirlo con palabras del propio dramaturgo, donde es perfectamente lógico y posible «que un muerto se coma una manzana o un membrillo»[99].

---

[99] Hélène de Almeida, autora de una *mémoire de maîtrise* sobre ¡Ay, Carmela!, dirigida por el profesor Emmanuel Larraz y leída en junio de 1991 en la Universidad de Dijon, publica como anexo 1 una entrevista mantenida con el dramaturgo el 20 de febrero de 1991 en la Sala Beckett de Barcelona, en donde a la pregunta de si Carmela es un sueño de Paulino, aquél responde con contundencia: «Usted adopta una posición racionalista, realista. El teatro hace posible que un muerto se coma una manzana o un membrillo. (...) El teatro tiene la posibilidad, la necesidad de romper los esquemas perceptivos del público e imponer su propia realidad, su propia lógica. Esto el teatro lo ha hecho siempre, yo no inventé nada. Para mí Carmela aparece y hemos de creerla cuando dice: "Me he acordado de ti y aquí estoy". Para mí es un motivo suficiente para que un muerto vaya a visitar a un vivo. Justamente tiene gracia tu idea del sueño, porque yo escribí esa escena con la intención de que la gente no pensara que era una fantasía de Paulino» *(apud* Hélène de Almeida, *Étude*

74

Sanchis Sinisterra tampoco renuncia aquí al origen bastardo de sus materiales dramatúrgicos, en este caso a los elementos propios de la tradición del teatro de varietés (casticismo y folclore andaluz en bailes y canciones del más rancio y tópico españolismo), que constituyen el tosco espectáculo representado en el acto segundo: sucesivamente, el pasodoble «Mi jaca»; una parodia de la retórica fascista; el baile alegórico-patriótico «Dos pueblos, dos sangres, dos victorias»; el «Romance de Castilla en armas», de Federico de Urrutia[100]; el pasodoble «Suspiros de España»; el vulgar y chabacano número de magia del profesor Pau-li-ching[101]; el dúo de Ascensión y Joaquín de la popular zarzuela «La del manojo de rosas» o, por último, el diálogo arrevistado final titulado «El Doctor Toquemetoda», que desencadenará la tragedia. Teatro dentro del teatro, pues, recurso muy

---

de la pièce de théâtre de José Sanchis Sinisterra, ¡Ay, Carmela!, Dijon, 1991, págs. 98-99, inédita).

[100] Es obvio que un sector de la sociedad española, identificado con el franquismo, se podía sentir aludido en esta parodia de Velada fascista y, por tanto, impulsado a exteriorizar su protesta. Un espectador zaragozano, «aunque a título de excepción», protagonizó al parecer un incidente en tal sentido, según nos relata Moisés Pérez Coterillo: «A título de excepción, un espectador desde un palco, la noche del estreno, cuando la evocación de la Velada raya en la parodia y Paulino recita los versos encendidos de Federico de Urrutia (...) no quiso reprimir un grito de "viva el autor" dedicado al vate fascista» («Nos queda la memoria», ob. cit., pág. 5).

[101] Comparto la crítica de Joan-Anton Benach, para quien, tras contemplar el espectáculo en el XV Ciclo de Teatro de Granollers, «en ninguna circunstancia es imaginable la pobreza de los números de magia que se intentan» («"¡Ay, Carmela!", un triunfo de la tragicomedia», La Vanguardia, 21 de marzo de 1989, pág. 18), opinión en la que se reafirma tras su estreno barcelonés: «es incomprensible el abuso caricaturesco que hay en el ejercicio de prestidigitación» («Seductora, tierna Carmela», La Vanguardia, 1 de diciembre de 1989, pág. 49). Omito deliberadamente a partir de ahora toda referencia a la puesta en escena de la obra, de la que el lector interesado tendrá noticia en la antología crítica incluida en el «Apéndice» final de este trabajo.

frecuente en la dramaturgia de Sanchis Sinisterra, que prosigue así su indagación personal sobre el metateatro y sus fronteras. Pero, junto a este material bastardo y plebeyo, hay que consignar la presencia de sus habituales referencias literarias a la más noble tradición, guiños de complicidad intelectual con el espectador culto, como ese entrañable homenaje a un Federico García Lorca descrito por Carmela como un muerto algo borroso y con agujeros, símbolo antifascista de la tragedia de la guerra civil, quien le ha dedicado cuatro versos *post mortem*. Ni, por supuesto, Sanchis Sinisterra olvida a César Vallejo, el excelente poeta peruano, que dedicó a ese ferroviario de Miranda de Ebro («¡Viban los compañeros! Pedro Rojas»), al obrero Pedro Rojas, al miliciano heroico caído en la lucha, al que Carmela llama por su nombre en el epílogo de la obra, un poema de su estremecedor *España, aparta de mí este cáliz*. Sanchis Sinisterra, por tanto, permanece fiel en *¡Ay, Carmela!* a los elementos cohesivos que caracterizan su mejor dramaturgia.

Los dos actos y el epílogo se inician de la misma manera: Paulino, solo, en el escenario de un teatro oscuro y vacío que pronto localizaremos como el escenario del teatro Goya de Belchite. En el acto primero, esa escena vacía está poblada apenas por unos pocos objetos (una vieja gramola, un disco, una bandera republicana medio quemada), cargado todo de un sentido que se nos irá revelando progresivamente en el curso de la acción dramática. Paulino, al ver la bandera, canturrea una canción republicana y, a continuación, realiza una exhibición de sus habilidades pedómanas mientras recita los versos iniciales de un romance fascista. Una luz blanquecina indica escénicamente la presencia de Carmela, «recién muerta» («Y no te vayas a olvidar, que tú... *[Gesto de despiste.]* Y más ahora, recién muerta... *[Piensa.]* Recién... Pero, entonces, ¿cómo es posible que...? Porque yo no estoy borracho...»). Esa luz blanquecina ilumina, por tanto, el escenario, territorio donde domina el arte de la ficción dramática, donde todo es posible, donde es posible, por ejemplo, el encuentro entre una recién muerta y un superviviente de la guerra:

> (Entra CARMELA, *vestida con un discreto traje de calle.*)
>
> CARMELA. Hola, Paulino.
> PAULINO. *(Aliviado.)* Hola, Car... *(Se sobresalta.)* ¡Carmela! ¿Qué haces aquí?
> CARMELA. Ya ves.
> PAULINO. No es posible... *(Por la garrafa.)* Si no he bebido casi...
> CARMELA. No, no es por el vino. Soy yo, de verdad.
> PAULINO. Carmela...
> CARMELA. Sí, Carmela.
> PAULINO. No puede ser... *(Mira la garrafa.)*
> CARMELA. Sí que puede ser. Es que, de pronto, me he acordado de ti.
> PAULINO. ¿Y ya está?
> CARMELA. Ya está, sí. Me he acordado de ti, y aquí estoy.

Al conjuro de la memoria y del deseo es posible, dramáticamente posible, un encuentro que al «artista» Paulino le causa perplejidad y desazón racionalista:

> PAULINO. *(Interrumpiéndola.)* Oye, Carmela...
> CARMELA. ¿Qué?
> PAULINO. Yo... yo no sé lo que es esto.
> CARMELA. ¿Lo que es qué?
> PAULINO. Esto... Lo que nos pasa... Que tú estés aquí, muerta, y que podamos hablar, tocarnos... No entiendo cómo está ocurriendo, ni por qué...
> CARMELA. Yo tampoco, pero... ya ves.

También en el acto segundo se repite la misma situación, aun cuando Paulino, que «tiene otra vez el impulso de romper el disco», se contiene y logra al fin hacer funcionar la gramola, en donde suena «la canción militar republi-

cana "Ay, Carmela!"». Un teatro vacío que, en su monólogo, es el escenario de «cosas raras», «trucos de feria», «fantasías»: «y si vuelvo de vez en cuando a este teatro, no es
para que nadie juegue conmigo a hacer magia barata, ni a
los fantasmas, ni a...». Un teatro oscuro y vacío, escenario
de la imaginación y de la memoria, donde se realiza la voluntad de Paulino de reencontrarse con una Carmela «recién muerta» («¡Ven, Carmela! ¡Como sea, pero ven! ¡De
truco, o de mentira, o de teatro...! ¡Me da igual! ¡Ven Carmela!...»), y donde, a través de la luz blanquecina, adquieren presencia escénica, como el personaje dirá en el epílogo, ya muy cerca del oscuro final, las «visiones» de Carmela, es decir, su memoria de los milicianos fusilados: «Pase
que un vivo tenga visiones, pero... ¡Que las tenga un muerto!...». Y mientras Carmela enseña a esos milicianos de las
Brigadas Internacionales a pronunciar correctamente el
nombre de España, la acotación final reafirma la victoria
del teatro como escenario de la memoria y de la ficción:

> (PAULINO *ha cruzado la escena con la gramola, sin mirar a*
> CARMELA. *Inexplicablemente, comienza a escucharse la can-
> ción «¡Ay, Carmela!* PAULINO *se detiene, sobrecogido, miran-
> do a su alrededor.* CARMELA, *que no parece escuchar su can-
> ción, continúa enseñando a pronunciar España...)*

Por tanto, el espacio escénico es el escenario del teatro
Goya de Belchite, pero esa luz blanquecina de la ficción
ilumina también un tratamiento magistral del tiempo de la
acción dramática, que oscila entre el presente (marzo de 1938)
y la memoria de aquella Velada anterior, celebrada impreci-
samente, se supone que pocos días antes, en aquel mismo
lugar.

Paulino acude, en efecto, al escenario oscuro y vacío del
teatro Goya de Belchite quizás para evocar aquella Velada
recién celebrada en aquel mismo espacio, escenario del fusilamiento de Carmela por militares del bando franquista,

que constituían el público excepcional de aquella representación singular. Paulino, durante su diálogo con Carmela en el acto primero, recuerda «a los milicianos de la otra noche», los de «la otra noche, aquí, cuando hicimos la función». Y, poco después, «le asalta una idea repentina y comienza a actuar precipitadamente» para acabar colocándose «en el proscenio, frente al público. Una vez allí, cierra los ojos y aprieta los puños, como deseando algo muy intensamente, y por fin adopta una actitud de risueño presentador». Está claro que Paulino, al invocar los poderes del teatro, está deseando «muy intensamente» reconstruir aquella Velada, y, por arte dramatúrgica, el tiempo de la acción dramática retrocede hasta situarse media hora antes de su inicio. Así, desde su «diálogo» con un teniente-dictador de escena que se expresa a través de cambios de luces («¡Cuando quiera, mi teniente! ¡Estamos dispuestos!») hasta que balbucee temeroso ante ese mismo «personaje» sin presencia escénica con el que Carmela se ha encarado para pedirle que retrase un poco el comienzo («Dice... mio tenente... la signorina dice... vuole dire... que noi...»), la memoria de Paulino reconstruye unos preparativos que, por arte de la ficción teatral, cobran vida escénica. Y de nuevo la escena se «queda un momento vacía» mientras, «bruscamente, se hace el Oscuro». Otra vez la luz blanquecina ilumina la oscuridad del escenario vacío y nos permite ver a Paulino «durmiendo en el suelo, hecho un ovillo». Carmela, con compasión afectuosa, con ternura —porque también *¡Ay, Carmela!* es una apasionada y tierna historia de amor en que los personajes se aman, sienten celos, discuten y se necesitan a pesar de—, lo cubre con la bandera republicana para que no pase frío y, tras un monólogo estremecedor sobre las sensaciones de la vida (el cansancio y el placer del sueño, la miseria y la conciencia de clase, la envidia y la rabia, el miedo y la pena, los placeres del sexo) y sobre la insensibilidad de la muerte, escucha como Paulino «se remueve y masculla algunas palabras entre sueños», porque el superviviente está «soñando en voz alta» y su pesadilla traduce la angustia de sus recuerdos y un sentido de culpa por la muerte de Carmela: «¡No...! ¡Que no se la lleven!... ¡Ella no tiene...! ¡Ellos.., la culpa... esos milicianos! ¡... A cantar! ¡Ella no!... ¡Esos... que se han puesto...!». Paulino despierta del sueño y se encuentra de nuevo a Carmela después de, es decir, despierta para tener conciencia de que el escenario oscuro y vacío en que se halla es un sitio «curioso» porque «la de cosas que...». Carmela, obviamente, «mira el escenario y la sala», es decir, nos mira con complicidad a nosotros, espectadores, para convenir por propia experiencia en que «Sí, la de cosas...». Paulino, tras que Carmela salga «corriendo por la zona iluminada del fondo» y se apague, por tanto, la luz blanquecina, contempla, «asustado», cómo, «de pronto, la escena se ilumina brillantemente, al tiempo que comienza a sonar a todo volumen el pasodoble "Mi jaca"». Los prodigios de la ficción determinan la actitud de Paulino que, «asustado, se inmoviliza, mira las luces y también la sala. Se frota los ojos, se tantea la cabeza y, antes de que salga de su estupor, cae rápido el telón». *¡Ay, Carmela!,* de Sanchis Sinisterra es, por tanto, una demostración práctica de «la de cosas...» que pueden suceder en un escenario teatral, en ese encuentro aquí y ahora entre unos actores y unos espectadores, esencia y raíz específica del arte dramático.

El acto segundo tiene, en cuanto al tratamiento del tiempo, una complejidad menor. En su monólogo, Paulino evoca, a través de la canción, la memoria de Carmela y, «sacudiéndose sombríos pensamientos», vuelve a desear su presencia escénica. Pero el dramaturgo ha querido plantearnos otra trampa metateatral, porque ese nuevo encuentro se produce a partir de un desajuste temporal entre los personajes. En efecto, Carmela se presenta en escena «con su vestido andaluz y un gran abanico, desfilando y bailando garbosamente», es decir, está en el día de la Velada, mientras Paulino está días después. Por ello el diálogo entre ambos es una sucesión de sinsentidos mutuos:

80

PAULINO. No era preciso tanto, caramba...

CARMELA. ¿Tanto, qué?

PAULINO. Tampoco hay que exagerar, me parece a mí...

CARMELA. Ay, hijo: no te entiendo.

PAULINO. *(Parodiándose a sí mismo.)* ¡Carmela, ven, ven...! Y, ¡prrrooom! (...)

CARMELA. *(Que, evidentemente, no entiende nada, algo molesta ya.)* Bueno, Paulino: ya me dirás qué vendes...

PAULINO. No, si tú no tienes la culpa, ya lo sé...

CARMELA. ¿La culpa? ¿De qué?

PAULINO. De nada, Carmela, de nada... Tú, bastante haces, pobre... Ahora aquí, ahora allá... Que si viva, que si muerta...

CARMELA. Mira que te lo tengo dicho: no abuses del conejo.

PAULINO. ¿Qué?

CARMELA. Siempre te sienta mal. Y peor con los nervios de empezar.

PAULINO. ¿De qué hablas?

Carmela y Paulino, «evidentemente», no se entienden por ese desajuste temporal, aunque la acotación precisa que Paulino, poco a poco *(durante el diálogo, ha ido «ingresando» paulatinamente en la situación definida por Carmela)*, esto es, en los instantes previos al inicio de la Velada. Por arte del teatro podemos asistir a lo largo de este acto segundo a la reconstrucción de los últimos preparativos de la representación, a los nervios ante su inminencia. El diálogo entre los personajes expresa las dificultades materiales para realizarla, tanto para ella («¡Mira que tener que hacer la función casi sin pintarme! Y encima, la regla que me va a venir...») como para él («¿A quién se le ocurre merendarse un conejo entero, a menos de dos horas de una función que ni Dios sabe cómo nos va salir?»). Por fin, «se ilumina de golpe el escenario y, al punto, suena el pasodoble "Mi jaca"». Vamos a asistir a la Velada tal y como se desarrolló aquella noche en el teatro Goya de Belchite, fusilamiento de Carmela incluido, desenlace trágico con el que concluye este segundo acto. Pero no, naturalmente, *¡Ay, Carmela!*, en cuyo epílogo regresamos al presente de un Paulino, superviviente acomodaticio (camisa azul y escoba bajo el brazo), en el mismo escenario de los dos actos. Sólo que ahora el «artista» va a decorar ese escenario vacío y oscuro de la tragedia con las banderas del ejército franquista y con el crucifijo, símbolos del nacional-catolicismo victorioso. En este contexto se produce el último encuentro entre Carmela y un Paulino que, vestido con la camisa azul de la Falange, es una alegoría patética de la indignidad: «¡Qué mal te sienta», le dirá ella, para añadir poco después entre carcajadas: «¡Pareces una beata en Viernes Santo!». Paulino, para justificarse, alude a la realidad histórica de marzo de 1938, en que la victoria fascista parece ya una evidencia inminente: «El que tiene que seguir aquí, y aguantar toda la mierda, soy yo. Tú no tienes ni idea de lo que está pasando... Las tropas ya se fueron del pueblo, y dicen que han tomado Quinto, Alcañiz, Caspe... Y que van a llegar al mar en unos días... Como no resista Cataluña...». La derrota del ejército republicano en la batalla del Ebro, a la que aludía la canción de *¡Ay, Carmela!,* se ha consumado.

Por tanto, el tratamiento del tiempo resulta decisivo para el desarrollo de la acción dramática y, en este sentido, conviene resaltar la supremacía de los diálogos después de la Velada sobre la pura reconstrucción de la misma que, salvo el conjuro de Paulino que nos sitúa media hora antes de la misma en un momento fragmentario del acto primero, se desarrolla tan sólo durante el segundo. Sin embargo, la mayoría del acto primero y el epílogo, éste de modo íntegro, sitúan la acción dramática días después, en un presente que es el de la supervivencia de Paulino. Esta dualidad temporal determina la complejidad dramatúrgica de *¡Ay, Carmela!,* que imposibilita estructuralmente las interpretaciones reduccionistas que limitan su sentido a la Velada y creen, como una parte del público asistente a las representaciones, que con el fusilamiento de Carmela la obra ha acabado. Pero el epílogo está ahí por voluntad del dramaturgo, y no

82

por voluntad de alargar innecesariamente la acción dramática, sino porque ésta quiere plantearnos ante todo una reflexión sentimental sobre las maneras de dignidad tanto en la supervivencia como en la muerte.

Carmela y Paulino o la dignidad y la ignominia

Paulino y Carmela son dos artistas de variedades[102] que tienen en común su vulgaridad, su incultura y su nula conciencia política. Son «cómicos» mediocres de un género ínfimo que andan, a salto de mata, actuando ante un público popular en los teatros más humildes y en las condiciones más precarias. Sus diálogos expresan instintos y sentimientos, elementalmente primarios, sobre el amor, los celos, el sexo, la guerra, la religión, la sociedad, el arte o la política. A pesar de todo, ese diálogo chabacano, repleto de un humor que estudiaremos específicamente, consigue elevarse desde ese nivel barriobajero hasta alcanzar, como vamos a tener oportunidad de comprobar, cotas de patetismo que elevan la temperatura dramática, un rasgo característico de la dramaturgia de Sanchis Sinisterra.

En el acto primero, Paulino y Carmela, «recién muerta», se reencuentran por arte del teatro. Él tiene un sentido de culpa («¿Y no... no me guardas rencor?») que le provoca pesadillas y que ella no comparte «(La culpa, dices... Sabe Dios quién la tiene... Los milicianos... yo... tú... el tonto de Gustavete... la hostia consagrada... Pero no: ellos no creo, pobres chicos...»). En sus diálogos se expresan la ternura del amor («No vayas a coger frío», le dirá Carmela mientras le cubre con los despojos de la bandera republicana); los

---

[102] «Cómicos son Paulino y Carmela, cómicos de mucho camino andado, mucho camerino con cucaracha, meada en la pared y bombilla con cagajonazo de moscas» (Joan Casas, «La insignificancia y la desmesura», prólogo a ¡Ay, Carmela!, ob. cit., págs. 9-10).

celos, incluso ahora después («¿Y estaba el tipo aquel..., el sinvergüenza de la cabeza abierta?»); el insulto cordial («Un cagón, Paulino. Las cosas como son») o el reproche violento («¿Por qué lo hiciste, Carmela?»). Pese a su nula conciencia política, poseen una instintiva conciencia ética (Paulino contra la moral hipócrita de don Saturnino) y de clase, que en el caso de Carmela se justifica por su origen social andaluz («¡Doña Antoñona, cara de mona!», dirá contra «la cacica» recordando su infancia y «la ración de miseria» familiar, para agregar a continuación un «¡Don Melitón, amo cabrón!»). Paulino, por ser algo más consciente de la realidad de la guerra («Pero, ¿tú sabes lo que es una guerra? ¿Tú tienes idea de lo que está pasando por ahí?», en alusión a la escuela-cárcel y a los frecuentes «paseos»), experimenta el miedo («¿Qué hiciste con la octavilla de la C. N. T. que nos dieron anoche en Azaila?»), y se siente «aterrado» cuando se queda afónico («¿Y quién nos salva de que nos fusilen por desacato, eh? ¡Buena es esta gente...!»). Pero hay un tema que Paulino plantea con toda solemnidad y que constituye una clave del sentido de la obra: el tema de la dignidad artística.

Paulino tiene un sentido de la dignidad artística «(Aquí donde me ve, yo tenía una brillante carrera de tenor lírico...)» que, en su caso, puede parecernos grotesco. Esa dignidad artística del personaje, de extracción social pequeño-burguesa (exseminarista, estudios en el conservatorio, frustrada carrera como tenor lírico de zarzuela), le conduce a una conciencia rigurosa de profesionalidad. Para él, el artista, en toda circunstancia y a pesar de las dificultades materiales, debe intentar superarse en escena y tratar de ofrecer al público lo mejor de su arte:

> PAULINO. (...) Secos o mojados, lo principal es no apocarse, hacer de tripas corazón y echarle toda el alma a la cosa... *(Con ánimo resuelto, va sacando de escena lo que puede estorbar la actuación: la gramola, la garrafa...)* Como si estuviéramos actuando en el Ruzafa...

CARMELA. ¡En el Ruzafa! ¡Ave María purísima! Lo mismito va a ser esto... Los decorados, la música, los números... Todo igual, igual. Y Belchite, lo mismo que Valencia...

PAULINO. Quiero decir.., nosotros..., nuestro arte... Siempre hay que darle lo mejor al público. Estemos como estemos, tengamos lo que tengamos...

Paulino entiende las quejas de Carmela en esa circunstancia y por ello, en su italiano macarrónico, le explica al teniente Ripamonte que «la signorina Carmela está muy nerviosa por tener que actuar así: sin decorados, sin vestuario, sin atrezzo, sin niente de niente». Ese dictador de escena, por sensibilidad artística («hágase cargo de que es muy duro para unos artistas dar menos de lo que pueden dar, y encima darlo mal, ¿comprende?»), debe comprender «que nosotros somos artistas también, aunque modestos...», unos artistas de variedades obligados a actuar con tan extrema penuria en el teatro Goya de Belchite mientras sueñan con el teatro Ruzafa de Valencia, una de las catedrales españolas del género. Pero Paulino tiene una habilidad «artística» muy especial: es un consumado pedómano. Por ese «don divino» («¿Don? ¿Llamas don a esa..., a esa ignominia?») fue expulsado del seminario a los trece años y a él tuvo que recurrir en Logroño y Barcelona por necesidad («Tú afónico, yo tísica») para poder cumplir los contratos. Sin embargo, ese recuerdo le humilla («¡Yo soy un artista, un cantante!») su sentido de la dignidad artística («Lo que pasa es que tengo dignidad. (...) Me refiero a la dignidad del artista, ¿comprendes?»). Paulino se toma tan en serio esta dignidad artística que, al reivindicarla para sí, se expresa campanuda y retóricamente con un lenguaje que Valle-Inclán llamaría «finústico» («Hay un contrato más importante, Carmela, y es el que el artista tiene firmado con las musas») y que ésta se encarga de desvalorizar: «¡Caray, Paulino! Cómo estás hoy... Si parece que te has escapado de una comedia de don jacinto Benavente...». Para él los pedos son «la ignominia» artística y, por ello, desde la actuación en Barcelona ha hecho juramento («¡Nunca más! ¿Me oyes? ¡Nunca más! ¡Lo juré en Barcelona, y nunca más! Aunque me muera de hambre») de que nunca más, nunca más —por tres veces, como san Pedro—, de que nunca más recurrirá a ese arte ignominioso:

> Basta, Carmela: no discutamos más. Pero, entérate: yo soy un cantante. Sin suerte, es verdad, pero un cantante. Y los pedos son lo contrario del canto, ¿comprendes? Los pedos son el canto al revés, el arte por los suelos, la vergüenza del artista...

Por dignidad artística, con airada convicción, reitera de nuevo *hoy* («¡Caray, Paulino! Cómo estás hoy...»), es decir, el día mismo de la Velada, poco antes de iniciarla, su juramento solemne de Barcelona:

> No más pedos en mi carrera... ni aunque me fusilaran los fascistas...

Sin embargo, al inicio del primer acto hemos podido ver a Paulino haciendo alarde de su «arte», pues la acotación precisa que «hace sonar, ahora deliberadamente, varias ventosidades que evocan un toque de trompeta». Este virtuoso de la ignominia recita, entre pedos y mientras «levanta el brazo derecho, en saludo fascista», los versos de Federico de Urrutia porque su hoy no es el ayer de la Velada, sino el presente de la supervivencia gracias a su indignidad. Porque, aunque a Paulino ni a nadie pueda exigírsele el heroísmo («¿Qué íbamos a ganar nosotros haciéndonos los héroes?») y aunque tenga su parte de razón al reivindicar el heroísmo de su propia supervivencia («¿No era bastante haber aguantado casi dos años de guerra con nuestras "varietés"? ¿Te parece poco heroísmo ese?»), Carmela viene a recordarnos que el precio de la supervivencia no puede ser el de la indignidad. La actitud de Paulino, su cobardía acomodaticia, aún podía tener justificación, por sus circunstancias excepcionales, aquella noche de la Velada, pero es que Paulino, por sobrevivir, está dispuesto a seguir sacrificando su dignidad.

En efecto, en el acto segundo se reconstruyen los preparativos y el desarrollo de la Velada. Entre ambos personajes estalla el conflicto cuando Carmela, que la acotación caracteriza muy exactamente como «indignada», se niega a representar el número de la bandera republicana: «Te digo que no lo hago». Carmela se mueve no por una conciencia política militante, sino por un impulso de humanidad hacia los condenados a muerte, milicianos extranjeros de las Brigadas Internacionales y destinatarios de la humillación: «Ya puedes ir inventándote algo, porque yo no salgo a burlarme de la bandera. Eso encima, pobres hijos...». La humillación es indigna y, por ello, la humanidad de Carmela está «indignada». Paulino, por contra, acomodaticio a las circunstancias, no entiende, o mejor, no quiere entender que el número de la bandera equivale para ella a lo que representa para él el número de los pedos, es decir, la ignominia:

> PAULINO. (...) Nosotros somos artistas, ¿no? Pues la política nos da igual. Hacemos lo que nos piden, y santas pascuas.
> CARMELA. ¿Ah, sí? ¿Y si te piden lo de los pedos?
> PAULINO. ¡Eso no es lo mismo! ¡Los pedos no tienen nada que ver con la política!
> CARMELA. Pues para mí es lo mismo... O peor.

Pero la Velada está a punto de comenzar y el conflicto entre ambos insinúa oscuros presagios. Nervios de última hora, un público militar expectante y una «última gracia» que a Carmela no le hace ninguna y que se refiere a la presencia forzosa de esos milicianos de las Brigadas Internacionales que van a ser fusilados al amanecer. Desde que la Velada comienza con el pasodoble «Mi jaca», adaptada políticamente su letra al contexto, el espectador asiste al contraste entre Paulino y Carmela. Aquél, un poco más inteligente que ésta y, por tanto, más consciente del peligro real que ambos corren, es un pobre hombre superado por las circunstancias que está dispuesto a salvar la situación, esto es, a cumplir con el compromiso forzado de actuar en el Teatro Goya de Belchite. Desde el principio, por cobardía o miedo escénico, parece hacer abstracción de cualquier consideración ética sobre la manipulación del arte por la política, tema de una meditación moral que, en su caso, le desborda, le parece un lujo. Eso sí, le insiste a Carmela en que hay que cumplir ese compromiso forzado —y en ello, piensa él, puede irles la vida—, con un mínimo decoro profesional que salve su dignidad artística, aunque ello implique la indignidad del servilismo complaciente al público de militares fascistas. Carmela, sin embargo, carece de esa conciencia de dignidad artística y acaso también de la conciencia del peligro real que ambos están corriendo:

> CARMELA. Mira que eres exagerado...
> PAULINO. No soy exagerado. Lo que pasa es que tengo dignidad. ¿Sabes lo que es eso? No, sospecho que no...
> CARMELA. Oye, sin faltar... Que yo, cuando quiero, me sé poner tan digna como la que más...
> PAULINO. Me refiero a la dignidad del artista, ¿comprendes?
> CARMELA. Ah, bueno... Si te pones así...
> PAULINO. Me pongo en mi sitio. Y si alguna vez tuve que salirme, o sea, rebajarme, o sea, perder la dignidad...
> CARMELA. ¿Te refieres a echar mano de los pedos?

Carmela parece insensible a la dignidad artística porque para ella, mujer del pueblo, la dignidad es la honra. Como «artista» canta y baila porque es lo que le gusta y sabe hacer, y está acostumbrada a buscar, sin pudor ni recato, el aplauso del público. En realidad, no está tan preocupada por la dignidad artística del espectáculo cuanto por no actuar con el

vestuario adecuado, por no poderse lucir. Y este distinto carácter de ambos se refleja con claridad en su actuación durante la Velada. Así, mientras Paulino interpreta con una
torpe artificiosidad, Carmela es un prodigio de espontaneidad, de incontinencia verbal, de naturalidad desenfadada.
Paulino está aterrorizado por sus continuas referencias a los
brigadistas. Él quiere salvar a cualquier precio su piel, mientras que ella, una «folclórica» temperamental que se debe a su
público «(Eso es verdad: que yo, al público, me lo quiero
mucho, tenga el pelaje que tenga»), que es toda frescura incontrolada en la función («Yo es que, en cuanto me planto
delante del público, me entra una cosa que me disparo toda
y no hay quien me pare»), y que siente tal emoción al cantar
«Suspiros de España» que se le pone la piel de gallina («Yo, es
que soy muy sentidora y lo siento todo mucho»), no está
dispuesta a asumir la ignominia como precio de la supervivencia. Por ello Carmela está sintiendo indignación ante la
inminencia del número de la bandera republicana. Progresivamente, la vemos distraerse, perder concentración e interés
por su actuación para mirar y volver a mirar hacia el ángulo
de la sala en que se supone que están los condenados a muerte. Su «desasosiego» se traduce en una decisión súbita que
provoca el «estupor» de Paulino: «Y con este bonito dúo, señores militares, se acabó la fiesta...». En ese momento es
cuando Paulino, por instinto de conservación y por una cobardía muy humana en aquellas circunstancias, apela con
autoridad dictatorial a su dignidad artística: «¡Aquí mando
yo, que soy el director de la compañía!». Él ordena y manda,
como un militar fascista, como el teniente Ripamonte particular de la compañía, que Carmela interprete su papel en el
diálogo arrevistado «El Doctor Toquemetoda». Ella, por tanto, interpreta coaccionada y, como precisa la acotación, «toda
su actuación es, evidentemente, forzada, mecánica, reprimiendo un creciente malestar». Carmela está haciendo de
tripas corazón y ha de ser el propio Paulino quien, «venciendo su resistencia», le quite el abrigo para que el espectador

observe que su cuerpo está envuelto por una bandera republicana. Sin duda la escena es de una «dudosa comicidad» (la República nació «de un resbalón abrileño», mamó «mala leche» y le salieron «manchas rojas en la piel») y por eso ella, harta de ser cómplice de semejante indignidad, calla, obligando de este modo a Paulino a improvisar también sus réplicas. Calla hasta que la indignidad antirrepublicana alcanza un grado de degradante obscenidad («Y como era tan enfermiza, ¿no es verdad?, pues todos querían darle remedio... ¿No es así?... Y unos se lo daban por delante... y otros se lo daban por detrás»). El «arte» de Paulino, servil ante la manipulación política más grosera, va a alcanzar con el «gracioso diálogo arrevistado» (que «el teniente Ripamonte ha tenido la... la ocurrencia de... arreglar, para adaptarlo a las cosas de hoy en día...») la apoteosis de la abyección. Y, ante tal espectáculo de indignidad, los milicianos antifascistas arrancan a cantar, «entonada por voces masculinas en las que se adivinan acentos diversos», «la canción popular republicana», a la que Carmela, mujer del pueblo a quien sobra corazón, se va a unir por impulso instintivo y temperamentalmente libertario[103], nada reflexivo («Ponerse a cantar, sí, eso me dio no sé qué»), con trágico heroísmo:

---

[103] «El espíritu de solidaridad que surge de sus entrañas la empuja a poner sus sentimientos por encima de cualquier afán de supervivencia. Al declarar su simpatía por los condenados —canta con ellos una canción republicana—, firma su sentencia de muerte. Una descarga de fusilería pone fin a su actuación justo en el momento en que se hace sincera y digna» (Jerónimo López Mozo, «La dignidad de los cómicos», *Reseña*, núm. 189, noviembre de 1988, pág. 15). Por su parte, Eduardo Haro Tecglen es autor de una decepcionante crítica sobre la obra en donde opina, sin entender la importancia del epílogo ni su sentido profundo, que el clímax de la obra se alcanza con el fusilamiento, frente al sanchopancismo de Paulino, de la quijotesca Paulina al final de este acto segundo, pues, a su juicio, «la obra sólo existe para ese instante: es un cuento corto, agudo, con esa naturaleza propia del cuento que apunta directamente a su final» («Un acto de heroísmo cívico», *El País*, 5 de octubre de 1988, pág. 44).

CARMELA. *(Desprendiéndose violentamente de* PAULINO.*)*
    ¡Vete a darle por detrás a tu madre!
(Y se une al canto de los milicianos, al tiempo que abre y despliega la bandera alrededor de su cuerpo desnudo, cubierto sólo por unas grandes bragas negras. Su imagen no puede dejar de evocar la patética cancatura de una alegoría plebeya de la República.)

El terror de Paulino alcanza aquí su clímax y es justamente ahora cuando, violando un solemne juramento anterior («No más pedos en mi carrera... ni aunque me fusilaran los fascistas...»), que había renovado poco antes del inicio de esta Velada (aquellos tres «¡nunca más!»), recurre otra vez, en un intento desesperado de salvar a Carmela del fusilamiento, a ese símbolo de la ignominia artística que para él son los pedos:

(PAULINO, *tratando desesperadamente de degradar la desafiante actitud de* CARMELA, *recurre a su más humillante bufonada: con grotescos movimientos y burdas posiciones, comienza a emitir sonoras ventosidades a su alrededor, para intentar salvarla haciéndola cómplice de su parodía.)*

Intento humanísimo y estéril por evitar la tragedia, ya que esas «sonoras ventosidades» expresan su voluntad de autohumillarse como último recurso para salvarla. Aterrorizado, sus angustiadas palabras finales («¡Estos son los aires... que a usted le convienen...! ¡Y estas melodías.., las que se merece! ¡Tome por aquí...! ¡Tome por acá...! ¡Do, mi, re, la, sol... si, re, do, mi, fa!») se diluyen entre otros sonidos *«inquietantes, siniestros, los propios de un fusilamiento: pasos marciales sobre tierra, voces de mando, una cerrada descarga de fusilería»*[104].

---

[104] «Paulino es un personaje acomodaticio, quizás es un cobarde, pero a pesar de todo es un personaje que toma conciencia del peligro; no creo que Carmela sea un personaje heroico; en Carmela hay una incons-

La comicidad en ¡*Ay, Carmela!*

Desde el inicio de la obra, desde que Paulino realiza una exhibición pedómana cuyo sentido de indignidad entenderemos más adelante, el espectador ríe ante la vulgaridad del personaje. Está claro que, desde el principio, el dramaturgo ha querido que la comicidad fuese un elemento de complicidad con el espectador, otra de las razones de su éxito popular. Los sucesivos diálogos entre Carmela y Paulino profundizan en esa comicidad que, y ello es lo importante, trasciende su aparente chabacanería para adquirir un sentido más profundo. El ejemplo de los pedos es elocuente: nos reímos de Paulino al inicio del primer acto porque no entendemos todavía su sentido profundo.

---

ciencia del peligro y de la situación real que, de alguna manera, no está en Paulino. Lo que ocurre es que en Carmela hay un componente de solidaridad sentimental, no ideológica, con los vencidos, con las víctimas, con los de las Brigadas Internacionales, que no está en Paulino y que sería como un factor diferencial. Pero yo soy bastante más tolerante con Paulino que algunos críticos; es un pobre tipo, los dos son dos pobres tipos a los cuales la situación supera completamente» (*apud* Hélène de Almeida, ob. cit., pág. 96). Sanchis Sinisterra explica acerca de las facultades pedómanas de Paulino que se sirve de ellas para «el propósito dramatúrgicamente muy consciente, que me interesaba probar, de llegar al máximo dramatismo, que es el número de la burla de la bandera republicana, con los materiales más degradantes, ya que quería producir el máximo de degradación escénicas» (*apud* ob. cit., pág. 109) e insiste en su compasiva, aunque discutible, «tolerancia» hacia Paulino, al afirmar a continuación acerca de su pedomancia al final del acto segundo: «Para mí ese gesto es un gesto noble; el hecho de que se dé cuenta de que Carmela está en peligro y recurra a los pedos es un terrible sacrificio; de alguna manera entrega su dignidad para salvar a Carmela. Es un gesto heroico. Lo que pasa es que es difícil reconocer el heroísmo en una acción tan burda y tan baja, pero es lo que me interesaba...» (*apud* ob. cit., pág. 109). A mi modo de ver, ese gesto de Paulino es noble, pero me parece algo exagerada esa valoración heroica que realiza el dramaturgo.

Tanto Carmela como Paulino, por sus orígenes y por el medio social en que se desarrolla su trabajo profesional, hablan con un lenguaje popular, descarnado y crudo («la hostia consagrada», «me cago en la puta madre»), escatológicamente fallero («mierda», «culo», «coño», «tetas», «regla», «pedos»), que tiene la frescura de lo espontáneo tanto en uno («¡Qué pájaro ni qué hostias! Que le estoy diciendo al teniente que más luz... Pero ése, además de maricón, es sordo...») como en otra («¡Qué mala leche, el teniente! En lugar de darles la última cena y matarles, como Dios manda, me los traen aquí, pobres hijos... a tragar quina»). Ahora bien, Paulino resulta mucho más irrisorio por el contraste entre sus pretensiones y su realidad. Por ejemplo, su italiano macarrónico resulta desde el principio cómico («¡Avanti! ¡Stiamo presti! ¡Luci, mio tenienti!») por sus constantes incorrecciones, por su jerga caricaturesca, plagada de castellanismos: «¡Cosí, voce mía, no cascata...!». El grotesco se alcanza cuando, a continuación de ese «cascata», dice: «Y menos mal que aprendí algo de italiano en el Conservatorio, que si no, no sé qué hubiéramos hecho...». Él, director de la compañía, quiere aparentar mayor cultura, mayor sensibilidad artística. Por ello utiliza en ocasiones un lenguaje figurado («Algo se ha roto en mí») que ella no comprende («¿Qué se te ha roto?») y que marca la diferencia grotesca entre ambos. Así, tras aclararle ese sentido figurado («Por dentro, quiero decir...»), resulta grotesco que un «artista» tan irrisorio e insignificante como Paulino, por utilizar una expresión del Valle-Inclán de *Luces de bohemia, se ponga estupendo* y diga con lenguaje «finústico» que «hay un contrato más importante, Carmela, y es el que un artista tiene firmado con las musas». Está claro que esta reivindicación enfática por parte de Paulino de la dignidad artística adquiere, por el contraste con su indignidad final, una importancia estructural en la interpretación del sentido de la obra. Pero todavía hay otro momento en este acto primero en que esa comicidad grotesca de Paulino vuelve a manifestarse. Me refiero a la interpretación del sentido de los versos de García Lorca en lo que constituye una ironía del dramaturgo, antiguo profesor de Literatura, sobre el comentario de textos y la inteligibilidad de la poesía. Carmela y Paulino, «artistas» de «variedades a lo fino», coinciden en valorar ese poema cuyas metáforas no acaban de entender («silencio blanco sin hormigas») como un poema «muy fino». Paulino, que califica a Lorca como «un poetazo», hace alarde de sus conocimientos y cita, cómo no, los versos iniciales del «Romance de la casada infiel», que Carmela dice que pertenecen al *Romancero flamenco*. Paulino, con suficiencia, la corrige, para interrumpir el relato de su encuentro con una pregunta «realista» («¿Había hormigas?») que expresa su insensibilidad poética. De ahí que, ironía sostenida del dramaturgo, al inicio del segundo acto, el personaje blasfeme ante el asalto de ese enemigo real («¡Me cago en las hormigas de Dios! ¡Me cago en la puta madre de todas las hormiguitas de Dios y de la Virgen Santísima!»), y de nuevo vuelva a proyectar su ira contra ellas («¡Míralas qué ricas!... La madre que las parió... A este pueblo se lo van a acabar comiendo las hormigas...») al principio del epílogo.

La comicidad de *¡Ay, Carmela!* es una comicidad fundamentalmente verbal, basada ante todo en el diálogo, pero que se genera por la situación dramática en la que se hallan los personajes. En este sentido, el humor político es un ejemplo elocuente. Así, Paulino grita al fondo de la sala, hacia ese interlocutor invisible y mudo que es el teniente:

> ¡Los rojos! ¡Los rojos, mi teniente! ¡I rossi! *(Apagón total.)* ¡No, hombre! ¿Qué hace? No se asuste... ¡Quiero decir los botones rojos! ¡Que apriete sólo los botones rojos para el principio! ¡I bottoni rossi! *(Se enciende la luz con intensidad media.)* ¡Por fin! ¡Eso es!

Volvemos a reír cuando Paulino, para adular al teniente, enjareta en una nómina prestigiosa de artistas italianos al líder fascista («Miguel Ángel, Dante, Petrarca, Puccini, Rossini, Boccherini, Mussolini») o cuando, al interpretar al profesor Pau-li-ching en su número frustrado de magia barata, mete la pata «roja» y trata, atemorizada pero habilidosamente, de sacarla: «A continuación, vamos a presentarles un número portentoso, que ha causado la admiración de todos los públicos en París, Londres, Moscú... *(Se asusta.)* No: quiero decir... en Berlín, en Roma... en Berlín... en Roma... en Salamanca... en Zamora». Pero ya no nos hace tanta gracia su chiste «rojo», que alude a la represión política, al inicio del segundo acto:

> Buenas están las cosas por ahí afuera para andar con fantasías... Y lo de menos es ir todo el día enseñando el sobaco... *(Esboza el saludo fascista.)* Lo peor es que, en cuanto a uno no le gusta tu nariz.., o le gustan tus zapatos, ya está: «¡Rojo!»... Y a ver cómo hace uno para desteñirse.

Si los equívocos y dobles sentidos de palabras, frases hechas o expresiones populares («El Ejército Nacional», que antes comentamos que la publicística republicana escribía muy expresivamente «Nazi-onal») constituyen un recurso característico de la comicidad verbal, tampoco a Carmela (quien, por cierto, dirá de uno de sus vestidos que con él está «hecha una "facha"»), le hace ninguna gracia la «última gracia» del comandante fascista:

> CARMELA. Pues a este público, como no le demos «cuscus»... ¿Te has fijado la cantidad de moros que hay? *(Se va arreglando el pelo.)*
> PAULINO. Pues, claro... ¿Ahora te enteras? Moros, italianos, alemanes... *(Sin ironía.)* El Ejército Nacional.
> CARMELA. ¿Y es verdad lo que ha dicho el teniente?
> PAULINO. ¿De qué?
> CARMELA. De esos milicianos que han cogido presos, y que los van a traer a vernos, y que mañana los fusilan...

PAULINO. Bueno... no sé... Parece que sí... Se ve que el comandante les ha querido conceder una... una eso: una
última gracia.
CARMELA. *(Se arregla el vestido indecorosamente.)* Pues a mí
no me hace ninguna.

Los errores, lapsus o equivocaciones durante la Velada que
tengan implicaciones políticas pueden acarrear, por la situación en que se encuentran, consecuencias trágicas. Ejemplo grotesco de ello lo constituye la lectura, torpe y entre-
cortada, que realiza Paulino, en presencia del propio general Franco («Ya están entrando... ¡Madre mía, cuántos
oficiales!... ¿Aquél no es Franco? ¿El general Franco?...»), de
un discurso paródico de la retórica fascista sobre la guerra
civil como Cruzada de liberación:

PAULINO. (...) «ese libro que inspira, dicta y encuaderna
con pulso seguro y mano firme nuestro eguer...», no,
«nuestro egre...», sí, «nuestro egregio», eso, «egregio
Caudillo Franco, a quien esta noche queremos ofrendar...» *(Cambia de hoja.)* «... cuatro kilos de morcillas,
dos pares de ligas negras, dos docenas de...» *(Se interrumpe. Mira aterrado al público.)* No, perdón...

Carmela actúa con mayor desparpajo verbal y se expresa con un léxico en donde son frecuentes los vulgarismos
(«Car» «Gable»), no exentos de lógica («¡No estoy nerviosa, su teniente! Lo que estoy es furiosa, ea»). Ese desparpajo con el que actúa ante el público de militares fascistas
la conduce, con frescura y naturalidad, a la procacidad
sexual:

Ya ven ustedes, por ejemplo, tan seriotes ahí, con los
uniformes y las pistolas y los sables esos... Pues, para mí,
como si fueran mis primos de Colomera... que siempre
andaban con la cosa afuera... *(Ríe con falso pudor.)* ¡Uy,
ustedes perdonen!

Carmela es auténtica, temperamentalmente antifascista, tradicional de costumbres («Y si no me llego a emperrar, no nos casamos ni por lo civil...»), sin conciencia política, pero con extrema sensibilidad social ante la hipocresía moral («¡Eso sí! Mucha procesión, mucha misa, mucho rosario, y luego... ¡a fusilar huérfanos!»), la injusticia y la barbarie. Ella es, ante todo, una mujer del pueblo, toda corazón, toda humanidad, la expresión más elementalmente primaria de un instinto solidario de internacionalismo humanitario:

> PAULINO. Creo que son extranjeros, la mayoría. De las Brigadas Internacionales.
> CARMELA. Para mí, como si fueran de Cuenca, pobres hijos... ¿Se me ve el sostén?

Carmela se identifica por humanidad con las madres de esos condenados a muerte y un instinto maternal frustrado, una ternura patética, impregna aquí y trasciende ahora la vulgar comicidad de sus diálogos habituales con Paulino:

> CARMELA. Y encima, como es comunista, no podrá ni rezar...
> PAULINO. ¿Quién? ¿El teniente, comunista?
> CARMELA. No: su madre.
> PAULINO. ¿Qué madre?
> CARMELA. La del polaco. ¿No son comunistas, los de las Brigadas esas?
> PAULINO. Más o menos... Pero sus madres, no es preciso.
> CARMELA. Seguro que también... *(Se va alterando.)* Pues ya ves: ni rezar por su hijo, podrá.
> PAULINO. *(Lo advierte.)* Bueno... a lo mejor, ni se entera... Polonia está muy lejos.
> CARMELA. Esas cosas, las madres siempre acaban por saberlo.
> PAULINO. *(Tratando de aliviarla.)* Puede que ya sea huérfano...

CARMELA. ¡Huérfano, además! ¡Pobre hijo! ¡Polaco, comunista, huérfano, y venir a morir a un pueblo que no sabrá ni decir...! *(Cada vez más agitada.)*

Por esa humanidad de Carmela la tensión dramática alcanza cotas de auténtico patetismo. Un claro ejemplo lo constituye su monólogo como «recién muerta» del acto primero, en donde los placeres sexuales compartidos con Paulino son evocados «con pícara ternura», a través de una cancioncilla sugerente («¡Ay, mamá Inés! ¡Ay, mamá Inés! / Todos los negros tomamos café...»), como placeres perdidos. Pues bien, la desinhibición hedonista de Carmela la hace incurrir en una nueva insinuación picante cuando, entre número y número de la Velada, se dirige al público sin pelos en la lengua:

CARMELA. (...) Yo, es que soy muy sentidora y lo siento todo mucho. Paulino dice que lo que soy es una histérica, pero él, ¿qué sabe? Con esa sangre de horchata que tiene, que nunca se le altera... *(Sofoca una risa pícara.)* ¡Si yo les contara...! *(Con intención, al ver entrar a* PAULINO, *canta.)* ¡«Ay, mamá Inés! ¡Ay, mamá Inés!...»
PAULINO. *(Ofuscado.)* Muy bien, muy bien, Carmela... Pero esa canción no toca esta noche...
CARMELA. *(Siguiendo con su broma.)* ¿Ah, no? ¡Qué lástima...!

Los diálogos entre Paulino y Carmela son expresión de su vulgaridad compartida. Valga este ejemplo por tantos otros:

PAULINO. *(Asustado.)* ¿Qué hiciste con la octavilla de la C. N. T. que nos dieron anoche en Azaila?
CARMELA. ¡Ay, hijo! Qué susto me has dado... La usé anoche mismo, en el retrete.
PAULINO. ¿Seguro que no la llevabas esta mañana en el bolsillo?
CARMELA. ¿Tan guarra te crees que soy?

Ahora bien, la comicidad de Carmela cambia de registro en la conciencia del espectador según hable viva o «recién muerta»[105]. Cuando habla ésta, por ejemplo, en el monólogo del acto primero antes citado, la acción dramática alcanza el patetismo. Así, en este acto, su descripción imaginaria del cielo («mucho secano, poca cosa»); sus imprecisiones («No, no había estación. Sólo la caseta del guardagujas o algo así, en medio del descampado»); la alusión a las colas celestiales («La costumbre, claro...», dirá Paulino) o los relatos de su encuentro con García Lorca («Estaba en la cola, muy serio, algo borroso ya... Bien trajeado...; con agujeros, claro... Pero se le veía un señor...») y el del cabreo de la beata contra Santa Engracia («Me he pasado la vida rezándole y poniéndole velas cada viernes... Más de doscientos duros en velas le habré puesto. Y ahora, ¿qué? ¿Dónde coño está Santa Engracia?») porque nadie da en el cielo la cara («Nadie: ni Dios, ni la Virgen, ni la palomica...»), qué duda cabe de que nos hacen sonreír más que reír, es decir, nos producen una sonrisa patética más que una vulgar carcajada. Porque es esa situación de Carmela como «recién muerta» la que impregna de patetismo sus palabras, la que impregna la conciencia de un espectador que puede sonreírse ante su lógica implacable (por ejemplo, cuando él quiere darle un beso y ella se niega «porque estoy muerta, y a los muertos no se les da besos») o ante la explicación de sus encuentros en el escenario vacío de Belchite:

> CARMELA. Qué quieres que te diga... A lo mejor, digo yo, como hay tantos muertos por la guerra y eso, pues no cabemos todos...
> PAULINO. ¿En dónde?

---

[105] Verónica Forqué era consciente de ese cambio de registro del personaje: «He querido hacer una diferencia entre la Carmela viva y la muerta, pero no sé si se nota como yo desearía. La Carmela muerta es más serena, más inteligente, sabe más porque ya ha estado en el otro lado. La viva es más cachonda» (Lola Santa-Cruz, «Entrevista a Verónica Forqué», *El Público*, núm. 54, marzo de 1988, págs. 36-38).

CARMELA. ¿En dónde va a ser? En la muerte... Y por eso nos tienen por aquí, esperando, mientras nos acomodan...

PAULINO. No digas tonterías, Carmela. ¿Crees tú que la muerte es... un almacén de ultramarinos?

CARMELA. ¿Y tú qué sabes, di? ¿Te has muerto alguna vez?

Patetismo igualmente cuando, al morder un sabroso membrillo, Carmela lo encuentre soso. Porque para ella lo trágico de la muerte es la insensibilidad (no sentir ya la envidia, la rabia, la pena, el miedo, el sexo, en su monólogo del primer acto), lo trágico de la muerte es el olvido («Más te valdrá ir olvidando las cosas buenas, para que no se te coma la añoranza...», palabras finales del mismo):

PAULINO. Por cierto, ¿los has visto?

CARMELA. ¿A quién?

PAULINO. A los de la otra noche...

CARMELA. ¿A quién de la otra noche?

PAULINO. A los miliciamos de la otra noche... *(Señala un lado de la sala.)* Los que estaban aquí, presos...

CARMELA. ¿Presos?

PAULINO. Sí, los prisioneros... ¿No te acuerdas? Los que iban a...

CARMELA. ¿Qué noche?

PAULINO. La otra noche, aquí, cuando hicimos la función...

CARMELA. ¿Qué función?

PAULINO. La función de... ¿Es posible que no te acuerdes?

CARMELA. De muchas cosas no me acuerdo, a veces... Se me van, me vienen...

Esta Carmela «recién muerta» está perdida ahora por entre la niebla de su memoria. La muerte es olvido[106], pero el

---

[106] «Yo hablo de las dos muertes: hay una primera que es lo que llamamos así, muerte, y hay una segunda que es para mí el tema fundamental de la obra, que es el olvido. La segunda muerte de los muertos es el olvido. La obra tiende justamente a apelar a la memoria del público, a la

escenario vacío y oscuro del teatro Goya de Belchite es el escenario de la memoria. Por eso esta Carmela, significativamente, regresa allá para recordar aquella noche y a aquellos milicianos («¡Van a matarlos otra vez!»), para escuchar las bombas y los cañonazos de la guerra, como si la vida y la muerte fuesen tan semejantes que la guerra invadiera también el paisaje de los muertos («Son imaginaciones tuyas», le dirá Paulino al final del acto primero). La misma Carmela que en el epílogo regresa para recordar, pero sobre todo para hacernos recordar a nosotros, espectadores, sin moralismos ni sermones, las implicaciones éticas de la supervivencia.

En efecto, el epílogo constituye una vigorosa reivindicación por parte del dramaturgo de la memoria como atributo de la dignidad. Una vez más, la comicidad no es aquí sólo verbal, sino estructural, en la medida en que está determinada por la situación dramática. Carmela regresa ahora por propia voluntad, sin que la llame Paulino, quien, al verla, «tiene una reacción ambigua que, finalmente, se resuelve en seca hostilidad». Carmela le explica esa propuesta de las dos Montses, una anarquista de la FAI y otra comunista del PSUC («Discuten mucho, eso sí, y se llaman de todo, y en catalán, ahí es nada... Pero sin llegar a las manos, porque ya, ¿para qué?»), de crear entre los muertos, porque «hay muchas maneras de estar muerto», una espe-

---

memoria histórica, a la memoria subjetiva. Y de alguna manera, por eso, Carmela es portadora de esa especie de fragilidad de los muertos, que si no son recordados, se van borrando, se van desmaterializando. En la obra forman un club, para conservar esa forma de existencia, quienes no se conforman con borrarse. Estamos en el plano de la metáfora, el plano de la poesía, que es para mí el terreno del teatro» *(apud* Hélène de Almeida, ob. cit., págs. 100-101). En otro orden de cosas, hay también poeticidad en esa frase que Sanchis Sinisterra hace decir a un Lorca ya muerto, quien, a la observación de Carmela de qué pequeño es el mundo, responde con sencilla profundidad: «Muy pequeño, Carmela, muy pequeño... Pero ya crecerá».

cie de club de la memoria. Por encima de diferencias políticas, de lenguas y de fronteras, el lenguaje de la humanidad es el lenguaje de la memoria, de la dignidad y de la solidaridad. Por eso Carmela, en los momentos finales de este epílogo, recuerda a los milicianos internacionalistas, quienes, al conjuro de su memoria, acaso han regresado también al escenario de la tragedia («Pase que un vivo tenga visiones, pero... ¡Que las tenga un muerto!...») y, con patética ternura, dice entenderse con ellos porque todos hablan un mismo idioma, el lenguaje de la dignidad:

> CARMELA. ¡Oye! ¿Y cómo es que nos entendemos?... Porque vosotros, no sé en qué me habláis, pero yo os entiendo... ¿Y a mí me entendéis? ¡Ay, qué gracia! *(Ríe.)* A ver si resulta que... como habéis muerto en España, pues ya habláis el español... ¡Qué ocurrencia!... Lo mismo que al nacer en un país... ¡Pues eso!

El epílogo de *¡Ay, Carmela!* y su interpretación política

¡Ay, Carmela!, a través de las peripecias de dos «artistas» insignificantes que representan la tragedia colectiva del pueblo español, es una crónica sentimental, emotiva y entrañable, de la memoria republicana y un cálido homenaje a la dignidad artística, a la sensibilidad humana y a la calidad moral de la conciencia colectiva antifascista. *¡Ay, Carmela!* es sin duda, aquí y ahora, una obra de teatro político[107], un concepto que en Sanchis Sinisterra nada tiene

---

[107] Resulta muy reveladora la consideración ideológica y política de la obra por parte de la crítica teatral madrileña de filiación conservadora, su rechazo militante de la memoria y cultura republicana. Escojo tres ejemplos ilustrativos. Lorenzo López-Sancho, crítico teatral del diario monárquico y conservador *ABC,* se empecina en tergiversar y minimizar su auténtica significación política: «La historia que se cuenta es, lógicamente, reversible. Paulino y Carmela pasan por error del campo republicano

que ver con el sectarismo político ni con el panfletarismo ideológico, sino con el estímulo brechtiano de mostrar, a través de la vulgaridad de Paulino y Carmela, la complejidad de la condición humana, capaz en situaciones límite tanto del heroísmo como de la abyección. Y este rasgo brechtiano de mostrar para después reflexionar es el que confiere sentido al epílogo, el momento de la reflexión sentimental, es decir, de pensar con el corazón y de sentir con la cabeza, entre dramaturgo y espectador[108].

---

al campo sublevado. Podría ser a la inversa y el cuento no variaría de manera importante» («"¡Ay, Carmela!", sainete tragicómico de Sanchis Sinisterra», *ABC,* 5 de octubre de 1988, pág. 93). Por su parte, el crítico del católico *Ya* apunta a que la expectación del público madrileño ante su estreno «procedía del tema: la guerra civil continúa teniendo un enorme morbo entre nosotros», sin demostrar la más mínima sensibilidad artística o política a la hora de enjuiciar la obra: «Pero, en cambio, si atendemos a la obra representada en el escenario, este crítico se pregunta asombrado por el porqué de los nutridos aplausos que corearon el estreno. A veces, la verdad, el público me desconcierta» (Alberto de la Hera, «Sólo unos simpáticos números musicales», *Ya,* 7 de octubre de 1988, pág. 51). Crisógono García, por último, es autor de una pintoresca reseña crítica, de la que transcribo algunos fragmentos: «El escenario bélico es Belchite, martirizado por unos y también por los otros, extremo que se quiere silenciar en el más enfadoso maniqueísmo. (...) En una de esas escenas, que suponen una distensión dentro de la envergadura de la pieza, Carmela se encuentra con García Lorca, quien le dedica galantemente unos versos. No se le aparece Ramiro de Maeztu o José Antonio junto a Los luceros... Es que los medios de información, fríos o calientes, según los teóricos de la semiología, no se liberan del trauma de Lorca, que no fue precisamente fusilado por motivos políticos. (...) ¿Por qué no menciona Paracuellos del Jarama? Solamente los fusilamientos de Belchite y otros pueblos aragoneses. Los muertos no se cuentan. Aquí no quiere traer cifras». Y, más difícil todavía, remata su faena con un quiebro tan pinturero como desconcertante: «A pesar de estas matizaciones que no desearía fueran polémicas, la obra es sencillamente espléndida. Por su estructura, como hemos apuntado, por su texto, por su humor, por la interpretación genial que de la misma hacen Verónica Forqué y Manuel Galiana» (Crisógono García, «Ay, Carmela», *Religión y Cultura,* núm. 168, 1989, págs. 132-134).
[108] Aunque la crítica teatral madrileña no se limita, afortunadamente, a los tres ejemplos citados (Eduardo Haro Tecglen, Jerónimo López Moro

Porque la obra no acaba, claro, con el fusilamiento de Carmela al final del acto segundo, sino con un epílogo en donde el dramaturgo nos presenta al superviviente vestido

José Monleón o Moisés Pérez Coterillo completan, entre otros, la pluralidad democrática), contrasta por su unanimidad la recepción política favorable a *¡Ay, Carmela!* por parte de la crítica teatral barcelonesa. Gonzalo Pérez de Olaguer elogia «la gracia de este espectáculo que define claramente la postura de izquierdas del autor y su deseo de llevar al ánimo de aquél (del espectador), sin la menor agresividad, este convencimiento: no hay que olvidar lo que pasó entonces y sus consecuencias inmediatas» («"¡Ay, Carmela!", teatro de la emoción», *El Periódico de Catalunya,* 1 de diciembre de 1989, pág. 60). Joan Casas lamenta incluso que la puesta en escena rebaje ese sentido político y, al tiempo que lo critica («tot i que afluixa, de vegades lamentablement, el seu to polític»), celebra que, sin embargo, la obra tenga «un text que pot parlar de la guerra civil saltant-se bloquejos i oblits, que sap fer riure i plorar al públic, al mateix temps que reivindica la memòria històrica, que fa conviure el gaudir purament teatral amb la proclamació d'una moral que recorda que hi maneres i maneres de viure i de morir, per deixar clar que el pragmatisme de l'època no ens hauria de fer mesells ni convertir-nos en uns irresponsables històrics» («Una nena que posa la pell de gallina», *Diari de Barcelona,* 1-diciembre-1989, pág. 29). Joaquim Vilà i Folch juzga que la obra «malgrat el retard, arriba a Barcelona en un bon punt», pues valora como políticamente positiva su oportunidad, nada oportunista: «Si fa dos anys l'avís de l'autor era oportú, és trist i perillós constatar que ara encara ho és més» («Perquè en resti memòria», *Avui,* 2 de diciembre de 1989, pág. 35). Por su parre, Joan-Anton Benach afirma que *«¡Ay, Carmela!* no es un simple y evanescente pasatiempo escénico; sus dos espléndidos intérpretes se instalan en la piel de unos personajes de antología surgidos de una escritura teatral que combina hábilmente el compromiso y la poesía, la necesaria memoria de la guerra y la crítica a sus tópicos históricos, la ética colectiva y el humor, Sanchis Sinisterra ha hecho una certera diana» («Seductora, tierna "Carmela"», *La Vanguardia,* 1 de diciembre de 1989, pág. 49). Con motivo de su representación en Granollers el mismo crítico había escrito: «No cabe duda de que, diez años atrás, cuando era muy reciente el barrido de los símbolos fascistas, *¡Ay, Carmela!* nos habría arañado con más fuerza y su sabor agridulce no habría sido tan evanescente» («"¡Ay, Carmela", un triunfo de la tragicomedia», *La Vanguardia,* 21 de marzo de 1989, pág. 18). Para completar esta ceremonia de la unanimidad, hasta Marcos Ordóñez, crítico teatral de *ABC* en Barcelona, se suma a su oportunidad política («Todos somos hijos del cobarde Paulino, de la mártir Carmela o de quién la mató», *ABC,* edición *ABC* Cataluña, 2 de diciembre de 1989, pág. XI).

con la camisa azul de la Falange y hablando a ese nuevo Ripamonte que es ahora Gustavete: «No se te olvide decirle al alcalde... Porque vas a la reunión esa, ¿no?... Pues dile a don Mariano cómo me estoy portando, ¿eh?». Paulino practica una moral de supervivencia que le hace mendigar un puesto de conserje «para ir tirando» y, como él mismo dice, se «está portando», está haciendo méritos porque «lo principal es que sepan que soy de buena ley... Trigo limpio, vamos...». El Paulino del epílogo es un personaje patético, un náufrago de la tragedia, un superviviente que, en realidad, es un pobre «artista» muerto que, al final del acto primero, le confiesa a Carmela su conciencia de estar «peor que muerto». Y el símbolo más elocuente de esa derrota, de esa degradación artística, es la imagen del «artista» que, en el escenario del Teatro Goya de Belchite, no actúa, sino que barre. Por eso, porque también su supervivencia es muerte, porque ha perdido su dignidad artística, no tiene rubor en tirarse pedos en ese escenario oscuro y vacío del Teatro Goya al inicio del acto primero. Y por eso el último encuentro entre Carmela y Paulino es un encuentro patético y desolado, porque se produce cuando en éste ha vencido ese talante acomodaticio a las nuevas circunstancias («Aquí hay que espabilarse, y andar con ojo, y saber dónde se pisa, y arrimarse a buena sombra»...), simbolizadas por la camisa azul. Carmela ironiza, como hemos visto, con lo mal que le sienta esa camisa, pero lo fundamental del diálogo entre ambos consiste en que la propuesta ética de Carmela tiene un inequívoco sentido político. Carmela expresa ahora las opiniones escuchadas a las dos Montses catalanas, la una anarquista de la FAI y la otra comunista del PSUC, milicianas con conciencia política que han muerto también durante la guerra. Y lo que Carmela viene a decirnos a nosotros, espectadores, es algo tan elemental como decisivo: «que hay muchas maneras de estar muerto... Lo mismo que hay muchas maneras de estar vivo». Las muertas quieren fundar una especie de club *para hacer memoria*», porque, como le reprocha Carmela a Paulino, «los vivos, en cuanto tenéis la panza llena y os ponéis corbata, lo olvidáis todo. Y hay cosas que...». Y hay cosas, como una guerra civil, como el fusilamiento de Carmela, como el fusilamiento de los milicianos de las Brigadas Internacionales, que no se pueden ni se deben olvidar: «Porque los vivos no escarmentáis ni a tiros» y, con toda intención, repetirá: «ni a tiros...». La idea de que los muertos se van borrando a través del olvido de los vivos está materializada en las propias sensaciones de una «recién muerta» que se niega a morir por segunda vez. Porque Paulino, con su actitud en el epílogo, la está borrando, la está traicionando al querer olvidarla. La propuesta de Carmela a Paulino, en rigor, la del dramaturgo a nosotros, espectadores actuales, es una propuesta de memoria histórica, es decir, de dignidad personal y colectiva.

¡Ay, Carmela!, contra la indignidad de la desmemoria colectiva de la sociedad democrática española[109], concluye con una apasionada reivindicación de la memoria histórica como atributo de la dignidad. En el contexto político de nuestra transición democrática, teatro de cambios de chaqueta espectaculares y de complicidad colectiva en amnesias históricas varias, en donde la pura memoria de la biografía personal de cada quien durante el franquismo ha sido interpretada como ruptura alevosa del consenso cons-

---

[109] «Pero, fundamentalmente, ¡Ay, Carmela! devuelve a los espectadores de España una posibilidad de *duelo moral* que parecía vedada por los tiempos y la moda. (...) Las actitudes estimuladas por cierto "postmodernismo" personal y público, nos hacían cerrar los ojos, echar rápidamente tierra encima, aplastar la memoria bajo pesada losa. (...) Muchos de los problemas que aún embargan, en lo político, a España hoy, tienen su raíz en aquella pasada guerra. (...) ¡Ay, Carmela! nos recupera, sólo con la emoción del teatro, una posibilidad más de duelo lúcido y tranquilo para, entendiendo el pasado, construir el futuro» (José Luis Gómez, *¡Ay, Carmela! para los que la hicimos,* texto publicado por el Teatro de la Plaza en el programa de mano del espectáculo, Madrid, 1989, p. s/n.).

titucional, *¡Ay, Carmela!* apela a la memoria del espectador porque el dramaturgo ha querido convertir el teatro en un escenario de la memoria colectiva que, emotiva e intelectualmente, «implica también a los espectadores, porque reclama su imaginación activa. Saltos en el espacio y en el tiempo, mezcla de realidad y de teatro, sutil fluir de la narración, evocación de lo intangible, despliegue de los poderes de la palabra que cabalga sobre los más austeros y desnudos elementos, teatro de actor, reducido a su esencia»[110]. Sin duda esta implicación emocional y política[111] de la

---

[110] Moisés Pérez Coterillo, «La tardía revelación de un autor», *Anuario teatral 1988*, Madrid, Centro de Documentación Teatral, 1989, pág. 12. El director de *El Público* inicia su texto con la expresión de una discrepancia crítica: «Señalar *¡Ay, Carmela!* como el espectáculo que marca esta temporada no es una elección que entrañe demasiados riesgos, aunque para ello sea preciso llevar la contraria a los conspicuos argumentos de la crítica, que ha visto en la obra de José Sanchis Sinisterra un simple sainete tragicómico, un breve relato innecesariamente alargado o la caricatura de una velada para tiempos de guerra». Pérez Coterillo se refiere en el primer caso a Lorenzo López-Sancho (cfr. notas 107 y 111) y, en el segundo, a la decepcionante crítica publicada en *El País* por Eduardo Haro Tecglen (cfr. nota 103).

[111] Lógicamente, la crítica conservadora (cfr. nota 107), a causa de sus prejuicios ideológicos y de su oposición política, le niega a *¡Ay, Carmela!* el pan y la sal artísticos. Así, Lorenzo López-Sancho la degrada a la categoría de «sainete» («Dos personajes de sainete. Que el fondo sea un episodio tremendamente dramático, la guerra civil, no altera la sustancia esencial de lo sainetesco»), aunque, en ese sentido, elogia el «diálogo populista, tragicómico y costumbrista salpicado de hallazgos frecuentes en lo coloquial y en lo psicosociológico». A su juicio, la obra no «pasa *(sic,* debe faltar un "no" de sainete tragicómico, divierte, canta un poquito a veces, no emociona. Es ya muy tarde para convocar las encendidas pasiones de los años treinta. Tan lejos de la guerra civil, la actitud maniquea es irrelevante y poco comprometida» (ob. cit.). Alberto de la Hera aún va más lejos: «Todo el primer acto consiste en el relato que los dos protagonistas nos hacen —en pasado— de tales hechos; y recitar lo que fue es propio de trovadores, pero ni es teatro ni se le acerca. Por lo que hace al acto segundo, es mucho más divertido porque los dos cómicos actúan, es decir, bailan y cantan tal como se supone que lo hicieron en la velada patriótico-musical que están recordando. No hay, pues, tampoco teatro,

imaginación activa del espectador español actual constituye, a mi modo de ver, una razón explicativa más de su espectacular éxito popular, que ha conducido a Joan-Anton Benach a considerarla «una de las mejores tragicomedias que se habrán producido en la década de los ochenta, un producto inteligente y honesto que divierte sin caer en la desmesura de ofrecer carnaza a la fiera; en suma, una de esas piezas capaz de promover la reconciliación de amplios sectores con el teatro»[112]. Sanchis Sinisterra ha acertado a construir en ¡Ay, Carmela!, como en Ñaque, una obra que hace recuperar para el gran público, ese público educado, o mejor, maleducado habitualmente en la drogadicta pasividad de su condición televidente o en la barata espectacularidad del teatro lujoso[113], la magia y la emoción del teatro.

¡Ay, Carmela! concluye, por tanto, con la apasionada reivindicación de la memoria histórica, de la dignidad personal y colectiva de un pueblo y de una cultura (antifascismo, internacionalismo, solidaridad) como la republicana española[114], valores desacreditados por esta miserable apoteosis

---

sino unos simpáticos números musicales» (ob. cit.). Me parece muy revelador que ambos críticos, como espectadores, no hayan sentido la más mínima emoción, porque ésta sólo puede experimentarse con un mínimo de complicidad ideológica o política.

[112] Joan-Anton Benach, «"¡Ay, Carmela!", un triunfo de la tragicomedia», La Vanguardia, 21-marzo-1989, pág. 18. Antón Castro también coincide en valorar la obra como tragicomedia («En el crisol del recuerdo», El Día, Zaragoza, 7-noviembre-1987, pág. 30).

[113] «Míseros cómicos en espacios míseros (...) son capaces de situarnos en un ámbito mucho más denso e interesante que toneladas de vestuario, escenografías mastodónticas, iluminadores de importación, producciones millonarias. El gran teatro de nuestros días, ese lujo cultural yuppie, ese cadáver amortajado con boato que no merece siquiera la comparación con un museo —los museos son algo mucho más vivo—, es contemplado como un altivo caballo de carreras. Tras él va Pepe Sanchis, recogiendo sus cagajones, las cosas y las gentes que el caballo pisotea en su desbocada carrera, y haciendo teatro con eso» (Joan Casas, ob. cit., págs. 12-13).

[114] La hipersensibilidad nacionalista de algún espectador catalán me consta que le condujo a una interpretación errónea del final (Carmela

108

de capitalismo neoliberal a la que asistimos tras la caída simbólica del muro de Berlín. Pero, mientras existan en el mundo hambre, guerras, racismo, insolidaridad o injusticia, el dramaturgo parece decirnos que, digan lo que digan los profetas del fin de la historia, ésta no ha acabado y conviene, por tanto, tener buena memoria, memoria viva de aquella cultura y dignidad, ya que para Sanchis Sinisterra la memoria es, en definitiva, la «única patria cálida y fértil de la rabia y de la idea».

¡Ay, Carmela!, nueva investigación sobre las fronteras del teatro, nuevo homenaje de Sanchis Sinisterra al teatro «químicamente puro»[115], a la esencia del teatro como encuentro emotivo e intelectual entre dramaturgo y público a través del texto y del actor[116], significa la consagración de Belchite no sólo como escenario militar de la historia bélica, sino como escenario teatral de nuestra memoria colectiva sobre la guerra civil española. *¡Ay, Carmela!* resulta, por tanto, una obra coherente con la trayectoria teatral, voluntariamente marginal pero desgraciadamente

---

enseñando a pronunciar correctamente España a los brigadistas) como prueba de españolismo inquietante. Es obvio que el final de la obra no constituye ninguna incitación a un españolismo patriotero o reaccionario, pues estamos hablando de la España republicana. Sobre el tema puede consultarse mi libro *Literatura española y antifascismo (1927-1939)* (Valencia, Conselleria de Cultura, Educació i Ciència, 1987).

[115] Joan de Sagarra, que caracteriza al autor como «un apasionado de las formas más humildes y auténticas del teatro, un teatro pobre y descarnado, reducido al mínimo», afirma que la obra «en cualquier caso es teatro, químicamente puro, de extraordinaria calidad» («Químicamente puro», *El País,* Barcelona, 1-diciembre-1989, pág. 43).

[116] «A quienes conozcan la trayectoria del autor no les sorprenderá que los pilares del éxito alcanzado sean el texto y la labor de los actores. No en vano ambas parcelas del hecho teatral constituyen desde hace más de una década el eje sobre el que gira su trabajo de investigación en El Teatro Fronterizo. (...) Su obra es un homenaje al teatro de la palabra y, al tiempo, una prueba más de su talento» (Jerónimo López Mozo, ob. cit., pág. 15).

marginada, de un dramaturgo tan «raro» como José Sanchis Sinisterra[117], que escribe en Cataluña textos en lengua castellana[118] y que, a contracorriente de oportunismos y de modas, prosigue «en la investigación, en la búsqueda, desde una práctica voluntariamente marginal y alternativa, como el mismo nombre de Teatro Fronterizo proclama, de un modo de entender el teatro, que está tan en las antípodas del que se practica en los teatros públicos y en los de la empresa privada que casi precisaría cambiar de nombre»[119].

---

[117] José Luis Gómez acierta a resumir la calidad de esa «rareza» del autor: «José Sanchis es un marginal de vocación. Y ser marginal tiene algo muy atractivo, porque entraña una resistencia social. Él es un resistente frente a las seducciones más inmediatas, por eso tiene un atractivo moral y humano muy fuerte. Pero tiene además otro gran atractivo, que es la pasión por la escritura» (José Luis Gómez, entrevistado por Moisés Pérez Coterillo, ob. cit., pág. 6). Por su parte, Rosana Torres lamenta que el autor sea «uno de esos tristemente ignorados casos que se producen en la profesión teatral; algo que se ve agravado por su enfermizo afán de no figurar» («"¡Ay, Carmela" colmó las expectativas del público de Zaragoza», *El País*, 8 de noviembre de 1987, pág. 28). Moisés Pérez Coterillo, por último, celebra «la perfecta construcción del texto por un autor que por primera vez va a conocer el destino de un público amplio y mayoritario que en gran medida desconoce la trayectoria dilatada y llena de coherencia de Pepe Sanchis Sinisterra» («Nos queda la memoria», ob. cit., pág. 5).

[118] Joan-Anton Benach se refiere en términos equilibrados a esta circunstancia catalana: «Divagando de cosas teatrales, José Sanchis Sinisterra me anunciaba, tiempo atrás, una desgracia cierta: su propósito de exiliarse. Las pequeñas mezquindades del país, esas inercias torpes que se apoderan de las cofradías autóctonas, la probada inutilidad de la inteligencia cuando no se acompaña de la astucia y de una capacidad para incordiar... explicarían el cansancio de ese hombre que actuando por libre o impulsando su Teatro Fronterizo, ha demostrado ser uno de los valores más firmes en el campo de la creación teatral» («"¡Ay, Carmela!", un triunfo de la tragicomedia», ob. cit.).

[119] Moisés Pérez Coterillo, «La tardía revelación de un autor», ob. cit., pág. 11.

Por la coherencia de su trayectoria y por la calidad de su escritura escénica, puede afirmarse sin pasión que la dramaturgia de Sanchis Sinisterra es una de las dramaturgias cualitativamente más interesantes del teatro español actual y que, en el umbral del siglo XXI, es una dramaturgia cargada de futuro.

Esta edición

La primera edición de *Ñaque o de piojos y actores* se publicó, con un grave error de composición, en el número 186 (octubre-noviembre de 1980, págs. 110-137) de la revista *Primer Acto*. Las variantes entre el texto de esta primera edición y el texto hoy editado son muchas e importantes. Fundamentalmente, la actual observa numerosas supresiones, debidas a motivos diversos. Uno reside en la convicción del dramaturgo, asimismo director de la puesta en escena, de que el texto literario tiene un carácter provisional hasta su representación, es decir, hasta que se confronta con el actor y con el espectador. El texto literario experimenta, por tanto, un proceso de revisión en ensayos y representaciones hasta que alcanza su madurez dramática. El texto publicado en *Primer Acto* está claro que es el texto que El Teatro Fronterizo estrenó en el Festival de Sitges de 1980. Otra razón de esas supresiones reside en la voluntad de Sanchis Sinisterra de recortar el material literario y documental a fin de potenciar la dimensión escénica como encuentro entre actores y espectadores en el aquí y ahora de la representación. Aunque *Ñaque* es un texto susceptible de edición crítica por sus problemas textuales, el dramaturgo ha preferido que se publique en su actual estado, omitiendo la anotación de variantes con respecto a la primera edición, a fin de aliviar su lectura. Sin embargo, me he permitido anotar algunas de estas variantes porque, a mi modo de

113

ver, iluminan el proceso de creación de la obra dramática, del texto literario a su representación escénica.

La segunda edición de *Ñaque* apareció en *Pausa* (núm. 2, enero de 1990, págs. 13-53), la revista de la Sala Beckett de Barcelona, sede del grupo. Este texto, que es el que sigo, corrige el grave error de composición de la primera edición y viene a cosechar, además, la siembra de diez años de experiencia, de diez años de representaciones —más de cuatrocientas—, ante públicos variopintos. Me limito a editar el texto de esta segunda edición de 1990, aunque tratando de corregir las, por lo visto, inevitables erratas.

Por su parte, *¡Ay, Carmela!* plantea menores problemas de crítica textual que *Ñaque.* Fue editada en enero de 1989 por la revista *El Público* como número 1 de su colección de textos de Teatro. También aquí se deslizaron unas cuantas erratas que he procurado corregir. A su vez, el dramaturgo ha querido introducir leves variantes que he anotado en su lugar.

Esta edición de *Ñaque* y *¡Ay Carmela!* ha sido revisada por el propio autor.

Bibliografía

I. Bibliografía del autor

1. *Textos de creación teatral y dramaturgias*

Tú, no importa quién (1962). Premio Carlos Arniches de Teatro 1969, estrenada por el grupo Aorta, de Alicante, en noviembre de 1970 (inédita).

Midas (1963), estrenada por el Grupo de Estudios Dramáticos de Valencia, dirigido por el autor, en noviembre de 1964 (inédita).

Demasiado frío (1965), sin estrenar (inédita).

Un hombre, un día (1968), adaptación de «La decisión», un relato de Ricardo Doménech, sin estrenar (inédita).

Algo así como Hamlet (1970), sin estrenar (inédita).

Testigo de poco (1973), sin estrenar (inédita).

Tendenciosa manipulación del texto de La Celestina de Fernando de Rojas (1974), sin estrenar (inédita).

La Edad Media va a empezar (1976), estrenada por l'Assemblea d'Actots i Directors de Barcelona, dentro del espectáculo *Crack,* en mayo de 1977 (inédita).

La leyenda de Gilgamesh (1977), estrenada por El Teatro Fronterizo, dirigido por el autor, en marzo de 1978 (inédita).

Historias de tiempos revueltos (1978), dramaturgia de dos textos de Bertolt Brecht (el cuento *El círculo de tiza caucasiano* y *La excepción y la regla),* estrenada por El Teatro Fronterizo, dirigido por el autor, en abril de 1979 (inédita).

Escenas de Terror y miseria en el primer franquismo (1979), sin estrenar. Dos de estas *Escenas,* «Intimidad» y «El anillo», fueron

115

publicadas por la revista *Andalán* (núm. 346, Zaragoza, diciembre de 1981, págs. III-V y VI-VIII de «Galeradas», respectivamente). Cuatro de ellas («Primavera 39», «L'anell», «Intimitat» y «El taup»), traducidas al catalán por Jaume Melendres, se publicaron en *Terror i misèria del primer franquisme* (Barcelona, Institut del Teatre, 1983, págs. 13-19, 21-27, 29-34 y 35-40, respectivamente). Dos de ellas («L'anell» y «Darrere el bagul», publicada como «El taup») fueron estrenadas por el Aula de Teatre de la Universitat Autònoma de Barcelona en mayo de 1984.

La noche de Molly Bloom (1979), dramaturgia del último capítulo del *Ulises,* de James Joyce, estrenada por El Teatro Fronterizo, dirigido por el autor, en noviembre de 1979 (inédita).

Ñaque o de piojos y actores (1980), estrenada por El Teatro Fronterizo, dirigido por el autor, el 29 octubre de 1980 en el Festival Internacional de Sitges. Publicada, con graves errores de composición, en el número 186 (octubre-noviembre de 1980, págs. 110-137) de *Primer Acto* y, en segunda edición, por *Pausa,* revista de la Sala Beckett de Barcelona (núm. 2, enero de 1990, págs. 13-53).

El gran teatro natural de Oklahoma (1980-1982), dramaturgia sobre textos de Franz Kafka estrenada por El Teatro Fronterizo, dirigido por el autor, en mayo de 1982, y publicada en el número 222 de *Primer Acto* (enero-febrero de 1988, págs. 42-71).

Informe sobre ciegos (1980-1982), adaptación del capítulo homónimo de la novela de Ernesto Sábato *Sobre héroes y tumbas.* Estrenada por El Teatro Fronterizo, dirigido por el autor, en octubre de 1982 (inédita).

Dramaturgia de *La vida es sueño* (1981), de Calderón de la Barca, en adaptación de Alvaro Custodio y José Luis Gómez, que fue estrenada, con dirección de José Luis Gómez, en diciembre de 1981 en el Teatro Español de Madrid (inédita).

Moby Dick, dramaturgia de la novela de Herman Melville, estrenada por El Teatro Fronterizo, en colaboración con el Grup d'Acció Teatral (GAT) de l'Hospitalet, con dirección de Enric Flores y del autor, en mayo de 1983 (inédita).

Bajo el signo de Cáncer (1983), estrenada por la Compañía Canaria de Teatro, dirigida por Tony Suárez, en noviembre de 1983 (inédita).

Ay, Absalón (1983), dramaturgia de *Los cabellos de Absalón,* de Calderón de la Barca, estrenada en el Teatro Español de Madrid, con dirección de José Luis Gómez, en diciembre de 1983 (inédita).

El Retablo de El dorado (1984), estrenada por El Teatro Fronterizo, dirigido por el autor, en febrero de 1985. Publicada como «tragientremés en dos partes» en *Teatro español contemporáneo. Antología* (Madrid, Centro de Documentación Teatral, 1991, págs. 1197-1294), con un prólogo de Carlos Espinosa Domínguez.

Primer amor (1985), dramaturgia del relato del mismo título de Samuel Beckett. Estrenada por el Teatro Fronterizo, dirigido por Fernando Griffell, en abril de 1985 (inédita).

Dramaturgia de *Cuento de invierno* (1985), de William Shakespeare, sin estrenar (inédita).

Crímenes y locuras del traidor Lope de Aguirre (1977-1986), estrenada por El Teatro Fronterizo en colaboración con Teatropolitan, de Euskadi, con dirección de Joan Ollé, en abril de 1986 (inédita).

¡Ay, Carmela!, elegía de una guerra civil (1986), estrenada por el Teatro de la Plaza, dirigido por José Luis Gómez, el 5 de noviembre de 1987 en el Teatro Principal de Zaragoza. Publicada por la revista teatral *El Público* como número 1 de su colección de textos teatrales «Teatro» (enero de 1989), con un prólogo de Joan Casas.

Dramaturgia de *Despojos* (1986), a partir de los relatos «El padre» y «Disociaciones», de Oscar Collazos. Elaborada y verificada escénicamente en un taller sobre «Textualidad y teatralidad» desarrollado en la Facultad de Artes de la Universidad de Antioquia, en la ciudad colombiana de Medellín (inédita).

Gestos para nada (Metateatro) (1986-1987), materiales textuales derivados del Laboratorio de Dramaturgia Actoral del Teatro Fronterizo, parcialmente estrenados por el propio Teatro Fronterizo, dirigido por Sergi Belbel, en abril de 1988, con el título de *Pervertimento,* y por la Escuela Municipal de Teatro de Zaragoza, dirigida pot Francisco Ortega, con el título de *Gestos para nada,* en 1989. Hay una reciente edición de *Pervertimento y otros Gestos para nada* (Sant Cugat del Vallès, Cop d'Idees, 1991).

Traskalampaykán (comedia interminable para niños y viejos) (1986), sin estrenar, pendiente de editar la Conselleria de Cultura, Educació i Ciéncia de la Generalitat Valenciana.

Carta de la Maga a bebé Rocamadour (1986-1987), dramaturgia de *Rayuela,* de Julio Cortázar, sin estrenar (inédita).

El canto de la rana (1983-1987), sin estrenar (inédita).

Los figurantes (1986-1988), estrenada por el Centre Dramátic de la Generalitat Valenciana, dirigido por Carme Portaceli, en febrero de 1989 (inédita).

Mísero Próspero (1987), guion radiofónico publicado en el número 37 (noviembre de 1988, págs. 78-84) de los *Cuadernos de El Público,* monográfico dedicado a *Escenarios de la radio,* sin estrenar.

La estirpe de Layo (1988-1989), dramaturgia de *Edipo rey,* de Sófocles, sin estrenar (inédita).

Bartleby, el escribiente (1989), dramaturgia sobre el relato de Herman Melville, estrenada en versión catalana de Joan Casas con motivo de la inauguración de la Sala Beckett, sede de El Teatro Fronterizo, pot el mismo grupo y con dirección del propio autor, en noviembre de 1989 (inédita).

Perdida en los Apalaches (1990), estrenada en la Sala Beckett por El Teatro Fronterizo, dirigido por Ramón Simó, en noviembre de 1990 (inédita). El Centro Nacional de Nuevas Tendencias Escénicas ed. de este «juguete cuántico» en su colección de Nuevo Teatro Español.

Espejismos, publicada en *Pausa* (núm. 4, julio de 1990, págs. 34-37).

Naufragios de Alvar Núñez (1991), sin estrenar (inédita). Recogida en revista *El Público* en la ed. de la «trilogía americana» del autor, compuesta por *El Retablo de Eldorado, Crímenes y locuras del traidor Lope de Aguirre* y estos *Naufragios de Alvar Núñez,* colección de Teatro, 1992.

2. *Artículos, ensayos y textos teóricos de José Sanchis Sinisterra*

«El espacio escénico», *La Caña Gris,* núm. 3, Valencia, 1960.

«Sobre la revisión crítica de los clásicos», *Primer Acto,* núm. 43, 1963, págs. 63-64.

«El de Gijón. Primer Festival de Teatro Contemporáneo», *La Estafeta Literaria,* núm. 276, 12 de octubre de 1963, pág. 20.

«Les conditions d'un nouveau théâtre en Espagne», *Marche Romane,* núm. 4, cuarto trimestre de 1964, págs. 1-6.

«Unamuno y "El Otro"», en *El otro,* de Miguel de Unamuno, Barcelona, Aymá, 1964, págs. 29-36.

«Para una Asociación Independiente de Teatros Experimentales», *Primer Acto,* núm. 51, 1964, págs. 25-26.

«AITE. Carta a los grupos no profesionales españoles», *Primer Acto,* núm. 60, enero de 1965, págs. 63-64.

«Aula y Seminario de Teatro de la Facultad de Filosofía y Letras de Valencia», *Primer Acto,* núm. 65, 1965, págs. 64-65.

Grupo de Estudios Dramáticos, «Notas al programa de teatro concreto», *Primer Acto,* núm. 66, 1965, págs. 63-64.

«Teatro español. No todo ha de estar en Madrid», *Primer Acto,* núm. 79, 1966, págs. 4-12.

«Panorama teatral», *Suma y Sigue,* Valencia, marzo de 1966, páginas 69-75.

«El teatro en provincias», en un número extraordinario de la revista *Cuadernos para el Dialogo* sobre «Teatro Español», junio de 1966, págs. 20-22.

Respuesta a la «Encuesta» sobre «¿Qué características han definido la temporada 67-68 respecto de las anteriores?», *Primer Acto,* núm. 98, julio de 1968, pág. 17.

Respuesta a la «Encuesta sobre la situación del teatro en España», *Primer Acto,* núms. 100-101, noviembre-diciembre de 1968, pág. 65.

«Después dc Brecht. Consideraciones posteriores sobre las notas de una conferencia», *Aula Cine Teatro,* revista de la Facultad de Filosofía y Letras de la Universidad de Valencia, 1968, págs. 16-24.

«Presente y futuro del teatro español», *Primer Acto,* núm. 104, enero de 1969, págs. 4-8.

«El Primer Festival de Teatro Contemporáneo (Gijón, 1963)», *Primer Acto,* núm. 119, abril de 1970, págs. 15-17.

«Las dependencias del teatro independiente», *Primer Acto,* núm. 121, junio de 1970, págs. 69-74.

Respuesta a la «Encuesta sobre el Festival Cero de San Sebastián (y 2)», *Primer Acto,* núm. 125, octubre de 1970, págs. 31-32.

«Agrupamiento, creatividad y desinhibición. Informe sobre una experiencia teatral con adolescentes», *Estudios Escénicos,* núm. 17, julio de 1973, págs. 11-35 (texto fechado en julio de 1971).

«La paulatina ciénaga» («Tu soledad tu infierno tu camino» —poema), *Camp de l'Arpa,* núms. 23-24, agosto-septiembre de 1975, págs. 26-27.

«La creatividad en la enseñanza de la literatura», *Cuadernos de Pedagogía,* núm. 17, mayo de 1976, págs. 22-24.

«Práctica teatral con adolescentes: la creación colectiva», *Pipirijaina,* núm. 6, enero-febrero de 1978, págs. 41-44.

«La noche de Molly Bloom», *Pipirijaina,* núm. 11, noviembre-diciembre de 1979, págs. 30-31.

«Prólogo» a *Ñaque o de piojos y actores, Primer Acto,* núm. 186, octubre-noviembre de 1980, pág. 109,

«La condición marginal del teatro en el Siglo de Oro», *Primer Acto,* núm. 186, octubre-noviembre de 1980, págs. 73-87, ponencia presentada en las III Jornadas de Teatro Clásico Español, celebradas en Almagro en 1980 y publicadas, en edición de José Monleón, por el Ministerio de Cultura, 1981, págs. 95-130.

«El Teatro Fronterizo. Manifiesto (latente)», *Primer Acto,* núm. 186, octubre-noviembre de 1980, págs. 88-89.

«El Teatro Fronterizo. Planteamientos. Trayectoria», *Primer Acto,* núm. 186, octubre-noviembre de 1980, págs. 96-107.

«Teatro Fronterizo: taller de dramaturgia», *Pipirijaina,* núm. 21, marzo de 1982, págs. 29-44 (incluye la teatralización de *Un viejo manuscrito,* de Franz Kafka).

«Calderón, nuestro (ancestral) contemporáneo», en el programa de mano de *Absalón,* de Calderón de la Barca, Madrid, Teatro Español, 1983, págs. 13-22.

«Happy days, una obra crucial», *Primer Acto,* núm. 206, noviembre-diciembre de 1984, págs. 36-41.

«Personaje y acción dramática», ponencia presentada en las VII Jornadas de Teatro Clásico Español (Almagro, 20 al 23 de septiembre de 1983), coordinación de Luciano García Lorenzo, en AA.VV., *El personaje dramático,* Madrid, Taurus, 1985, págs. 97-115.

«De la chapuza considerada como una de las bellas artes», en AA.VV., *El personaje dramático,* Madrid, Taurus, 1985, pags. 97-115.

«Teatro en un baño turco», en *Congrés Internacional de Teatre a Catalunya 1985. Actes,* Barcelona, Institut del Teatre, 1987, t. IV, págs. 131-143.

«Crónica de un fracaso», *Primer Acto,* núm. 222, enero-febrero de 1988, págs. 24-32.

«La aventura kafkiana a escena», *Primer Acto,* núm. 222, enero-febrero de 1988, págs. 40-41.

«Letra menuda», *Pausa,* revista de la Sala Beckett, núm. 1, octubre de 1989, pág. 15 (sobre *Mercier y Camier,* de Beckett).

«*Ñaque:* 10 años de vida», *Pausa,* núm. 2, enero de 1990, págs. 6-7.

«Muestra antológica de El Teatro Fronterizo», *Pausa,* núm. 2, enero de 1990, págs. 64-75.

«Beckett dramaturg: la penúria i la plètora», prólogo a *Fi de partida,* de Samuel Beckett, en traducción catalana de Lluis Sola, Barcelona, Institut del Teatre, 1990, págs. 5-18.

«Final de trayecto», *El Público,* núm. 76, enero-febrero de 1990, págs. 46-48 (a propósito de la muerte de Beckett).

«Fronteras beckettianas», *Primer Acto,* núm. 233, marzo-abril de 1990, pág. 43.

«Regreso a Melville», *Pausa,* núm. 3, abril de 1990, págs. 19-20.

«Narratividad y teatralidad. La dramaturgia de "Bartleby, el escribiente"», *Pausa,* núm. 3, abril de 1990, págs. 27-33.

«Beckett dramaturgo: la penuria y la plétora», *Pausa,* núm. 5, septiembre de 1990, págs. 8-18 (texto en lengua castellana del prólogo a la edición catalana de *Fi de partida,* de Samuel Beckett, antes citada).

Hay textos suyos en los programas de mano de los siguientes espectáculos de El Teatro Fronterizo:

La leyenda de Gilgamesh, 1978.
Historias de tiempos revueltos, 1979.
La noche de Molly Bloom, 1979.
Ñaque o de piojos y actores, 1980 (reproducido en *Pausa,* núm. 2, enero de 1990, pág. 67).
Informe sobre ciegos, 1982 (en ob. cit., pág. 69).
El gran teatro natural de Oklahoma, 1982.
Moby Dick, 1983.
El retablo de Eldorado, 1985.

Primer amor, 1985 (en ob. cit., pág. 71).
Crímenes y locuras del traidor Lope de Aguirre, 1986.
Ñaque o de piojos y actores, segunda versión, 1986.
Minim. Mal Show, 1987 (en ob. cit., pág. 73).
Pervertimento, 1988.
Ópera, 1988.
Mercier y Camier, 1989 (en ob. cit., pág. 75).
Bartleby, l'escrivent, 1989.
Perdida en los Apalaches, 1991.

3. *Entrevistas*

Casas, Joan, «Diálogo alrededor de un pastel bajo la mirada silenciosa de Beckett» *(Primer Acto,* núm. 222, enero-febrero de 1988, págs. 33-39).

Fondevila, Santiago, «Sanchis Sinisterra: "El teatro no es un círculo cerrado"» *(El Público,* núm. 67, abril de 1989, págs. 42-44).

Gabancho, Patricia, *La creació del món. Catorze directors catalans expliquen el seu teatre,* Barcelona, Institut del Teatre, 1988, págs. 325-340.

Monleón, José, «Entrevista con Sanchis», *Primer Acto,* núm. 186, octubre-noviembre de 1980, págs. 93-95.

4. *Debates y coloquios*

(Excluyo las ponencias, que aparecen consignadas entre los «Artículos, ensayos y textos teóricos» del autor.)

«Extractos del coloquio sobre la primera ponencia», en las Primeras Conversaciones Nacionales de Teatro, celebradas en Córdoba, 1965, *Primer Acto,* núm. 70, 1965, págs. 12-15.

«Extractos del coloquio sobre la segunda ponencia», *Primer Acto,* núm. 71, 1966, págs. 11-14.

«Coloquio sobre la ponencia. Extracto», *Primer Acto,* núm. 73, 1966, págs. 6-7,

«Debate sobre Festivales», celebrado en el Círculo de Bellas Artes el 30 de mayo de 1987 y publicado como separata del núm. 219 (mayo-agosto de 1987) de la revista *Primer Acto.*

II. Sobre el autor

1. Sobre su teatro

Aznar Soler, Manuel, «*Ñaque o de piojos y actores:* el metateatro fronterizo de José Sanchis Sinisterra», ponencia presentada al Coloquio sobre «Nos années 80. Culture hispanique», celebrado los días 17 y 18 de noviembre de 1989 en la Universidad de Bourgogne (Dijon), y que se publicó en la revista *Hispanística XX* (núm. 7, 1990, págs. 203-224). Incluido, en traducción alemana y con una breve referencia a *¡Ay, Carmela!,* en Wilfried Floeck, editor, *Spanisches Theater im 20. Jahrhundert. Gestalten und Teudenzen* (Tubinga, A. Francke Verlag, 1990, págs. 233-255).

— «La deuda beckettiana de *Ñaque*», *Pausa,* revista de la Sala Beckett de Barcelona (núm. 2, enero de 1990, págs. 8-10).

Casas, Joan, «La insignificancia y la desmesura», prólogo a *¡Ay, Carmela!,* de José Sanchis Sinisterra (Madrid, *El Público,* colección Teatro. 1, enero de 1989, págs. 8-15).

De Almeida, Hélène, *Étude de la pièce du théâtre de José Sanchis Sinisterra, «Ay, Carmela!», mémoire de maîtrise* dirigida por el profesor Emmanuel Larraz, leída en junio de 1991 en la Universidad de Dijon.

Monleón, José, «Sanchis Sinisterra», *Primer Acto,* núm. 186, octubre-noviembre de 1980, págs. 90-91.

2. La crítica teatral en la prensa

Me limito a ordenar cronológicamente las críticas aparecidas en la prensa sobre las dos obras aquí editadas:

Sobre Ñaque

Pérez de Olaguer, Gonzalo, «Teatro Fronterizo divierte y asombra al público de Sitges», *El Periódico de Catalunya,* Barcelona, 31 de octubre de 1980, pág. 26.

U(RDEIX), J(osep), «Los caminos del ñaque», *El Correo Catalán,* Barcelona, 31 de octubre de 1980, pág. 42.

ANÓNIMO, «Estreno de "Ñaque", de Agustín de Rojas, en el certamen de Sitges», *El País,* Madrid, 31 de octubre de 1980, pág. 37.

PÉREZ COTERILLO, Moisés, «Sitges-80. Ñaque, premio Artur Carbonell», *Pipirijaina,* núm. 16, septiembre-octubre de 1980, pág. 41.

ESPINOSA BRAVO, P., «"Yerma" clausuró el Festival de Sitges», *Diario de Barcelona,* 4 de noviembre de 1980, pág. 13.

RAGUÉ ARIAS, María José, «Sitges premió al Teatro Fronterizo», *Tele-Exprés,* Barcelona, 4 de noviembre de 1980, pág. 21.

VILA I FOLCH, Joaquim, «El Teatro Fronterizo, premi Artur Carbonell», *Avui,* 4 de noviembre de 1980, pág. 30.

S. (AGARRA, Joan de), «Sitges: XIII Festival Internacional de Teatro. Gran triunfador, "Teatro Fronterizo", con "Ñaque"», *La Vanguardia,* 4 de noviembre de 1980, pág. 75.

FUENTES, Clara, «De piojos y actores», *La Calle,* núm. 143, 16-22 de diciembre de 1980, págs. 60-61.

PÉREZ DE OLAGUER, Gonzalo, «Los actores y los piojos del Siglo de Oro, en la Villarroel», *El Periódico de Catalunya,* 4 de febrero de 1981, pág. 28.

RUIZ DE VILLALOBOS, «"Ñaque o de piojos y actores", una ironía sobre todo el teatro», *Diario de Barcelona,* 4 de febrero de 1981, pág. 15.

SAGARRA, Joan de, «Agustín de Rojas a la salsa Beckett», *La Vanguardia,* Barcelona, 6 de febrero de 1981, pág. 53.

URDEIX, Josep, *«Ñaque,* homenaje al teatro del Siglo de Oro», *El Correo Catalán,* Barcelona, 6 de febrero de 1981, pág. 27.

PÉREZ DE OLAGUER, Gonzalo, «Ñaque o de piojos y actores», *El Periódico de Catalunya,* Barcelona, 6 de febrero de 1981, pág. 35.

RUIZ DE VILLALOBOS, «El desafío de la aventura teatral», *Diario de Barcelona,* 6 de febrero de 1981, págs. 16-17.

CORBERÓ, Salvador, «Una hermosa semana», *Hoja del Lunes,* Barcelona, 9 de febrero de 1981, pág. 35.

DIAGO, Nel, «Ñaque, o de piojos y actores», *Cartelera Turia,* núm. 901, Valencia, 11-17 de mayo de 1981.

J. C., «Teatro Valencia. Estreno de "Ñaque o de piojos y actores"», *Levante,* Valencia, 2 de mayo de 1981.

Aranda, Joaquín, «Ñaque, o de piojos y actores», *Heraldo de Aragón,* Zaragoza, 5 de noviembre de 1981, pág. 17.

Mesalles, Jordi, «El Teatro Fronterizo: el placer de atravesar espacios», *El Viejo Topo,* núm. 62, noviembre de 1981, pág. 71.

Samaniego, Fernando, «El lumpen de la vida teatral del Barroco», *El País,* Madrid, 5 de diciembre de 1981, pág. 7 del suplemento de «Artes».

J. P. G., *«Ñaque,* el submundo de los cómicos en el Siglo de Oro», *Ya,* Madrid, 9 de diciembre de 1981, pág. 54.

López Sancho, Lorenzo, «Una grata renovación del "Ñaque", primaria forma del teatro español», *ABC,* Madrid, 11 de diciembre de 1981, pág. 58.

Corbalán, Pablo, «Teatro popular del xvii: el ñaque», *Hola del Lunes de Madrid,* 14 de diciembre de 1981, pág. 54.

Trenas, Julio, «Los comediantes como espectáculo», *La Vanguardia,* Barcelona, 11 de diciembre de 1981, pág. 54.

Aragonés, Juan Emilio, *«Ñaque o de piojos y actores,* según José Sanchis Sinisterra», *Nueva Estafeta,* núm. 37, diciembre de 1981, págs. 120-121.

García Pavón, F., «El Teatro Fronterizo vuelve de Barcelona a Madrid», *Ya,* Madrid, 11 de diciembre de 1981, pág. 45.

Haro Tecglen, Eduardo, «Homenaje al cómico», *El País,* 12 de diciembre de 1981, pág. 31.

G. Rico, Eduardo, «Ñaque o de piojos y actores», *Pueblo,* Madrid, 12 de diciembre de 1981, pág. 20.

D(íez) C(respo), M(anuel), *«Ñaque* o piojos de actores *(sic)* en el Español», *El Alcázar,* Madrid, 17 de diciembre de 1981, pág. 32.

Gabriel y Galán, José Antonio, «¿Qué hacer con los brillantes ejercicios?», *Fotogramas,* núm. 1670, enero de 1982, pág. 50.

Sobre ¡Ay, Carmela!

Puyó, Carmen, «Artistas de la emoción», *Heraldo de Aragón,* Zaragoza, 7 de noviembre de 1987, pág. 38.

Castro, Antón, «En el crisol del recuerdo», *El Día,* Zaragoza, 7 de noviembre de 1987, pág. 30.

Torres, Rosana, *«¡Ay, Carmela!* colmó las expectativas del público de Zaragoza», *El País,* Madrid, 8 de noviembre de 1987, pág. 28.

VILLAPADIERNA, Ramiro, «¡Ay, Carmela!, de Sanchis Sinisterra: de lo grotesco, lo tierno», *ABC,* Madrid, 8 de noviembre de 1987, pág. 102.

PÉREZ COTERILLO, Moisés, «¡Ay, Carmela! Nos queda la memoria», *El Público,* núm. 51, diciembre de 1987, págs. 3-5.

— «Entrevista a José Luis Gómez sobre ¡Ay, Carmela!», *El Público,* núm. 51, diciembre de 1987, págs. 5-7,

SANTA-CRUZ, Lola, «Entrevista a Verónica Forqué», *El Público,* núm. 54, marzo de 1988, págs. 36-38.

ESPINOSA DOMÍNGUEZ, Carlos, «Caracas 88: el reto de la utopía», *El Público,* núm. 56, mayo de 1988, págs. 18-22.

SANTA-CRUZ, Lola, «Entrevista a José Luis Gómez», *El Público,* núm. 57, junio de 1988, págs. 36-38.

LÓPEZ SANCHO, Lorenzo, «¡Ay, Carmela!, sainete tragicómico de Sanchis Sinisterra», *ABC,* Madrid, 5 de octubre de 1988, pág. 93.

HARO TECGLEN, Eduardo, «Un acto de heroísmo cívico», *El País,* Madrid, 5 de octubre de 1988, pág. 44.

HERA, Alberto de la, «Sólo unos simpáticos números musicales», *Ya,* Madrid, 7 de octubre de 1988, pág. 51.

LÓPEZ MORO, Jerónimo, «¡Ay, Carmela! La dignidad de los cómicos», *Reseña,* núm. 189, noviembre de 1988, págs. 14-15.

PÉREZ COTERILLO, Moisés, «La tardía revelación de un autor», *Anuario Teatral 1988,* Madrid, Centro de Documentación Teatral, 1989, págs. 10-12.

BENACH, Joan-Anton, «¡Ay, Carmela!, un triunfo de la tragicomedia», *La Vanguardia,* Barcelona, 21 de marzo de 1989, pág. 18.

FONDEVILA, Santiago, «Una elegía de la guerra civil», *La Vanguardia,* Barcelona, 30 de noviembre de 1989, pág. 5 del suplemento «Fin de semana».

PÉREZ DE OLAGUER, Gonzalo, «¡Ay, Carmela!, teatro de la emoción», *El Periódico de Catalunya,* Barcelona, 1 de diciembre de 1989, pág. 60.

BENACH, Joan-Anton, «Seductora, tierna Carmela», *La Vanguardia,* Barcelona, 1 de diciembre de 1989, pág. 49.

SAGARRA, Joan de, «Químicamente puro», *El País,* Barcelona, 1 de diciembre de 1989, pág. 43.

CASAS, Joan, «Una nena que posa la pell de gallina», *Diari de Barcelona,* 1 de diciembre de 1989, pág. 29.

ORDÓÑEZ, Marcos, «Todos somos hijos del cobarde Paulino, de la mártir Carmela o de quien la mató», *ABC,* Barcelona, 2 de diciembre de 1989, pág. XI del *ABC Cataluña.*

VILÀ I FOLCH, Joaquim, «Perquè en resti memória», *Avui,* Barcelona, 2 de diciembre de 1989, pág. 35.

GARCÍA, Crisógono, «*¡Ay, Carmela!,* de José Sanchis Sinisterra», *Religión y Cultura,* Madrid, núm. 168, 1989, págs. 132-134.

SALAZAR, Hugo, «Las variedades de Carmela y Paulino viajan de Belchite a Lima», *El Público,* núm. 77, marzo-abril de 1990, pág. 126.

III. BIBLIOGRAFÍA GENERAL SOBRE EL TEATRO ESPAÑOL (1975-1991)

Me limito a mencionar los libros, capítulos de libros o artículos fundamentales sobre el tema, con exclusión de los estudios monográficos sobre un solo autor o una única obra. Naturalmente, son de consulta obligatoria para cualquier estudioso del período las colecciones de las revistas especializadas, entre las cuales cabe destacar *El Público, Estreno, Pijirijaina* y *Primer Acto.*

AMORÓS, Andrés, «El teatro», en *Letras españolas, 1976-1986,* Madrid, Castalia-Ministerio de Cultura, 1987, págs. 147-167.

— «El teatro», en *Letras españolas 1987,* Madrid, Castalia-Ministerio de Cultura, 1988, págs. 99-118.

Anuario Teatral 1985, Madrid, El Público-Centro de Documentación Teatral, 1986.

Anuario Teatral 1986, Madrid, El Público-Centro de Documentación Teatral, 1987.

Anuario Teatral 1987, Madrid, El Público-Centro de Documentación Teatral, 1988.

Anuario Teatral 1988, Madrid, El Público-Centro de Documentación Teatral, 1989.

APARICIO, Juan Pedro (comp.), *Sociedad y nueva creación,* Madrid, Fundación Germán Sánchez Ruipérez, 1990 («Teatro», págs. 15-94).

CABAL, Fermín y ALONSO DE SANTOS, José Luis, *Teatro español de los 80,* Madrid, Fundamentos, 1985 (doce entrevistas a Teatre Lliure, Els Comediants, José Luis Gómez, Dagoll Dagom, Juan Margallo, Albert Boadella, Manuel Collado, José Luis Alonso de Santos, Fermín Cabal, José Carlos Plaza, Lluis Pasqual y Angel Facio).

CASA, F. P., «Theater after Franco: the first reaction», *Hispanófila*, núm. 66, 1979, págs. 109-122.

El Público, «Memoria de una década, 1981-1990», núm. 82, enero-febrero de 1991, págs. 8-83.

EQUIPO RESEÑA, *Doce años de cultura española (1976-1987)*, Madrid, Ediciones Encuentro, 1989 (al Teatro está dedicado el capítulo III, en donde colaboran Jerónimo López Mozo, María Victoria Reyzábal, Joan Matabosch Grifoll, J. R. Díaz Sande, Miguel Medina Vicario y Francisco Moreno), págs. 93-143.

FERNÁNDEZ INSUELA, Antonio, «Notas sobre el teatro independiente español», *Archivum*, XXV, Oviedo, 1975, págs. 303-322.

FERNÁNDEZ LERA, Antonio (coord.), *La escritura teatral a debate (ponencias y coloquios del Encuentro de autores teatrales)*, Madrid, Centro Nacional de Nuevas Tendencias Escénicas, 1985.

FERNÁNDEZ TORRES, Alberto, «Cronología impresionista de siete años de teatro (1977-1983)», *Ínsula*, núms. 456-457, noviembre-diciembre de 1984, págs. 3-4.

— *Documentos sobre el teatro independiente español*, Madrid, Centro Nacional de Nuevas Tendencias Escénicas, 1987.

FERNÁNDEZ TORRES, Alberto y PÉREZ COTERILLO, Moisés, «Quince y muchos más títulos de autor para una crónica del teatro de la transición», *Cuadernos El Público*, núm. 9, diciembre de 1985, págs. 3-14. (En este número monográfico, titulado «Escribir en España», se transcriben dos mesas redondas con dramaturgos españoles.)

FERNÁNDEZ TORRES, Alberto; HERAS, Guillermo y PÉREZ COTERILLO, Moisés, «El teatro independiente como medio de comunicación popular», en AA.VV., *Alternativas populares a comunicaciones de masa*, Madrid, Centro de Investigaciones Sociológicas, 1979.

FLOECK, Wilfried (ed.), *Spanisches Theater im 20. Jahrhundert. Gestalten und Tendenrsen*, Tubinga, A. Francke Verlag, 1990.

GARCÍA LORENZO, Luciano, «El teatro español después de Franco (1976-1980)», *Segismundo*, núms. 27-32, 1978-1980,

128

págs. 271-285; reproducido en *Documentos sobre el teatro español contemporáneo,* edición de L. García Lorenzo, Madrid, Sociedad General Española de Librería, 1981, págs. 437-449.

GARCÍA LORENZO, Luciano y VILCHES DE FRUTOS, María Francisca, «Transición y renovación en el teatro español (1976-1984)», *Ínsula,* núms. 456-457, noviembre-diciembre de 1984, págs. 1 y 16.

— «La temporada teatral española 1983-1984», *Anales de la Literatura Española Contemporánea,* 9, 1-3, 1984, págs. 201-243.

HUSQUINET GARCÍA, P. (ed.), *Actas del coloquio sobre teatro español contemporáneo,* Lieja, Universidad de Lieja, 1986.

Ínsula, núms. 456-457, noviembre-diciembre de 1984, con una parte dedicada monográficamente al «Teatro español, hoy» (con colaboraciones de Luciano García Lorenzo, María Francisca Vilches de Frutos, José Monleón, Alberto Fernández Torres, Antonio Núñez, Ángel Fernández Santos, Javier Goñi, Miguel Bayón, Julián Gállego, Manuel Mora, Francisco Nieva, Manu Aguilar, Álvaro Pombo, Ángel García Pintado, más una encuesta, págs. 1, 3-12, 16, 18 y 28).

MIRALLES, Alberto, *Nuevo teatro español: una alternativa social,* Madrid, Editorial Villalar, 1977.

— «La peripecia del desencanto en el teatro español: la culpa es de todos y de ninguno», *Estreno,* VI, otoño de 1980, págs. 7-10.

MONLEÓN, José, «El teatro: de la apertura a la reforma», en AA. VV., *El año literario español 1976,* Madrid, Castalia, 1976, págs. 49-80.

— «El teatro: el año de las elecciones», en AA. VV., *El año literario 1977,* Madrid, Castalia, 1977, págs. 54-77.

— «1978: el año del desconcierto», en AA. VV., *El año literario español 1978,* Madrid, Castalia, 1978, págs. 57-87.

— «El teatro», en AA. VV., *El año cultural español 1979,* Madrid, Castalia, 1979, págs. 70-91.

— «¿Hacia dónde va nuestro teatro?», *Primer Acto,* núm. 217, enero-febrero de 1987, págs. 40-41.

— «Los horizontes del teatro español, 1», *Primer Acto,* núm. 217, enero-febrero de 1987, págs. 58-73; «2», núm. 218, marzo-abril de 1987, págs. 36-50, y «3», núm. 219, mayo-agosto de 1987, págs. 20-26.

O'CONNOR, Patricia W., «La primera década postfranquista teatral: balance», *Gestos,* II, núm. 3, abril de 1987, págs. 117-124.

— *Dramaturgas españolas de hoy (una introducción)*, Madrid, Fundamentos, 1988.

Oliva, César, «El nuevo teatro y la transición política» y «El teatro español de los ochenta», capítulos VI y VII de El *teatro desde 1936,* Madrid, Alhambra, 1989, págs. 337-424 y 425-463, respectivamente.

Pérez-Stansfiel, María Pilar, «Epílogo: del 98 al último teatro español», en *Direcciones del teatro español de postguerra: ruptura con el teatro burgués y radicalismo contestatario,* Madrid, José Porrúa Turanzas, 1983, págs. 279-319.

Pörtl, Klaus (ed.), «El Nuevo Teatro Español. La crítica del sistema político y social en Antonio Martínez Ballesteros y Miguel Romero Esteo», *Anales de Literatura Española,* núm. 4, Alicante, 1985, págs. 363-381.

— *Reflexiones sobre el Nuevo Teatro Español,* Tubinga, Max Niemeyer Verlag, 1986 (contiene trabajos de Miguel Romero Esteo, José Martín Recuerda, José Ruibal, Domingo Miras, Jerónimo López Mozo, Antonio Martínez Ballesteros, Hermógenes Sainz, Eduardo Quiles, Alberto Miralles, Miguel Medina Vicario, Daniel Cortezón, Luis Matilla y Francisco Ruiz Ramón).

Rodríguez Méndez, José María, «El teatro español en los años ochenta: una década conflictiva», en *La cultura española en el posfranquismo. Diez años de cine, cultura y literatura (1975-1985),* edición de Samuel Ameli y Salvador García Castañeda, Madrid, Playor, 1988, págs. 115-123.

Rubio Jiménez, Jesús, «Del teatro independiente al neocostumbrismo», en *Hispanística XX,* núm. 7, 1989, págs. 185-202.

Ruiz Ramón, Francisco, «Introducción al nuevo teatro español», en *Historia del teatro español. Siglo XX,* Madrid, Cátedra, 1980, cuarta edición, págs. 441-576.

— «Apuntes sobre el teatro español de la transición», en *Reflexiones,* edición de Klaus Pörtl, ob. cit., págs. 90-100.

— «Del teatro español de la transición a la transición del teatro (1975-1985)», en *La cultura española en el posfranquismo,* edición de Samuel Amell y Salvador García Castañeda, ob. cit., págs. 103-113.

Sanz Villanueva, Santos, «La reacción contra el realismo. El "nuevo teatro"», en *Historia de la literatura española,* t. 6/2, *Literatura actual,* Barcelona, Ariel, 1984, págs. 287-313.

Théâtre espagnol des années 80, edición de A.-A. Vanderlynden, *Les Cabiers du CRIAR (Centre de Recherches d'Etudes Ibériques et Ibéro-Américains),* núm. 10, 1990 (contiene trabajos de José Martín-Elizondo, José Rodríguez Richart, Maryse Badiou, Monique Martínez, Chantal Pestrinaux, Myriam Pradillo y Anne-Marie Vanderlynden).

VALDIVIESO, L. Teresa, *España: bibliografía de un teatro «silenciado»,* Nueva York, Society of Spanish and Spanish-American Studies, 1979.

VALLS, Fernando, «El teatro español entre 1975-1985», *Las nuevas letras,* núms. 3-4, invierno de 1985, págs. 109-117.

VAN DER NAALD, Anje C., *Nuevas tendencias en el teatro español. Matilla Nieva-Ruibal,* Miami, Ediciones Universal, 1981.

VILCHES DE FRUTOS, María Francisca, *La temporada teatral española 1982-1983,* Madrid, Consejo Superior de Investigaciones Científicas, Anejos de la revista *Segismundo,* núm. 8, 1983.

— «La temporada teatral 1982-1983 en España», en *Anales de la Literatura Española Contemporánea (ALEC),* 8, 1983, págs. 143-161.

— «El teatro español en los años 80. Tendencias predominantes (1)», *Ínsula,* núm. 480, noviembre de 1986, págs. 14-15.

VILCHES DE FRUTOS, María Francisca y GARCÍA LORENZO, Luciano, cfr. García Lorenzo, L.

— «La temporada teatral española 1984-1985», *ALEC,* 10, 1985, págs. 181-236.

— «La temporada teatral española 1985-1986», *ALEC* 11, 1986, págs. 319-356.

— «Algunas notas sobre la temporada teatral española 1985-1986», *Gestos,* núm. 3, abril de 1987, págs. 124-131.

— «La temporada teatral española 1986-1987», *ALEC* 13, 1988, págs. 331-369.

— «El CNNTE. 1986-1987: una apuesta por el futuro», *Gestos,* núm. 6, noviembre de 1988, págs. 126-130.

— «La temporada teatral española 1987-1988», *ALEC* 14, 1989, págs. 161-198.

WELLWARTH, George E., *Teatro español underground,* Madrid, Editorial Villalar, 1978.

ZATLIN, Phyllis, «Theatre in Madrid: The difficult transition to democracy», *Theatre Journal,* 32, 1980, págs. 459-474.

— «El (meta)teatralismo de los nuevos realistas», en *La cultura española en el postfranquisino,* edición de Samuel Ameil y Salvador García Castañeda, ob. cit., págs. 125-131.

Ñaque o de piojos y actores

*Mixtura joco-seria de garrufos[1] varios / sacada
de diversos autores / (pero mayormente de Agustín
de Rojas), / agora nuevamente compuesta
y aderezada por / José Sanchis Sinisterra*

A mis hijas, Helena y Clara

---

[1] Palabra inventada por el autor a modo de voz del habla de germanía.

PERSONAJES

Ríos[2]
Solano[3]

Ficha técnica

Estrenada el 29 de octubre de 1980 en el Festival Internacional de Sitges, en donde obtuvo el Premio Artur Carbonell al mejor espectáculo inédito.

---

[2] Nicolás de los Ríos, toledano y famoso *autor de comedias,* creó en 1586, junto con Andrés de Vargas, su propia compañía, con la que representó autos en Toledo (Corpus de 1589, 1596 y 1597), Sevilla (Corpus de 1588, 1598 y 1609) y Madrid (1590, 1596, 1597 y, con Baltasar Pinedo, también en 1606 y 1607). Hacia 1597, Agustín Solano y el propio Agustín de Rojas pertenecían a su compañía. Más datos sobre el personaje pueden hallarse en la «List of Spanish Actors and Actresses, 1560-1680» que Hugo Albert Rennert nos proporciona en su libro *The spanish stage in time of Lope de Vega* (Nueva York, The Hispanic Society of America, 1909, págs. 571-573) y en el *Catálogo bibliográfico y biográfico del teatro antiguo español desde sus orígenes hasta mediados del siglo XVIII,* de Cayetano Alberto de la Barrera y Leirado (Londres, Tamesis Books, 1968, pág. 328), cuya primera edición se publicó en Madrid, 1860.

[3] Agustín Solano, también toledano, formó parte de muchas compañías: entre 1584 y 1585 de la de Tomás de la Fuente; en 1593 de la de Alonso de Cisneros; en 1595 de la de Gaspar de Porres; en 1597 de la de Nicolás de los Ríos y en 1600, de nuevo, de la de Gaspar de Porres. Lope de Vega se refirió a él, en tanto protagonista de su comedia *Jorge Toledano,* como «aquel insigne representante de Toledo Solano, a quien en la figura del galán por la blandura, talle y aseo de su persona nadie ha igualado» *(apud* Hugo Albert Rennert, ob. cit., págs. 602-603).

Interpretación

Ríos .... Luis Miguel Climent
Solano .... Manuel Dueso

Plástica escénica

Ramón Ivars

Dramaturgia y dirección

José Sanchis Sinisterra

Dibujo de Alberto Blecua sobre los personajes de *Ñaque*.

EL TEATRO FRONTERIZO PRO-
PONE ÑAQVE O
DE PIOJOS Y ACTORES
MIXTVRA JOCO-SERIA DE
garrufos varios sacada
de diversos autores
(pero mayormente de Agustín de Rojas)
agora nuevamente compuesta y
aderezada por José Sanchis Sinisterra

En Madrid, Teatro Español de la calle
del Príncipe

Portada del programa de mano repartido a los espectadores
de *Naque* en el Teatro Español de Madrid.

(El escenario está vacío y desierto. Luz imprecisa, quizás parpadeante —también en la sala—. Puede escucharse el viento, e incluso soplar, arrastrar polvo, papeles, hojas... Batir de puertas mal cerradas. Una voz lejana grita: «¡Solano!»... Silencio. Otra voz, también remota: «¡Ríos!»... La primera, más cerca: «¡Solano!»... Y una respuesta más lejana: «¡Ríos!»... Las llamadas se van repitiendo alternativamente desde distintas zonas del teatro. Quienes las emiten son dos cómicos de la legua desharrapados que aparecen aquí y allá, fugazmente, como perdidos, buscándose en un espacio extraño. Por fin se encuentran en el escenario: uno de ellos, Ríos, arrastrando un viejo arcón, y el otro, Solano, llevando al hombro dos largos palos, con una capa enrollada al extremo, a modo de hato. Tras abrazarse, alborozados, miran inquietos a su alrededor.)

Ríos. ¿Dónde estamos?

Solano. En un teatro...

Ríos. ¿Seguro?

Solano. ... o algo parecido.

Ríos. ¿Otra vez?

Solano. Otra vez.

Ríos. ¿Esto es el escenario?

Solano. Sí.

Ríos. ¿Y eso es el público?

Solano. Sí.

Ríos. ¿Eso?

137

SOLANO. ¿Te parece extraño?

Ríos. Diferente...

SOLANO. ¿Diferente?

Ríos. ... otra vez.

SOLANO. Yo lo encuentro igual.

Ríos. ¿Sí?

SOLANO. Sí.

Ríos. ¿Tú crees?

SOLANO. Mira aquel hombre.

Ríos. ¿Cuál?

SOLANO. Aquél. El de la barba.

Ríos. Todos tienen barba.

SOLANO. El de las gafas.

Ríos. Todos tienen gafas.

SOLANO. El de la nariz.

Ríos. ¡Ah, sí!

SOLANO. ¿No lo recuerdas?

Ríos. No sé...

SOLANO. Ya estaba la otra vez.

Ríos. Sí...

SOLANO. Y todas las otras veces.

Ríos. Qué fatigoso, ¿no?

SOLANO. Mucho.

Ríos. ¿Y los demás?

SOLANO. También.

Ríos. ¿Todos igual?

SOLANO. Más o menos.

Ríos. ¿Y nosotros? *(Silencio.)* ¿Y nosotros?

SOLANO. De modo que... *(Gesto de poner manos a la obra.)*

Ríos. ¿Tú crees?[4].

---

[4] A partir de aquí, y hasta nuevo aviso, en la primera edición de 1980, las réplicas de Ríos las decía Solano y viceversa. Este cambio se produjo debido a que la lógica de los personajes obligaba a invertir sus diálogos, ya que Ríos es un personaje más dubitativo y desganado que Solano, ejemplo de «animal teatral».

Solano. Seguro. Están esperando.

Ríos. Otra vez.

Solano. Y habrá más veces.

Ríos. ¿Y diremos lo mismo?

Solano. Lo mismo.

Ríos. ¿Y haremos lo mismo?

Solano. Sí.

Ríos. ¿Hasta cuándo? *(Silencio.)* ¿Hasta cuándo?

Solano. Hay que empezar. (Ríos *toma los palos y* Solano *se ejercita para quitar la capa que está atada a ellos.)* ¡Eh! Deja eso...

Ríos. *(Queda pensativo.)* Solano.

Solano. ¿Qué?

Ríos. ¿Les importa?

Solano. ¿Qué? *(Trata de quitarse un zapato)*[5].

Ríos. Lo que decimos, lo que hacemos.

Solano. ¿A quién?

Ríos. *(Por el público.)* A ellos.

Solano. Han venido, ¿no?

Ríos. Bueno: venir...

Solano. ¿Han venido, sí o no?

Ríos. Sí, pero...

Solano. Entonces...

Ríos. Pero no vienen al teatro. Están en él. Somos nosotros quienes venimos. Ellos ya están aquí[6].

Solano. ¿Siempre?

Ríos. Claro: en el teatro.

Solano. ¿Por qué?

---

[5] En la acotación inicial de *En attendant Godot,* Samuel Beckett escribe: «Estragon, assis sur une pierre, essaie d'enlever sa chaussure» (París, Les Éditions de Minuit, 1988, pág. 9), que Ana María Moix traduce así: «Estragon, sentado en el suelo, intenta descalzarse» (S. Beckett, *Esperando a Godot. Fin de partida. Acto sin palabras,* Barcelona, Barral Editores, 1975, pág. 9).

[6] La perspectiva del teatro, contemplada desde el actor, invierte la perspectiva convencional, la que posee el espectador.

Ríos. Por eso. Porque es el teatro. Y ellos el público.

Solano. Entonces, ¿no les importa?

Ríos. ¿Qué?

Solano. Lo que decimos. Lo que hacemos.

Ríos. No sé: escuchan, miran...

Solano. ¿Eso es todo?

Ríos. Ya es bastante, ¿no?

Solano. *(Logra quitarse un zapato.)* Escuchan...

Ríos. Sí.

Solano. ... y miran.

Ríos. ¿Es bastante?

Solano. ¿Es bastante? *(Silencio.)*

Ríos. Anduvimos demasiado[7].

Solano. ¿Cuándo?

Ríos. Demasiados caminos.

Solano. No te entiendo...[8].

Ríos. Debimos detenernos.

Solano. ¿Cuándo?

Ríos. Alguna vez.

Solano. Detenernos...

Ríos. Sí. En alguna parte. Quedarnos.

Solano. ¿Quieres decir... entonces?

Ríos. Sí. Quedarnos. Nadie nos perseguía.

Solano. ¿No?

Ríos. Una casa, un pueblo, una ciudad...

Solano. Un teatro...

Ríos. El teatro, sí.

Solano. Demasiados caminos.

Ríos. Otros se quedaron.

---

[7] Aquí acaba la inversión de réplicas entre los personajes iniciada en la nota 4, de modo que en 1980 es también Ríos quien dice: «Anduvimos demasiado».

[8] Aquí se inicia el grave error de composición que convierte en «absurdas la lectura del texto en su primera edición de 1980, ya corregida por el autor en la segunda de 1990.

SOLANO. ¿Nadie nos perseguía?

RÍOS. No...

SOLANO. ¿Estás seguro? *(Silencio.)* ¿Estás seguro?

RÍOS. El hambre.

SOLANO. ¿Cómo dices?

RÍOS. El hambre, digo. Ham-bre...

SOLANO. ¿Tienes hambre?

RÍOS. Sí.

SOLANO. ¿Ahora?

RÍOS. Sí. Ahora también. *(Busca en su zurrón.)*

SOLANO. ¿Ahora? ¿Quieres comer ahora?

RÍOS. ¿Por qué no? Tengo hambre.

SOLANO. Siempre tienes hambre.

RÍOS. Lo mismo que tú. *(Saca una zanahoria)*[9].

SOLANO. Pero hay que empezar... Están esperando.

RÍOS. ¿Tú no tienes hambre?

SOLANO. Sí, claro...

RÍOS. Entonces... *(Come.)*.

SOLANO. ¡Tenemos que actuar!

RÍOS. ¿Actuar?

SOLANO. Sí, actuar...

RÍOS. ¿Llamas actuar a esto que hacemos?

SOLANO. ¿Cómo, si no?

RÍOS. *(Deja de comer y piensa.)* ¿Representar?

SOLANO. No.

RÍOS. Recitar...

SOLANO. No.

RÍOS. Relatar.

SOLANO. No... ¿Remedar?

RÍOS. No... ¿Rememorar?

---

[9] Nuevo guiño beckettiano, pues cuando Estragon afirma escuetamente que tiene hambre («J'ai faim»), Vladimir lleva en sus bolsillos «une carotte» y «quelques navets», que ofrece a su cumpañero. Estragon se decide finalmente no por los nabos sino por la zanahoria: «Donne-moi une carotte» (ob. cit., pág. 26).

SOLANO. ¿Recordar?

RÍOS. ¿Resucitar?

SOLANO. ¡No! ¿Quién está muerto?

RÍOS. *(Come.)* Todos. Todo aquello.

SOLANO. ¿Nosotros también? *(Silencio.)* ¿Nosotros también?

RÍOS. *(Ofreciéndole zanahoria.)* ¿Quieres?

SOLANO. No. Hay que empezar. *(Intenta calzarse.)*

RÍOS. *(Sigue comiendo.)* ¿No sería mejor acabar?

SOLANO. ¿Acabar? Es demasiado tarde.

RÍOS. Demasiado tarde...

SOLANO. Debimos haberlo pensado hace una eternidad.

RÍOS. Hacia mil seiscientos...

SOLANO. Hace una eternidad.

RÍOS. Entonces, por lo menos, éramos algo...[10].

SOLANO. Poco.

RÍOS. ... hacíamos algo.

SOLANO. Poco.

RÍOS. Entonces...

SOLANO. Además, no digas «entonces».

RÍOS. ¿No?

SOLANO. Para nosotros es ahora.

RÍOS. Hacia mil seiscientos...

SOLANO. Más o menos. *(Pausa.)*

RÍOS. ¿Y cuándo es ahora?

SOLANO. ¿Qué ahora?

RÍOS. El ahora de ahora; el mío, el tuyo, el del público...

SOLANO. ¿Quieres decir... aquí?

RÍOS. Sí: aquí.

SOLANO. No sé. Pregúntalo.

---

[10] Este diálogo entre Ríos y Solano recuerda otro al inicio de *Esperando a Godot* en donde Vladimir invita al suicidio a Estragon («Il fallait y penser il y a une eternité, vers 1900», ob. cit., pág. 10), le invita a arrojarse desde la torre Eiffel, ya que «on portait beau alors» (ob, cit., pág. 11), mientras que «maintenant il est trop tard» (ob. cit., pág. 11).

Ríos. ¿A quién?

Solano. Al público.

Ríos. ¿Puedo hacerlo?

Solano. Prueba.

Ríos. Quiero decir... ¿está permitido?

Solano. ¿Por qué no?

Ríos. Ay, no sé...

Solano. Anda, pregúntalo.

Ríos. ¿Y si...?

Solano. ¿Qué? Nadie nos lo ha prohibido.

Ríos. No, pero...

Solano. ¿Lo pregunto yo? *(Logra ponerse el zapato.)*

Ríos. Sí, por favor.

Solano. *(Baja a la sala e interpela a un espectador.)* ¿Cuándo es ahora? ¿Qué día? ¿Qué mes? ¿Qué año?... Gracias. *(Transmite la respuesta a* Ríos.*)*

Ríos. ¡Qué barbaridad! *(Repite el año.)* Solano...

Solano. ¿Qué?

Ríos. Solano.

Solano. ¿Qué?

Ríos. ¿Te das cuenta? *(Calcula con los dedos.)* Casi cuatrocientos años...

Solano. *(Subiendo precipitadamente a escena.)* Hay que empezar.

Ríos. Casi cuatrocientos años... ¿Te das cuenta?

Solano. Una eternidad, sí.

Ríos. Anduvimos demasiado.

Solano. Demasiados caminos.

Ríos. Debimos detenernos. Quedarnos.

Solano. En un teatro.

Ríos. El teatro, sí.

Solano. *(Recita como para sí.)*

> Llegó el tiempo que se usaron
> las comedias de apariencias,
> de santos y de tramoyas...
> Cantaban a cuatro voces,

143

salían mujeres bellas
vestidas con ropa de hombre,
con cadenas de oro y perlas...
Sacábanse ya caballos
a los teatros, grandeza
nunca vista hasta este tiempo...

Ríos. *(Prosigue, algo más declamatorio.)*

Agora el teatro está
subido en tanta grandeza,
que se nos pierde de vista
por la altura a la que llegan
comedias, representantes,
música, entremeses, letras,
graciosidad, bailes, máscaras,
vestidos, galas, riquezas,
invenciones, novedades
y, en fin, cosas tan diversas,
que yo no sabré contarlas
y menos encarecerlas...

Solano. *(Animándose.)*

¿Qué decir de las comedias
que escriben nuestros poetas?
El divino Miguel Sánchez,
quién no sabe las que inventa;
el Jurado de Toledo,
digno de memoria eterna,
el gran canónigo Tárrega,
famoso Micer Artieda,
el gran Lupercio Leonardo,
Aguilar el de Valencia,
el licenciado Ramón,
Justiniano, Ochoa, Cepeda,
el licenciado Mejía,
el buen don Diego de Vera,
Mescua, don Guillén de Castro,
Liñán, don Félix de Herrera,

144

Valdivieso y Almendárez.
Y entre todos, uno queda,
el fénix de nuestro tiempo,
que no ha compuesto comedia
que no mereciese estar
con letras de oro impresa,
pues dan provecho al autor
y honra a quien las representa...[11].

(Se interrumpe y queda perplejo, esforzándose por recordar.)
Ríos...

Ríos. ¿Qué?
Solano. ¿Cómo se llama?
Ríos. ¿Quién?
Solano. Ese que escribe tanto...
Ríos. No sé de quién hablas.
Solano. Sí, hombre. El gran... ¿Cómo se llama?... Uno muy famoso...
Ríos. Hay tantos...
Solano. *(Trata de retomar el hilo.)* Y entre todos, uno queda... el fénix de nuestro tiempo[12]... que no ha compuesto comedia... que no mereciese estar...

---

[11] El dramaturgo «adereza» algunos versos de la loa de «La comedia» e inventa otros de su propia cosecha, que aquí recitan entre Ríos y Solano. Por el contrario, en *El viaje entretenido* es el propio Rojas, personaje él mismo de su obra, quien la recita íntegramente (edición de Jean-Pierre Ressot, Madrid, Castalia, 1972, págs. 147-158). De esta obra existe otra edición moderna, preparada por Jacques Joset (Madrid, Espasa-Calpe, colección Clásicos Castellanos, 1977, 2 vols.), pero, desaparecida actualmente la colección, prefiero citar por la de Ressot. Los versos prestados, manipulados y adulterados por Sanchis Sinisterra, pueden localizarse en las páginas 153-156 de esta edición. Sobre la identidad de los «poetas» aludidos, remito al lector interesado a las notas de ambas ediciones.
[12] En esta loa de «la comedia», el propio Rojas ya se refiere a Lope de Vega como «(la fénix de nuestros tiempos / y Apolo de los poetas)» (ob. cit., pág. 155).

Ríos. Ah, sí.. Ya sé quién dices. Aquel que... ¿Cómo se llama?...

Solano. *(Cuenta con los dedos.)* Mescua, don Guillén de Castro, Liñán, don Félix de Herrera, Valdivieso, Almendárez...

Ríos. ¡López! ¡López de...! ¿De qué?

Solano. ¿López?

Ríos. ¿Gómez?

Solano. ¿Pérez?

Ríos. ¿Sánchez?

Solano. *(Sacudiéndose el problema con un gesto.)* No importa... *(Y continúa.)*

> ... y otros que no se me acuerdan,
> que componen y han compuesto
> comedias muchas y buenas.
> ¿Quién a todos no conoce?
> ¿Quién a su fama no llega?
> ¿Quién no se admira de ver
> sus ingenios y elocuencia?...

(Se interrumpe al notar que Ríos *husmea entre bastidores.)*

Ríos. *(Silencio.)* ¡Ríos!

Ríos. *(Reapareciendo con una moderna tapadera de retrete en las manos.)* ¿Qué?

Solano. ¿Qué haces?

Ríos. ¿Yo? Nada... *(La oculta.)*

Solano. ¿Nada?

Ríos. Nada.

Solano. ¿Y qué llevas ahí?

Ríos. ¿Esto? *(La muestra.)*

Solano. Sí, eso. ¿Qué es?

Ríos. No sé... Estaba por ahí...

Solano. ¿Por dónde?

Ríos. Tirado por ahí, en el suelo...

146

SOLANO. En el suelo...

RÍOS. Sí, tirado... Lo he visto y pensé: a lo mejor nos puede servir...

SOLANO. ¿Para qué?

RÍOS. Para actuar. Llevamos tan poca tramoya y artificio...

SOLANO. Si por ti fuera, ya necesitaríamos un carro.

RÍOS. ¿Por mí?

SOLANO. Sí, por ti. Siempre tienes que andar huroneando... y no siempre por los suelos.

RÍOS. ¿Qué quieres decir?

SOLANO. Que te sobran manos... (RÍOS *se las mira extrañado.*) Y a mí me faltan espaldas para encajar los azotes que por tu culpa nos llueven.

RÍOS. Pues lengua no te falta para decir necedades.

SOLANO. ¿Necedades? ¿Cuántos vergazos nos dio el verdugo de Murcia? ¿Cincuenta?

RÍOS. Sabes muy bien que fue grande injusticia. La escudilla era de cobre y no valía ni tres reales... Y, además, ¿es ésta ocasión de airear la ropa sucia?

SOLANO. La ropa sucia... *(Va al arcón.)* Dejémoslo y empecemos. Se hace tarde.

RÍOS. ¿Tarde? ¿Para qué? *(Silencio.)* ¿Para qué?

SOLANO. *(Sacando ropas del arcón.)* Hay que empezar.

RÍOS. *(Por el público.)* ¿Están esperando?

SOLANO. ¿Qué otra cosa pueden hacer?

(RÍOS *queda pensativo, mirando al público. De pronto, una idea le ilumina el rostro.*)

RÍOS. Solano...

SOLANO. ¿Qué?

RÍOS. Solano.

SOLANO. ¿Qué?

RÍOS. ¿Y si cambiáramos los papeles?

SOLANO. ¿Quiénes? ¿Tú y yo?

RÍOS. No... Nosotros y ellos.

SOLANO. ¿Te refieres al público?

RÍOS. Sí.

SOLANO. ¿Cambiar?... ¿Cómo?

RÍOS. Ellos actúan y nosotros... miramos y escuchamos.

SOLANO. ¡Vaya una idea!

RÍOS. ¿No te gustaría?

SOLANO. No sé... no creo...

RÍOS. Sería divertido.

SOLANO. Sería aburrido.

RÍOS. ¿Aburrido? ¿Por qué? Imagínate: nosotros aquí, mirando, y ellos...

SOLANO. Ellos, ¿qué?

RÍOS. Actuando.

SOLANO. ¿Y si no actúan?

RÍOS. Algo harán...

SOLANO. ¿Y si no hacen nada? *(Silencio.)* ¿Y si no hacen nada?

RÍOS. Vamos a probar.

SOLANO. Será aburrido.

RÍOS. Será divertido.

SOLANO. Si tú lo dices...

RÍOS. Ven, siéntate aquí...

(Se sientan en el borde del escenario y miran al público durante dos minutos largos. Por fin RÍOS se impacienta.)

SOLANO. ¿Te das cuenta?

RÍOS. *(Decepcionado.)* Me doy cuenta.

SOLANO. *(Incorporándose.)* Entonces, ¿empezamos nosotros?

RÍOS. *(Ídem.)* Sí, empecemos.

(Aclarándose burdamente la voz, van al arcón y toman unos cuernos de cabra —RÍOS— y una flauta —SOLANO—. Luego se sitúan en el proscenio, a ambos lados del escenario y, desde allí, avanzan rítmicamente hacia el arcón y se suben a él, haciendo sonar sus respectivos «instrumentos». Al acabar, declaman:)

Ríos. Habéis de saber, señores, que hay ocho maneras de compañías y representantes, y todas diferentes[13].

Solano. Y llámanse: bululú, ñaque, gangarilla, cambaleo, garnacha, bojiganga, farándula y compañía.

Ríos. ¿Cómo has dicho?

Solano. He dicho: bululú, ñaque, gangarilla, cambaleo, garnacha, bojiganga, farándula y compañía.

Ríos. Bululú, ñaque, gangarilla...

Solano. Cambaleo, garnacha, bojiganga...

Ríos. Farándula y compañía.

Solano. Ocho maneras, y todas diferentes.

Ríos. Bululú, ñaque, gangarilla, cambaleo, garnacha, bojiganga, farándula y... y...

Solano. Y compañía.

Ríos. ¡Y compañía!

Solano. Lo diré al revés: compañía, farándula, bojiganga, garnacha, cambaleo, gangarilla, ñaque y bululú.

Ríos. Compañía, farándula, bojiganga...

Solano. Garnacha, cambaleo, gangarilla...

Ríos. Ñaque y... y...

Solano. Y bululú.

Ríos. ¡Y bululú!

(Han efectuado una tosca «coreografía», que concluye con ambos ocultos tras el arcón.)

Solano. *(En tono normal, asomándose.)* No está mal.

Ríos. ¿Qué?

Solano. Que no está mal.

Ríos. No está mal, ¿qué?

Solano. El principio.

Ríos. ¿Qué principio?

---

[13] Con estas palabras de Ríos se inicia aquí el «aderezo» del célebre fragmento de *El viaje entretenido,* que Rojas pone en boca de Solano: «Pues sabed que hay ocho maneras de compañías y representantes, y todas diferentes» (ob. cit., pág. 159).

SOLANO. Éste. El nuestro. Que hemos empezado bien.

RÍOS. ¿Sí?

SOLANO. Sí. Mejor que otras veces.

RÍOS. ¿Tú crees?

SOLANO. Sí.

RÍOS. Ya. Y por eso lo cortas.

SOLANO. ¿Lo corto?

RÍOS. Sí, lo cortas.

SOLANO. ¿Cómo?

RÍOS. Vas y dices: «No está mal». Y lo cortas.

SOLANO. ¿Lo corto?

RÍOS. Sí. Lo interrumpes. «No está mal». Y lo cortas.

SOLANO. ¿Es que no es verdad?

RÍOS. ¿Qué?

SOLANO. Que no está mal.

RÍOS. ¿Y eso a quién le importa?

SOLANO. ¿Cómo?

RÍOS. Sí. ¿A quién le importa, di?

SOLANO. Bueno, no sé... Al público, por ejemplo...

RÍOS. Ya. Al público... ¡Al público no le importa tu opinión!

SOLANO. ¿No?

RÍOS. No.

SOLANO. ¿Y qué le importa, entonces?

RÍOS. *(Va a contestar, pero no sabe qué.)* Dejémoslo.

SOLANO. Sí, será lo mejor.

RÍOS. Empiezo otra vez.

SOLANO. No, otra vez no.

RÍOS. ¿Por qué no?

SOLANO. Por si no sale tan bien...

RÍOS. *(Conteniéndose.)* Sigue tú.

SOLANO. ¿Yo?

RÍOS. Sí. Te toca a ti... Compañía[14]...

---

[14] Conviene anotar que Sanchis Sinisterra invierte radicalmente en este *Ñaque* el orden de esas «ocho maneras», tal y como las explica Solano, de «bululú» (ob. cit., pág. 159) a «compañía» (ob. cit., pág. 162), en

Solano. Ah, sí... En las compañías hay todo género de gusarapas y baratijas. Hay gente muy discreta, hombres muy estimados, personas bien nacidas y aun mujeres muy honradas..., que donde hay mucho, es fuerza que haya de todo. Traen cincuenta comedias, trescientas arrobas de hato, diez y seis personas que representan, treinta que comen, uno que cobra y ¡Dios sabe el que hurta! Son sus trabajos excesivos por tener tantos papeles que estudiar, ensayos tan continuos y gustos tan diversos... ¡Farándula!

Ríos. Farándula es víspera de compañía. Traen tres mujeres, ocho o diez comedias, dos arcas de hato y caminan en mulos de arrieros y a veces en carros. Entran en buenos pueblos, tienen buenos vestidos, con plumas en el sombrero; comen apartados, hacen fiestas de Corpus a doscientos ducados y viven contentos... Digo, los que no son enamoradizos, porque los hay que enamoran por debajo de los sombreros... ¡Bojiganga!

Solano. En la bojiganga van dos mujeres y un muchacho y seis o siete compañeros. Éstos traen seis comedias, tres o cuatro autos, cinco entremeses y dos arcas: una con el hato de la comedia y otra de las mujeres. Comen bien, duermen todos en cuatro camas, representan de noche y las fiestas de día; cenan las más veces ensalada, porque como acaban tarde la comedia, hallan siempre la cena fría. Son muy dados a dormir de camino debajo de las chimeneas, por si acaso están entapizadas de morcillas.

Ríos. Solano...

Solano. ¿Qué?

Ríos. ¿Cuántos años vive un piojo?

El viaje entretenido. Parece obvio que esa gradación inversa, de mayor a menor, obedece aquí a un intento de mostrar un proceso de degradación que afecta no sólo al teatro sino también, por ejemplo, al tiempo histórico, como puede comprobarse en la loa de «Las cuatro edades del mundo»: oro, plata, cobre y hierro, *vid.* págs. 166-168 y 170-171.

SOLANO. Depende.

RÍOS. ¿De qué?

SOLANO. De muchas cosas.

RÍOS. ¿Por ejemplo?

SOLANO. Por ejemplo, de... ¿Por qué lo preguntas?

RÍOS. *(Mostrándole algo entre los dedos.)* Mira éste.

SOLANO. Sí.

RÍOS. ¿Lo ves?

SOLANO. Sí, lo veo.

RÍOS. ¿No te resulta... familiar?

SOLANO. A ver...

RÍOS. Ya lo tenía la otra vez...

SOLANO. ¿Sí?

RÍOS. ... Y todas las otras veces.

SOLANO. Qué fatigoso, ¿no?

RÍOS. Mucho.

SOLANO. ¿Y los demás?

RÍOS. También.

SOLANO. ¿Todos igual?

RÍOS. Más o menos[15].

SOLANO. Pero, entonces, ¿qué haces tú cuando te despiojas?

RÍOS. ¿Qué hago?

SOLANO. Sí: qué haces con los piojos.

RÍOS. Pues... me los busco...

SOLANO. Sí.

RÍOS. ... Los atrapo...

SOLANO. Sí.

RÍOS. ... Los sujeto así con los dedos...

SOLANO. Muy bien.

RÍOS. ... Y...

SOLANO. ¿Y qué?

RÍOS. Bueno, depende...

---

[15] Adviértase que este diálogo entre Ríos y Solano sobre los piojos es exactamente igual al inicial suyo sobre el público del teatro.

SOLANO. ¿No los...? *(Gesto y sonido de aplastar.)*
RÍOS. *(Con un escalofrío.)* ¡Calla, por Dios!
SOLANO. ¿Entonces...?
RÍOS. Pobrecillos... ¿Qué mal hacen?
SOLANO. Chupar la sangre.
RÍOS. Sí, pero tan poca...
SOLANO. Y dan picores.
RÍOS. Ya...
SOLANO. Y hay que rascarse.
RÍOS. Eso entretiene, ¿no?
SOLANO. ¿Te gusta que te piquen?
RÍOS. Bueno... al menos sientes algo...
SOLANO. ¿Sentir algo?
RÍOS. Sí, sentir... ¿No te pasa que a veces no sientes nada?
SOLANO. ¿Dónde?
RÍOS. En... en ninguna parte.
SOLANO. Sí, muchas veces.
RÍOS. Y entonces, ¿qué?
SOLANO. ¿Qué? Para eso somos actores.
RÍOS. ¿Para qué?
SOLANO. Para sentir algo.
RÍOS. No te entiendo...
SOLANO. Pon el culo.
RÍOS. ¿Qué?
SOLANO. Que pongas el culo.
RÍOS. ¿Adónde?
SOLANO. Aquí... *(Le hace doblar el espinazo y le da una patada en el trasero.)*
RÍOS. ¡Ay!... ¿Por qué...? *(Se frota la parte golpeada.)*
SOLANO. ¿Sientes algo?
RÍOS. ¡Tú sí que vas a sentir...! *(Va a pegarle,* SOLANO *huye. Persecución.)*
SOLANO. ¡Espera, hombre!... ¡Deja que te explique!
RÍOS. ¿Qué tienes que explicar?
SOLANO. Lo del piojo...
RÍOS. *(Se detiene.)* ¿El piojo? *(Lo busca en su cuerpo y por el suelo.)*

153

SOLANO. Sí... Eso que decías de no sentir nada...

RÍOS. *(Buscando.)* ¿Dónde diablos...?

SOLANO. Déjalo estar. ¿Qué falta nos hacen los piojos?

RÍOS. Era un buen piojo...

SOLANO. No lo necesitas. Tú eres un piojo... Quiero decir: un actor.

RÍOS. ¿Un piojo?

SOLANO. Un actor... Somos actores.

RÍOS. Actores...

SOLANO. ... o algo parecido.

RÍOS. Mitad mendigos, mitad rameras.

SOLANO. Pero sentimos, ¿no?

RÍOS. ¿Qué sentimos? ¿Patadas en el culo?

SOLANO. Sí, y golpes y estocadas y pasiones...

ROS. ¿Qué pasiones?

SOLANO. Todas: el amor, los celos, la cólera, el dolor, el ansia...

RÍOS. Oye... ¿Cuándo sientes tú todo eso?

SOLANO. Al actuar. ¿Tú no sientes nada?

RÍOS. Las patadas sí, pero lo otro...

SOLANO. ¿Sólo las patadas?

RÍOS. Bueno, y también el hambre y la sed, el calor, el frío, la fatiga, el sueño... y los piojos...

SOLANO. ¿Eso es todo?

RÍOS. ¿Te parece poco? *(Silencio.)* ¿Te parece poco?

SOLANO. Ríos.

RÍOS. ¿Qué?

SOLANO. Ríos...

RÍOS. ¿Qué?

SOLANO. Devuélvemela.

RÍOS. ¿Qué te he de devolver?

SOLANO. La patada. *(Se dobla, ofreciéndole el trasero.)*

RÍOS. ¿La patada?

SOLANO. Sí, anda. Devuélvemela.

RÍOS. *(Después de dudarlo.)* Bueno, si te empeñas... *(Le da la patada.)* Pero no comprendo qué tiene que ver esto con...

Manuel Dueso (Solano) y Luis Miguel Climent (Ríos)
en una representación de *Ñaque*.

SOLANO. *(Que se ha estado buscando un piojo, se lo da.)*
Toma. Un buen piojo. Estamos en paz. Y ahora, sigamos. Compañía, farándula, bojiganga, garnacha... Te toca
a ti: garnacha.

RÍOS. *(Tras inspeccionar el piojo, se lo pone en la cabeza y,
encogiéndose de hombros, recita:)* Garnacha son cinco o
seis hombres, una mujer que hace la dama primera y un
muchacho la segunda. Llevan un arca con... *(Se interrumpe.)* Solano... *(Éste, abstraído, no responde.)* Solano.

SOLANO. ¿Qué?

RÍOS. A veces también siento miedo.

SOLANO. ¿Miedo?

RÍOS. Sí, miedo.

SOLANO. ¿De qué? ¿De quién? (RÍOS *señala al público.)*
¿Del público? ¿Por qué?

RÍOS. Míralos...

SOLANO. *(Lo hace.)* ¿Qué?

RÍOS. Tan quietos, tan callados... ¿Quiénes son? ¿Qué piensan?

SOLANO. No piensan nada.

RÍOS. ¿Sólo miran?

SOLANO. Y escuchan.

RÍOS. Pero de pronto pueden... *(Gesto vago.)*

SOLANO. ¿Qué?

RÍOS. No sería la primera vez.

SOLANO. ¿Atacarnos? ¿Pegarnos?

RÍOS. Sí... o insultarnos. No sería la primera vez. Cuando
algo no les gusta...

SOLANO. Éstos parecen buena gente.

RÍOS. Nunca se sabe. Mira ese hombre.

SOLANO. ¿Cuál? ¿El de la barba?

RÍOS. Sí.

SOLANO. Todos tienen barba.

RÍOS. Ése tiene más.

SOLANO. ¿Más?

RÍOS. Más. Y fíjate qué mirada...

SOLANO. ¿Qué le pasa?

Ríos. No lo sé, pero... Parece que no le gusta. Frunce las cejas, bizquea...

Solano. Calla. No le provoques... Lo que pasa es que nos desviamos demasiado. Hay que seguir: con alegría, con brío...

Ríos. Con brío...

Solano. Sí... *(Recita vivamente.)* Garnacha son cinco o seis hombres, una mujer que hace la dama primera... ¿Te das cuenta?

Ríos. Ya... ¿Así les gustará más?

Solano. Claro. Prueba y verás... (Ríos *va a comenzar, pero* Solano *le interrumpe.)* Sonríe.

Ríos. ¿Qué?

Solano. Que sonrías. *(Lo hace.)* Así.

Ríos. *(Le imita muy mal.)* ¿Así?

Solano. *(Tolerante.)* Más o menos...

Ríos. *(Con forzada vivacidad.)* Garnacha son cinco o seis hombres, una mujer que hace la dama primera y un muchacho la segunda. Llevan un arca con dos sayos, una ropa, tres pellicos, barbas y cabelleras y algún vestido de mujer. Éstos traen cuatro comedias, tres autos y otros tantos entremeses. El arca en un pollino, la mujer a las ancas, gruñendo, y todos los compañeros detrás, arreando. Están ocho días en un pueblo, duermen cuatro en una cama, tienen el vino por adarmes, la carne por onzas, el pan por libras y el hambre por arrobas... ¡Cambaleo!

Solano. Cambaleo es una mujer que canta y cinco hombres que lloran. Traen ya sólo una comedia, dos autos, tres o cuatro entremeses y un lío de ropa que lo puede llevar una araña. A ratos llevan a la mujer a cuestas y a ratos en silla de manos... como hicimos éste y yo cuando nos juntamos con Martinazos[16]... *(A* Ríos.) ¿Te acuerdas?

Ríos. Y tanto que me acuerdo...

---

[16] Agustín de Rojas nombra a Martinazos en *El viaje entretenido* (ob. cit., pág. 132), del que según Ressot no se tiene más noticia. Tampoco Rennert añade dato alguno en su «lista» (ob. cit., pág. 518).

SOLANO. Representan en los cortijos por una hogaza de pan, un racimo de uvas y una olla de berzas. Pero en los pueblos cobran a seis maravedíes, pedazo de longaniza y lo que les venga. Están en los lugares cuatro o seis días, alquilan una cama para la mujer y, para los demás, el pajar es su habitación eterna... ¡Gangarilla!

RÍOS. En la gangarilla van tres o cuatro hombres, uno que sabe tocar y un muchacho que hace la dama. Hacen el auto de *La oveja perdida* y dos entremeses de bobo, tienen barba y cabellera, buscan saya y toca prestadas, y algunas veces se olvidan de devolverlas. Cobran a cuarto, pedazo de pan, huevo, sardinas y todo género de zarandajas. Cuando pueden, comen asado y beben su trago de vino. Duermen en el suelo, caminan a menudo, representan en cualquier cortijo y siempre llevan los brazos cruzados, porque jamás cae capa sobre sus hombros...

SOLANO. Ríos...

RÍOS. ¿Qué?

SOLANO. Ríos...

RÍOS. ¿Qué?

SOLANO. ¿No tenías hambre?

RÍOS. Sí.

SOLANO. ¿Y ya no tienes?

RÍOS. Siempre tengo hambre

SOLANO. Yo también. *(Pausa.)*

RÍOS. ¿Por qué lo dices?

SOLANO. Tanto hablar de comida...

RÍOS. ¿Qué?

SOLANO. ... se me han despertado las tripas.

RÍOS. ¿Y quieres comer?

SOLANO. Sí.

RÍOS. ¿Ahora?

SOLANO. Sí, ahora.

RÍOS. ¡Estamos actuando!

SOLANO. ¿Actuando?

RÍOS. Sí, actuando.

158

Solano. ¿A esto lo llamas actuar?

Ríos. Actuar, representar, recitar, relatar, remedar...

Solano. Bueno está. Pero tengo hambre. *(Pausa.)*

Ríos. También yo.

Solano. ¿Entonces...?

Ríos. ¿... Comemos?

Solano. ¿Sobre la marcha?

Ríos. ¿Mientras actuamos?

(Sacan apresuradamente alimentos de sus zurrones.)

Solano. Sólo dos bocados, para engañar el hambre...

Ríos. Eso es, porque: de casada y ensalada, dos bocados y dejála[17].

Solano. Y duelos con pan, son menos[18].

Ríos. Y al que es de la vida, el comer le es medicina[19].

Solano. *(Saca un cuenco.)* A chico manjarete, chico pucherete[20].

Ríos. *(Saca una bota de vino.)* A buen o mal comer, tres veces beber[21]. *(Le da tres tientos y se la pasa a* Solano.*)*

Solano. *(Saca tocino.)* El vino y el tocino añejo, son como el amigo viejo[22] *(Bebe.)*

---

[17] La mayoría de estos refranes, con algunas variantes, pueden hallarse en el *Vocabulario de refranes y frases proverbiales y otras fórmulas comunes de la lengua castellana en que van todos los impresos antes y otra gran copia,* que juntó el maestro Gonzalo Correas, catedrático de Griego y Hebreo en la Universidad de Salamanca (Madrid, Tipografía de la Revista de Archivos, Bibliotecas y Museos, 1924). En este caso, Correas transcribe: «de ensalada, dos bocados y dejalla» (ob. cit., pág. 151).

[18] «Todos los duelos con pan son buenos» y «Todos los duelos con pan son menos» (G. Correas, ob. cit., pág. 483).

[19] «Al que es de vida, el agua le es medicina» (G. Correas, ob. cit., pág. 36).

[20] «A chico pucherete, chico manjarete» (G. Correas, ob. cit., pág. 10).

[21] «A buen comer o mal comer, tres veces beber» (G. Correas, ob. cit., pág. 6).

[22] «El tocino, y el vino, y el queso, añejo; y el amigo, viejo» (G. Correas, ob. cit., pág. 480).

Ríos. *(Saca queso.)* Pues el melón y el queso, tómalos a peso[23].

Solano. *(Saca melón.)* Y la mujer y el melón, se huelen por el pezón[24]. *(Lo hace.)*

Ríos. *(Saca pan.)* Dios sea loado: el pan comido y el corral cagado[25].

Solano. Dieta y mangueta, y siete nudos en la bragueta[26]. *(Come algo.)*

Ríos. *(Mordaz.)* Bien come el catalán... si es que se lo dan[27].

Solano. *(Se interrumpe, picado.)* Pero... lo que caga, alguno se lo traga...

Ríos. *(Molesto.)* Muchos ajos en un mortero, mal los maja un majadero[28].

Solano. *(Agresivo.)* Las grandes narices, no huelen bien las perdices.

Ríos. *(Ídem.)* Al asno y al mulo, la carga en el culo[29].

Solano. No me pago de gabacho, ni de alcahuete macho.

Ríos. Puercos con frío y hombres con vino, gran desatino[30].

Solano. A cada puerco le llega su San Martín[31]. *(La hostilidad va creciendo.)*

---

[23] «El melón y el queso, al peso» (G. Correas, ob. cit., pág. 308).

[24] «El melón y la mujer, por el rabo se han de conocer» (G. Correas, ob. cit., pág. 308) y «El melón se güele por el pezón» (ob. cit., pág. 308).

[25] *Apud* G. Correas, ob. cit., pág. 160. Cuando no transcribo el texto de Correas es porque no hay variantes.

[26] «Dieta, y mangueta, y siete ñudos a la bragueta» (G. Correas, ob. cit., pág. 156).

[27] «Bien come el catalán, si se lo dan (en *Refranero español,* introducción, selección y notas de Federico Carlos Sainz de Robles, Madrid, Aguilar, colección Crisol, 1962, cuarta edición, pág. 91, quien lo edita entre los *Refranes de Hernán Núñez).*

[28] *Apud* G. Correas, ob. cit., pág. 322.

[29] «Al mulo y al asno, la carga al rabo» (G. Correas, ob. cit., pág. 34).

[30] «Puercos con frío y hombres con vino hacen gran ruido» (G. Correas, ob. cit., pág. 411).

[31] «A cada puerco le viene su San Martín» (G. Correas, ob. cit., pág. 7).

Ríos. *(Despectivo.)* O llueve o apedrea, o nuestra moza se mea[32].

Solano. *(Hiriente.)* Mucho sabía el cornudo, pero más el que se los puso.

Ríos. *(Ídem.)* Lo que en la leche se mama, en la mortaja se derrama[33].

Solano. No hay generación sin puta ni ladrón[34].

Ríos. A la puta y al juglar, a la vejez les va mal[35].

Solano. ¡Puta me veas y tú que lo seas![36].

> *(Van a llegar a las manos, pero a Ríos le estalla un tomate que lleva en una de ellas y su pulpa les salpica a ambos. Se contienen. Ríen y vuelven a la cordialidad inicial.)*

Ríos. No hay mejor espejo que el amigo viejo[37].

Solano. En largo camino y chico mesón, conoce el hombre su compañón[38].

Ríos. Palabras y plumas, el viento las tumba[39].

Solano. Necio es quien piensa que el otro no piensa[40].

Ríos. Común conviene que sea, quien comunidad desea[41].

Solano. Por eso es aquél cornudo, porque pueden más dos que uno[42].

---

[32] *Apud* G. Correas, ob. cit., pág. 372.

[33] *Apud* G. Correas, ob. cit., pág. 271.

[34] «No hay generación do no hay puta o ladrón» (G. Correas, ob. cit., pág. 350).

[35] «A la puta y al juglar, a las veces les viene el mal» (G. Correas, ob. cit., pág. 23).

[36] «Puta que me veas, y tú que lo seas» (G. Correas, ob. cit., pág. 413).

[37] *Apud* G. Correas, ob. cit., pág. 351.

[38] *Apud* G. Correas, ob. cit., pág. 194.

[39] *Apud* G. Correas, ob. cit., pág. 379.

[40] «Necio es quien piensa que otro no piensa» (G. Correas, ob. cit., pág. 332).

[41] *Apud* G. Correas, ob. cit., pág. 122.

[42] «Por eso es un hombre cornudo, porque pueden más dos que uno» (G. Correas, ob. cit., pág. 401).

Ríos. ¡Solano!

Solano. ¿Qué? (Ríos *señala al público.*) ¿Qué hay? ¿Algún cornudo?

Ríos. No, hombre de Dios: el público.

Solano. ¿El público?

Ríos. Sí, la actuación: bululú, ñaque, gangarilla, cambaleo...

Solano. ¡Cierto! Lo había olvidado... *(Por la comida.)* Sigue tú con esto. *(Se incorpora y prosigue su actuación mientras Ríos corta y prepara los alimentos y los mezcla en el cuenco.)* Ñaque... Ñaque es dos hombres que no llevan sino una barba de zamarro, tocan el tamborino y cobran a ochavo. Éstos hacen un poco de un auto, un entremés, y dicen unas octavas y dos o tres loas. Viven contentos, duermen vestidos, caminan desnudos, comen hambrientos, espúlganse en verano entre los trigos y, en el invierno, no sienten con el frío los piojos...

Ríos. *(Se incorpora y mima su narración mientras Solano va a comer.)* Así anduvimos éste y yo cuando salimos de la ciudad de Valencia por cierta desgracia, él a pie y yo andando. Y así fue como llegamos a un lugar de noche, molidos y con ocho cuartos entre los dos. Fuimos a un mesón a pedir cama y dijeron que no la había, ni se podría hallar porque había feria... Viendo el poco remedio que teníamos de hallarla, usamos de una industria, y fuime a una buena posada y dije que era un mercader indiano, que ya veis que lo parezco en el rostro[43]...

Solano. Y aun en el hablar.

Ríos. *(Reparando en que Solano, al no tener que hablar, está acabándose la ensalada.)* Por el hablar voy a quedarme sin ensalada, como no amainen tus dientes...

Solano. Es que mi padre murió de súbito...

Ríos. ¿Qué dices?

---

[43] También Ríos relata esta peripecia, aquí muy resumida, en *El viaje entretenido* (ob. cit., págs. 132-136).

SOLANO. ¿No sabes el cuentecillo aquel de los dos amigos que compartían una gallina?[44].

RÍOS. No, no lo sé. Y para darme lugar a comer algo, cuéntalo tú.

SOLANO. Pues es el caso que dos compañeros llegaron a una venta, y como no hubiese otra cosa que cenar sino una gallina asada, el uno de ellos, que tenía buena hambre y era hombre astuto, dijo al otro compañero: «En tanto que yo preparo esta gallina, contadme de qué murió vuestro padre». El otro se comenzó a enternecer, y con lágrimas le relató un proceso bien largo de la enfermedad de su padre, y cómo había muerto; en lo cual tardó tanto, que cuando se dio cuenta ya el amigo se había comido casi toda la gallina. Hallándose burlado, quiso desquitarse y le dijo: «Compañero, pues yo os he contado la muerte de mi padre, contadme vos la del vuestro». El compañero, por no perder la parte que le quedaba y concluir presto sus razones, respondió: «Señor, el mío murió de súbito».

RÍOS. Bueno es el cuento, pero mejor será que sigamos con el nuestro... *(Prosigue su «escenificación».)* Conque fui a una buena posada y dije que era un mercader indiano. Preguntó la huéspeda si traíamos cabalgaduras y respondí que veníamos en un carro. Luego fui al alcalde del pueblo y le dije que estábamos allí una compañía de recitantes que iba de paso, y que si nos daba licencia para hacer la obra. Preguntóme si era a lo divino y le respondí que sí. Entonces me dio la licencia y volví a avisar a Solano que repasase el *Auto del sacrificio de Abraham*[45] y se fuese luego a cobrar a la ermita, porque habíamos de

---

[44] Maxime Chevalier lo transcribe en su libro *Cuentecillos tradicionales en la España del Siglo de Oro* (Madrid, Gredos, 1975, págs. 239-240). Este cuentecillo pertenece a los *Diálogos familiares* de Juan de Luna.

[45] En *El viaje entretenido,* Ríos avisa a Solano «que repasase el auto de *Caín y Abel*» (ob. cit., pág. 133).

representar aquella noche. Y entretanto yo fui a buscar un tamborino, hice una barba de un pedazo de zamarro y fuime por todo el pueblo pregonando la comedia... *(Ha sacado del arcón el tamborino y la barba, se los coloca y comienza a redoblar y pregonar por el escenario:)* ¡El auto famoso del sacrificio de Abraham, de mucha devoción y entretenimiento! ¡El auto famoso del sacrificio de Abraham! ¡Acudan esta noche al corral de la alcaldía! ¡Lo verán representar por una ilustre compañía!... Como había gente en el lugar, por la feria, acudieron muchos adonde Solano cobraba. Hecho esto, guardé el tamborino, me quité la barba y fui a la posada; subí a mi aposento, tomé las sábanas de la cama, un guadamecí viejo y dos o tres colgaduras, que era todo cuanto habíamos menester para el adorno y vestidura del auto. Y para que no me los viese bajar nadie, hago un envoltorio y lo echo por la ventana y bajo como el viento. Pero ya que estaba en el patio, me llama el posadero y me dice: «Señor indiano, ¿quiere ir a ver una comedia de unos faranduleros que han venido poco ha, porque es muy buena?». Yo le digo que sí, y salgo con mucha prisa a buscar la ropa, y aunque me di mucha diligencia, ya no pude hallarla en toda la calle. Viendo la desgracia hecha, y que era delito para visitarme las espaldas, corro a la ermita donde Solano cobraba y le aviso de todo lo que había; deja la cobranza y nos vamos con la moneda.

Solano. Considerad cómo quedarían todos estos: los unos sin mercaderes ni sábanas, y los otros burlados y sin comedia. Aquella noche anduvimos poco, y eso fuera de los caminos, y a la mañana hicimos cuenta con la bolsa y hallamos tres reales y medio, todo en dinerillos. Ya, como veis, íbamos ricos y no poco temerosos. Llegamos aquella noche a otro lugar donde ya llevábamos idea para ganar de comer. Pedí licencia al alcalde, busqué dos sábanas viejas, pregonamos la comedia, nos procuramos una guitarra, cobramos y convidé a los posaderos. Y al fin, la casa llena, salgo a cantar el romance de «Compañero, compañero»[46]...

(Han extraído del arcón los elementos indicados y armado en él un minúsculo tablado: dos palos y una manta vieja constituyen toda la decoración. SOLANO *se sienta en él con una vieja guitarra y canta:)*

—Compañero, compañero,
se casó mi linda amiga;
se casó con un villano,
que es lo que más me dolía.
Irme quiero a tornar moro,
allende la morería,
y cristiano que me encuentre
yo le quitaré la vida.
—No lo hagas, compañero,
no lo hagas por tu vida;
de tres hermanas que tengo,
te daré la más garrida;
el cuello tiene de garza,
la piel es de maravilla:
si la quieres por mujer,
si la quieres por amiga.
—No la quiero por mujer,
ni la quiero por amiga[47],
compañero, compañero,
me voy a la morería.

---

[46] Este romance anónimo, titulado «El amante despechado», puede leerse en el *Romancero General o Colección de romances castellanos anteriores al siglo XVIII,* recogidos, ordenados, clasificados y anotados por Agustín Durán (Madrid, Atlas, Biblioteca de Autores Españoles, 1945, tomo primero, pág. 162). En *El viaje entretenido,* Ríos dice haber cantado el romance «de *Afuera, afuera: aparta, aparta*» (ob. cit., pág. 134).

[47] Del romance original se han suprimido los cuatro versos siguientes, que sí aparecían en la primera edición:

Ríos. *(Sobre el arcón.)* Acabado el romance, se mete dentro
Solano y queda la gente suspensa. Y entonces salgo yo a
recitar una loa para enmendar la falta de música, y era la
loa de «Las cuatro edades del mundo»[48], que dice así:

Antes que dieran las aguas
que agora riegan el suelo
fertilidad a los campos
y tributo al mar soberbio,
y antes que el viento veloz
tuviera forma ni asiento,
eran el aire y el mar
lo mismo que tierra y fuego;
todo era confusión,
caos y dudoso estruendo.
Entonces quiso el Creador,
el hacedor de los cielos,
formar este nuevo mundo
y dijo: Vamos a hacerlo[49].
Hizo fuentes, ríos, mares,
sierras, montes, llanos, cerros;
creó plantas y animales

---

ni me puede contentar
ya ninguna compañía;
porque no puedo gozar
de la que yo más quería (ob. cit.).

[48] De nuevo nos encontramos aquí con un refrito en donde el dramaturgo ha zurcido, manipulado y adulterado versos de Rojas para componer esta loa, que pone en boca de Ríos y que no es sino un sintético
compendio de la loa original. Naturalmente, en *El viaje entretenido,* la loa
de «Las cuatro edades del mundo» la recita, cómo no, Rojas (ob. cit.,
págs. 478-484).

[49] Otra vez el dramaturgo «adereza» los versos de Rojas e inventa otros
de su propia cosecha. Por ejemplo, esta ultima estrofa, que en *El viaje
entretenido* dice así:

tan varios y tan diversos;
creó el hombre, y para él sólo
hizo la tierra y el cielo;
lo creó a su semejanza,
le dio un buen entendimiento,
y sobre esto, compañía,
que es el mayor bien del suelo.
Hizo la mujer, gran bien
de nuestros padres primeros;
tuvieron hijos queridos,
viviendo en paz y sosiego.
No hubo nadie que buscase
más que sólo su sustento,
y éste fue común a todos.
¡Mirad qué tiempo tan bueno!
Fue nuestra segunda edad
la de plata; en este tiempo
empezó la industria humana
a romper y abrir cimientos,
a labrar casas reales,
fabricar suntuosos templos,
levantar soberbios muros
y alzar edificios bellos.

(SOLANO *abandona la escena y baja a la sala.*)

De esta nueva confusión,
de este laberinto nuevo,
creció en los pechos el hambre

Queriendo, pues, el Criador,
como hacedor de los cielos,
formar este nuevo mundo,
con querer se hizo luego (ob. cit., pág. 479).

y en los hombres el esfuerzo.
Hubo justicia sin jueces,
porque no los consintieron,
ni rey, que todos son reyes
donde todos son sujetos.
Los bienes se repartían
entre todos con respeto,
con tanto amor, que ninguno
pidió más ni llevó menos.
¡Mirad qué dichoso tiempo!

(Se interrumpe al advenir que SOLANO *está en la sala.)*

Ríos. Solano... *(Silencio.)* ¡Solano!
SOLANO. *(Desde la sala.)* ¿Qué?
Ríos. ¿Qué haces?
SOLANO. ¿Yo? Nada...
Ríos. ¿Nada?
SOLANO. Nada.
Ríos. ¡Estabas galanteando a la moza!
SOLANO. ¿Yo? ¿A qué moza?
Ríos. A ésa.
SOLANO. ¿A ésta?
Ríos. No, a ésa.
SOLANO. ¿Galanteándola, dices?
Ríos. Pues, ¿qué, si no?
SOLANO. Una cortesía...
Ríos. ¿Cortesía, tan de cerca?
SOLANO. Es que... está muy oscuro, por aquí...
Ríos. Razón de más. *(Baja del arcón y va al proscenio.)*
SOLANO. Razón de más, ¿para qué?
Ríos. Para que no te acerques.
SOLANO. Exageras...
Ríos. ¿Exagero? ¿Que no recuerdas lo que te pasó en Sevilla
con aquella dama?
SOLANO. Era casada.

Ríos. ¿Y con aquella monja de Toledo?

Solano. Fue culpa de los celos de la priora...

Ríos. ¿Y aquel comediante, Íñigo de Velasco?

Solano. ¿Qué le pasó?

Ríos. ¿No te acuerdas? Lo degollaron en Valencia por andar galanteando como cualquier caballero, olvidando su condición[50].

Solano. Su condición...

Ríos. Sí. La nuestra. No somos nadie.

Solano. ¿Nadie? Somos actores.

Ríos. Menos que nadie.

Solano. Exageras...

Ríos. Mírate: Agustín Solano, farandulero de notable ingenio... ¿Quién sabe nada de ti? Anda, pregunta... No eres nadie, ¿te das cuenta?

Solano. *(Regresa al escenario.)* Pues anda que tú: Nicolás de los Ríos, famoso representante... ¿Quién te conoce? Aparte de la justicia, claro, por ciertos excesos que...

Ríos. Nadie. No soy nadie y nadie me conoce. Igual que tú. Por eso.

Solano. Por eso, ¿qué?

Ríos. Por eso podemos hacer lo que hacemos... y decir lo que decimos. Porque no somos nadie... fuera de aquí.

Solano. ¿Y por eso no puedo decir dos requiebros a una moza?

Ríos. Desde aquí arriba, sí. Y aún mejor si es en verso.

Solano. ¿Tú crees?

Ríos. Estoy seguro.

---

[50] José Pellicer anota la noticia en su «Aviso» correspondiente al 25 de agosto de 1643: «También de Valencia han avisado que allí degollaron a Íñigo de Velasco un comediante de opinión, porque olvidado de la humildad de su oficio, galanteaba con el despejo que pudiera qualquier Caballero» *(apud Semanario Erudito,* editado por Antonio Valladares de Sotomayor, Madrid, 1790, t. XXXIII, pág. 60). Los *Avisos históricos* de José Pellicer «comprehenden las noticias y sucesos... ocurridos en nuestra Monarquía desde el año 1639» al 1644.

SOLANO. *(Después de pensar, a la espectadora cortejada.)*
                    Más tiran dos buenas tetas,
                    que diez sogas cañameras.
RÍOS. Eso es. Y ahora, si no te importa, vamos a seguir...
   (Sube al arcén y recita.)

                    Ya voy llegando a lo hondo.
                    ¡Aquí de Dios, que me anego!
                    Al tercer tiempo llegué,
                    y de cobre es el tercero[51].
                    En este tiempo hubo reyes
                    que gobernaron sus reinos
                    juzgando con rectitud
                    y siendo juzgados ellos.
                    Hubo comercio, hubo tratos,
                    hubo soberbia en los necios
                    y hubo avaricia en los ricos.
                    En este tiempo tercero
                    hubo ingratitud en muchos
                    que se fueron al infierno
                    por vivir con doble cara.
                    ¡Ved qué tiempo fue el tercero!

   (Baja del arcén al tiempo que SOLANO se oculta tras él.)

                    La cuarta y última edad
                    es la que agora tenemos;
                    de hierro la llaman todos
                    y bien lo dicen sus yerros.
                    En esta edad comenzaron
                    las traiciones, los enredos,
                    las muertes, los latrocinios,
                    los insultos, desafueros,

---

[51] Rojas habla de un tercer tiempo «de arambre», es decir, de «alambre», o sea, «bronce», según Jean Pierre Ressot (ob. cit., pág. 481, nota 503).

juzgar por el interés,
dar lo hecho por no hecho,
irse las hijas de casa,
matar los hombres durmiendo;
saber decir las mujeres:
«Adórote, eres mi cielo,
peno, rabio, desconfío,
suspiro, lloro»; y tras eso:
«¡Ay, señor, que me has perdido!».
Muchos comen por callar
su opinión como discretos,
y otros prefieren ser ciegos
por no descubrir entuertos.
Todo este mundo es fingir,
todo interés y embelecos,
todo, en fin, desdichas: todo.
¡Mirad si es errado tiempo
aqueste tiempo de hierro!

SOLANO. *(Apareciendo con la indumentaria de Abraham en las manos.)* Ríos.
RÍOS. ¿Qué?
SOLANO. Ríos.
RÍOS. ¿Qué?
SOLANO. Si aquella cuarta edad era la del hierro...
RÍOS. Sí.
SOLANO. O sea, entonces...
RÍOS. ¿Entonces?
SOLANO. Sí, hacia mil seiscientos...
RÍOS. Más o menos.
SOLANO. Hace cuatrocientos años...
RÍOS. Sí. ¿Y qué?
SOLANO. Si aquél era un tiempo de hierro... *(Calcula.)* Oro, plata, cobre, hierro...
RÍOS. ¡Acaba ya!
SOLANO. ¿De qué será el tiempo este?

Ríos. ¿Cuál?

Solano. Ahora. El ahora de ahora.

Ríos. ¿El de aquí?

Solano. Sí. *(Dice el año actual.)*

Ríos. (Calcula.) Oro, plata, cobre, hierro... *(Mira a su alrededor, y también al público. Olfatea el ambiente.* Solano *hace lo mismo. Por fin concluye:)* Más vale no meneallo...

Solano. Será lo mejor.

Ríos. Al fin y al cabo, nosotros...

Solano. ... No somos de aquí. Quiero decir: de ahora.

Ríos. Sólo estamos de paso.

Solano. Eso mismo.

Ríos. Allá cada cual con su tiempo.

Solano. Con su pan se lo coma... si es que puede[52].

Ríos. Cada gallo canta en su muladar[53].

Solano. Y cada cosa en su tiempo, y nabos en Adviento[54].

Ríos. Nosotros...

Solano. Sólo estamos de paso.

Ríos. Eso mismo.

Solano. ¿Seguimos?

Ríos. Sigamos.

Solano. Repite el final de la loa.

Ríos. *(Recita.)*

> Todo este mundo es fingir,
> todo interés y embelecos,
> todo, en fin, desdichas: todo.
> ¡Mirad si es errado tiempo
> aqueste tiempo de hierro!

Solano. Entonces salgo yo vestido con una sábana y empiezo la obra, que era, como sabéis, el *Auto del sacrificio de Abraham.* *(Se arrodilla e interpreta.)*

---

[52] *Apud* G. Correas, ob. cit., pág. 127.
[53] *Apud* G. Correas, ob. cit., pág. 99.
[54] *Apud* G. Correas, ob. cit., pág. 99.

Fuente de sabiduría[55],
Dios eterno, mi creador,
suplícote, Redentor,
que en tan soberano día
me favorezcas, Señor. *(Se incorpora.)*
Pueblo cristiano: quisiera
tener tal habilidad,
que de lo que os propusiera
se siguiera utilidad
con que mi Dios se sirviera.
Mas con mi torpe decir,
os declararé al momento
nuestro auto y su argumento;
sólo les quiero pedir
que esté cada cual atento.
Y es que los que aquí saldrán
para hacer a Dios servicio,
aquí les recitarán
aquel grande sacrificio
del patriarca Abraham;
de cuando Dios le mandó
que a Isaac sacrificase,
y él luego le obedeció,
y un ángel Dios le envió
y un carnero que inmolase[56]...

---

[55] Con este verso se inicia el *Auto del sacreficio de Abraham,* primero de los 96 que contiene la *Colección de Autos sacramentales, loas y farsas del siglo XVI (anteriores a Lope de Vega),* es decir, el manuscrito 14711 de la Biblioteca Nacional de Madrid, más conocido como *Códice de autos viejas.* Miguel Ángel Pérez Priego nos proporciona datos sobre él en su edición del *Códice de autos viejos. Selección* (Madrid, Castalia, 1988, especialmente la «Noticia bibliográfica», págs. 43-54), en donde edita siete de ellos, pero no el que aquí nos interesa.

[56] Excepto la segunda estrofa, que ha sido suprimida, estos versos, con las variantes de rigor, se corresponden con los treinta iniciales del *Auto del sacreficio de Abraham,* en donde intervienen como «figuras» Abraham,

Y estaba yo en éstas cuando sale Ríos haciendo la Sara, su mujer de Abraham, mal cubiertas las barbas con un velo y la voz no mucho femenil...

Ríos. *(Tras la manta, fingiendo la voz.)*

>   Señor mío, ¿dónde estáis?[57].
>   Abraham, esposo amado...

(Sale, a tono con la descripción.)

SOLANO. Entendí de risa ser muerto y no pude continuar. Y a Ríos le hizo reír mi risa y también se le atragantaron los versos. Y el pobre vulgo no sabía lo que estaba sucediendo. Pero es el caso que al fin me sujeté y pude continuar. *(Interpreta.)*

>   ¿Qué es lo que mandáis, mujer?

Ríos.   Saber en qué os ocupáis,
         que acá fuera os apartáis
         y no os he podido ver.

SOLANO. Pensaba cómo a los dos
         nos quiso dar Dios tal hijo,
         siendo tan viejos yo y vos.

Ríos.   Diónos a la vejez Dios
         gran descanso y regocijo.

SOLANO. A Isaac, ¿dónde le tenéis?

Un Villano, Eliazer, Sarra, Una Moça, Quatro Conbidados, Dios Padre, Ysac y Un Ángel. Cito por la *Colección de Autos, Farsas, y Coloquios del siglo XVI*, edición publicada por Léo Rouanet (Macon, Protat hermanos, impresores, Bibliotheca hispanica, 1901, t. I, págs. 1-21). Estos versos iniciales de la «Loa al Sacramento» pueden leerse en ob. cit., págs. 1-2.

[57] Los versos siguientes corresponden, excepto los 132-134, que han sido suprimidos, y el verso siguiente («Abraham, esposo amado»), inventado por el dramaturgo, al diálogo que, desde el verso 117 al 143, mantienen Sarra y Abrahan en el *Auto* original *(apud* L. Rouanet, ob. cit., págs. 6-7).

Ríos.	Adentro, mamando está,
	que es un gran gozo miralle.
Solano.	Pues llegado el tiempo es,
	siendo ya mozo bragado,
	en que habrá que destetalle.
Ríos.	Señor, si es tu voluntad,
	lo destetaré de grado;
	aunque quitalle el mamar
	sabe Dios cuánto me cueste,
	que temo que ha de llorar.
Solano.	Pues, ¡sus!, yo quiero ordenar
	un gran regocijo y fiesta,
	donde vendrán a comer
	mis amigos y parientes.
Ríos.	Pues yo voy a aderezar
	la comida y el manjar[58].

(Se va detrás de la manta.)

Solano.	¡Venid aquí, mis sirvientes,
	para cumplir mis mandados!
	Y a toda esta honrada gente
	la traed por convidados.
	A todos quiero llamar
	para tener regocijo,
	porque a nuestro amado hijo
	queremos hoy destetar[59].

(Se oculta.)

---

[58] Esta réplica de Ríos-Sara es una variante de los versos 149-150 del *Auto (apud* L. Rouanet, ob. cit., pág. 7).

[59] Estos versos de Solano-Abraham son un refrito de los versos 157-161 *(apud* L. Rouanet, ob. cit., págs. 6-7) y 291-295 del *Auto (apud* L. Rouanet, ob. cit., pág. 11).

Ríos. *(Asoma la cabeza tras la manta.)* Pasó esto y anuncié el *Entremés del Bobo y el Capeador,* que hicimos así... *(Sale disfrazado de ladrón, con distinta voz.)* Un ánima sola ni canta ni llora. Dígolo por mí, que después que el verdugo de Valencia acabó con los días de mi compañero, me siento el hombre más perdido del mundo[60]. Porque un hombre solo, ni se atreve a una capa ni a acometer a nadie. Y así ando buscando un camarada que me ayudase a pasar esta vida: él en un cantón, yo en otro, mal sería que no captivásemos algunas capas...

Solano. *(Sale de Bobo, voceando.)* ¡Valga el diablo al carnicero falso, que juro a diez que probaré que soy más ruin hombre que la puta que os parió!

Ríos. ¿Qué es esto, hermano? ¿Qué tenéis?

Solano. Yo las he con ese borracho carnicero.

Ríos. Pues, ¿qué os ha hecho?

Solano. Yo os lo diré. Heis de saber que mi mujer me dijo: «Tomá, Lorenzo, andá a la carnicería y traéos un real de carne». Yo cojo el real y voy y dígole al carnicero: «Echáme acá un real dese carnero». Él pone un pedazo de carne en aquellas alforjas de hierro...

Ríos. ¿El peso?

Solano. Que no era el queso.

Ríos. El peso, digo.

Solano. Sí, el peso creo que era, señor. Y mirá: yo vi que la carne era poca, que daquí a en eso tengo buen ojo. Y dígole: «Qué, ¿dais a entender que hemos de comer arroz, que me ponéis tanto sebo? No quiero esa carne». Él, que oye eso, díceme: «Sois un ruin hombre». Dígole

---

[60] Es el inicio del *Entremés tercero: del Capeador,* editado por Emilio Cotarelo y Mori en su *Colección de Entremeses, Loas, Bailes, Jácaras y Mojigangas desde fines del siglo XVI a mediados del XVIII* (Madrid, Casa Editorial Bailly-Baillière, 1911, t. I, págs. 116-119). En este entremés, además del Bobo y del Capeador, intervienen también otras «figuras», como Un Jugador y Un Alguacil y sus ministros.

yo: «Mentís, don bellaco». Él, que oye tal, abájase y toma una de esas pesas y tíramela a la cabeza. Yo, que la veo venir, abajo la cabeza y déjola pasar. Y como dice el rufián...

Ríos. El refrán, dirás.

Solano. Sí, refrán... que no hay palabra sin respuesta, abájome y cojo la misma pesa, y tírosela, y pégale en el ojo.

Ríos. ¿En el ojo? ¡El ojo le habréis sacado!

Solano. No, que antes se lo he metido dos dedos más adentro.

Ríos. Yo creo que tú le has muerto.

Solano. No está muerto, que agora lo ponían muy polido, como fraile franciscano, para llevarlo a la iglesia.

Ríos. Ahora bien, hermano: vos no podéis ya andar por la ciudad por eso que habéis hecho, a lo menos de día. Y para eso tengo yo un oficio muy bueno que es oficio de noche.

Solano. ¿Vos? ¿Y qué oficio tenéis?

Ríos. Hermano: yo soy poleo[61].

Solano. Pues yo soy orégano, que también lo ponen en las aceitunas.

Ríos. No digo eso, hermano, sino que soy capeador.

Solano. ¿Capador? Pues mire, no me cape por reverencia de Dios, que si me capa, quedaré impotente y ya no aprovecharé para nada...

Ríos. Hermano, yo no os he de hacer nada. Dígoos que soy capeador, ladrón de capas... y es un oficio muy bueno, porque vivimos sin trabajar.

Solano. ¿Que vos sois ladrón? Juro a diez que entendí yo que tenían otro color los ladrones. Y escuchá: ¿ése es

---

[61] «Poleo» es «el que encubre a los ladrones o les abona o fía» según el *Romancero de germanía,* selección y estudio preliminar de José Hese (Madrid, Taurus, 1967, pág. 158). José Luis Alonso Hernández recoge también esta voz en *El lenguaje de los maleantes españoles de los siglos XVI y XVII: la germanía (introducción al léxico del marginalismo),* Salamanca, Universidad de Salamanca, 1979, pág. 231.

buen oficio? Porque me han dicho que nunca llegáis a viejos.

Ríos. No, hermano, que eso les pasa a los ladroncillos de poco más o menos, que hurtan un rábano y una lechuga y cosas semejantes. Pero yo soy de los ladrones que hoy hurtamos diez escudos, mañana veinte, esotro día cincuenta... y desta manera vamos subiendo de grada en grada.

Solano. Hasta que venís a dar en la horca.

Ríos. No, nada de eso, sino hasta que venimos a tener muchos ducados y ser muy ricos y respetados, que los deste oficio nos damos buena vida.

Solano. Pero siempre debéis tener mala muerte.

Ríos. Bueno está, señor: si vos lo queréis ser, mucho de enhorabuena; y si no, haced lo que os diere gusto.

Solano. Esperad, esperad: yo quiero ser dese oficio. Avezáme lo que he de hacer.

Ríos. Lo primero que debéis hacer es esto: hacé de cuenta que viene un hombre por esta esquina. Pues en viéndole venir, habéis de tentarle la capa; y si veis que es buena y tiene pelo, le echáis mano, le dais dos esplañizazos y llamáis: ¡Poleo, poleo! Yo, en oír eso, como estaré en la otra esquina, vendré en tu ayuda, le cogeremos la capa y daremos con ella en un bodegón, y comeremos como unos príncipes. ¿Tiéneslo entendido?

Solano. Sí, muy bien.

Ríos. Pues tomá esta espada, que yo traigo otra ceñida. Y ahora ponte en este cantón, que yo me pondré en este de más adentro. Y ten en cuenta que en ser menester me des aviso.

Solano. Ya estoy en el caso. Bien te puedes ir a poner en tu esquina.

(Se oculta Ríos y queda Solano al acecho. A poco vuelve a entrar Ríos con diferente atuendo y mudando la voz, furioso.)

RÍOS. ¡Valga el diablo al juego y a quien lo inventó![62]. Que de cien veces que me pongo a jugar, las noventa y nueve pierdo. ¡Juro a tal que si me viniera nadie por aquí ahora, que le había de deshacer la cara!

SOLANO. *(Amedrentado.)* Venga la capa, deje la capa... ¡Poleo, poleo!

RÍOS. ¿Qué es esto? ¿Con quién las habéis?

SOLANO. Con vos... a que dejéis la capa, que la he de llevar a un bodegón y comer, y darme una vida tres o cuatro días que no la tenga ni un príncipe...

RÍOS. ¡Bueno es eso, por Dios! ¡Cuerpo del diablo! En lugar de eso me habéis de dar vos esa espada, u os pasaré esta mía por el cuerpo. ¡La espada, digo!

SOLANO. ¡Poleo, poleo!

RÍOS. ¿Qué decís?

SOLANO. Nada, señor, sino tome la espada, por amor de Dios.

RÍOS. Pues más habéis de hacer: venga acá ese sayo, y también la caperuza, y los calzones, u os echaré tan alto, tan alto que antes moriréis del hambre que de la caída.

SOLANO. ¡Poleo, poleo, poleo!

RÍOS. ¡Presto, presto! Acabá con los calzones que me ciego.

SOLANO. Tome, señor... Sólo que se vaya y me deje y no me esté aquí con sus cóleras, que me quitan la sangre del cuerpo... *(Susurra.)* ¡Poleo, poleo!

RÍOS. ¡Juro a tal, que si no mirara que soy cristiano, no os había de dejar con vida! *(Va a salir, dejando a* SOLANO *en camisa.)*

SOLANO. Un bellaco eres, que se te me llevas la ropa...

RÍOS. *(Vuelve amenazador.)* ¿Cómo? ¿Aún habláis palabra? ¿Qué decíais?

SOLANO. Nada, señor... No era yo el que hablaba...

---

[62] Son palabras de un jugador en el entremés original (en ob. cit., pág. 118). A partir de ahora todas las réplicas de Ríos a Solano-Bobo corresponden en aquél a la «figura» del jugador.

RÍOS. Mirad lo que hacéis, que aún explotaré en vos mi cólera.

SOLANO. No haga tal, que no diré nada más.

RÍOS. Por eso digo. *(Se va.)*

SOLANO. *(Buscando por escena.)* ¡Valga al diablo, señor capeador o señor poleo! ¿Dónde estáis? ¡Arreniego de vos y deste oficio, que por ganar capa de buen pelo, véome en pelota! ¡Poleo, poleo, poleo! *(Se esconde tras la manta.)*

RÍOS. *(Sale con su atuendo normal.)* Acabado el entremés[63], continuamos con el auto; pero antes, por dar tiempo a Solano que tornara a vestirse, conté aquel dicho de un ladrón al que atrapó la justicia, y condenó a serle cortadas las orejas. Y sucedió que, apartándole el verdugo el cabello, que lo tenía largo, no halló oreja alguna que cortar. «¿Cómo es esto, bellaco?», preguntó airado el verdugo. «¿Sin orejas venís ya?» «Pues, ¿qué creéis, cuerpo de tal?», respondió el ladrón. «¿Es que estoy obligado a criar orejas cada martes?»[64].

SOLANO. *(Asoma la cabeza tras la manta, mientras se viste.)* Bueno es el dicho, ciertamente, pero tampoco es malo aquel del truhán[65]...

RÍOS. Sí, aquel truhán a quien unos caballeros, por burlarse, cortaron a su jaca la cola. Cuando el truhán vio el desafuero, fuese a los caballos de los señores y, sin ser notado, cortóles a todos los hocicos. De camino, como el truhán iba delante, los caballeros burlaban de él diciendo: «¡Mirad

---

[63] El entremés original concluye, ante el estupor del Capeador, con el robo por parte del Bobo de la capa y de la espada no sólo del jugador sino también del Alguacil, al que aquél ha denunciado el intento de robo anterior y al que acompaña hasta el lugar del suceso.

[64] No he podido localizar la procedencia de este «dicho» del ladrón y las orejas.

[65] Es una variante del cuento folclórico recogido por Melchor de Santa Cruz en su *Floresta española* (1574), reproducido por Maxime Chevalier con el título de «El truhán y las mulas» en su antología de *Cuentos folklóricos en la España del Siglo de Oro* (Barcelona, Crítica, 1983, pág. 324).

qué cola tan lucida lleva esa jaca!». Y les respondió el otro, volviendo la cabeza: «Sin duda de eso se van riendo vuestros caballos, porque llevan todos los dientes afuera».

SOLANO. No les falta lengua ni ingenio a los truhanes, como aquel otro que...

RÍOS. Solano...

SOLANO. ¿Qué?

RÍOS. Paréceme que nos estamos alejando algún poco.

SOLANO. ¿De dónde?

RÍOS. De lo que estábamos contando.

SOLANO. Cierto... Pues, como íbamos diciendo, seguimos con el auto, y va y vuelve Abraham pidiendo música para la fiesta... Y en éstas que sale Ríos, de Dios Padre, con una sábana abierta por medio y toda junta a las barbas llenas de orujo, y con una vela en la mano. Así cual le veis... (*Sobre el arcón sale* RÍOS *según la descripción, pero con el añadido de la tapa de retrete alrededor del cuello.*)

RÍOS. (*Con voz «divina».*)
      Abraham, ¿adónde estás?[66].
      ¿Adónde estás, Abraham?

SOLANO. (*Tras reponerse de la sorpresa.*) Y la gente andaba algo amoscada y comenzó a murmurar y rebullir en las sillas, pero yo hice caso omiso y proseguí... (*Interpreta.*)
      Vesme aquí, Señor. ¿Qué mandas?

RÍOS.   Toma a Isaac, tu hijo amado,
      y en aquel monte encumbrado
      me harás con él el sacrificio,
      porque cumple a mi servicio.

SOLANO. ¡Oh, alto Dios poderoso,
      grande y misericordioso!
      En tus obras, cuánto hay

---

[66] Este diálogo entre Ríos y Solano es un nuevo refrito, con variantes, del que desarrollan en el *Auto* original Dios Padre y Abraham a partir del verso 386 (*apud* L. Rouanet, ob. cit., pág. 14).

de sublime y misterioso.
Es tan grande tu poder,
que cosas que al parecer
humanas no pueden ser,
tú vas y, al punto, las haces.
Bien ansina, Sara y yo
siendo imposibilitados
para engendrar, acudiste,
y un hijo, Isaac, nos diste,
con que fuimos consolados.
Tú das cuanto poseemos
y sin ti nada se hace,
y los bienes que tenemos
los quitas cuando te place,
porque no los merecemos.

Ríos.   El hijo que yo te di
cuando ya no lo esperabas,
agora ha de tornar a mí
porque yo lo quiero ansí.
¡A ver qué te figurabas![67].

(Se oculta tras la manta.)

Solano.   Pues que yo no merecí[68]
el hijo que me habéis dado,
y pues tú lo quiés ansí,
justo es que lo vuelva a ti,
y además, sacrificado.

---

[67] Obviamente, estos versos de Ríos son invención del dramaturgo, pues en el *Auto,* la intervención del personaje de Dios Padre se limita a sus palabras anteriores, que corresponden a los versos 386 y 388-392 *(apud* L. Rouanet, ob. cit., pág. 14).

[68] Estos versos que recita Solano son una variante de los versos 403-407 del *Auto (apud* L. Rouanet, ob. cit., pág. 15).

Así fue pasando el auto, y llegóse el punto de sacrificar Abraham al triste Isaac. Reparé entonces que había olvidado el cuchillo para degollarle[69] y, no sabiendo cómo salir del paso, quítome la barba y voy a sacrificarle con ella. ¡La puta que nos parió! Viérais levantarse la chusma y empezar a darnos grita... Les supliqué que perdonaran nuestras faltas porque aún no había llegado el resto de la compañía, pero, ¡ca!... Al fin, ya toda la gente rebelada, entra el posadero y nos dice que lo dejemos estar, porque nos quieren moler a palos. (Ríos *descuelga la manta.*)

Ríos. Con este divino aviso, pusimos tierra por medio, y aquella misma noche nos fuimos con no más de cinco reales que se habían hecho.

Solano. Después de gastado este dinero, que fue harto pronto, tuvimos que vender lo poco que nos había quedado y seguimos viaje, comiendo muchas veces los hongos que cogíamos por el camino, durmiendo por los suelos, caminando descalzos, ayudando a cargar a los arrieros, llevando a dar agua a los mulos y sustentándonos más de cuatro días con nabos[70]. *[Por fin, una noche, llegamos a una venta donde nos dieron, entre cuatro carreteros que estaban allí juntos, veinte maravedíes y una morcilla porque les hiciésemos una comedia...

Ríos. Solano...

Solano. ¿Qué?

Ríos. Solano.

Solano. ¿Qué?

Ríos. ¿Comedia fue aquello que les hicimos?

Solano. Pues, ¿qué, si no?

---

[69] En *El viaje entretenido,* Ríos y Solano representaban el auto de *Caín y Abel,* en cuyo desenlace Ríos olvidaba también el cuchillo con el que degollar a éste (ob. cit., pág. 134).

[70] Desde aquí hasta el cierre del corchete y subsiguiente asterisco, suprimido en las representaciones.

Ríos. Considera el cuadro: tú y yo, descoloridos y arruga-
dos como tripas de vieja; la venta, más aparejada para
mulos que para cristianos; los carreteros, cuatro odres de
vino mal cosidos; por toda lumbre, un candil...

Solano. Dos.

Ríos. ¿Qué?

Solano. Dos candiles había... Y estaba también el posadero.

Ríos. Roncando.

Solano. Pero estaba. *(Soñador.)* *La gran Semíramis...*

Ríos. ¿Qué?

Solano. La comedia. Era *La gran Semíramis.* ¿Te acuerdas?

Ríos. *La gran Semíramis...* ¡La gran pedorrera!

Solano. *(Declama.)*

> Esta comedia con estilo nuevo,
> sucede en tres lugares diferentes
> por cada una de sus tres jornadas.
> En el sitio de Batra la primera,
> en Nínive famosa la segunda,
> la tercera y final en Babilonia...[71].

Ríos. De Babilonia debían ser los piojos que me devoraban
las carnes...

Solano. Sólo una duda me quedó: y es si los carreteros
entendieron maldita la cosa de toda aquella historia.

---

[71] Estos versos que declama Solano corresponden, debidamente manipulados, a los versos 24-29 del «Prólogo» de la *Tragedia de La Gran Semíramis,* de Cristóbal de Virués. Cito por la edición de Alva V. Ebersole,
quien la incluye en su *Selección de comedias del Siglo de Oro español*
(Valencia, Artes Gráficas Soler, Estudios de Hispanófila del Departamen-
to de Lenguas Románicas de la Universidad de North Carolina, 1973,
págs. 78-106). Los versos mencionados pueden leerse en ob. cit., pág. 78,
Naturalmente, en el verso 24, Virués reafirma su carácter de tragedia
(«que esta tragedia, con estilo nuevo»), y no «comedia» como se obstina
Solano, por voluntad de Sanchis Sinisterra, en repetir aquí.

Ríos. En particular, olvidándosenos la mitad de los versos y equivocando la otra mitad.

Solano. No fue tanta la repelada. Sólo que éramos pocos para tanta multitud de personajes... Nino, Menón, Semíramis, Zopiro, Zelabo, Janto, Creón, Crístenes, Troilo, Diarco, Gión, Teleucro, Tigris... y el hijo de Semíramis... ¿Cómo se llamaba?

Ríos. Ninias[72].

Solano. ¿Recuerdas cuando la reina manifiesta su pasión a su propio hijo?

Ríos. No me lo recuerdes. Aún se me figura que te estoy viendo: con barbas de dos meses, el trapejo de la cocina en la cabeza, haciendo la Semíramis...

Solano. *(Se pone un trapo en la cabeza y se arrodilla ante* Ríos. *Declama:)*

> No puedo sin ti pasar[73],
> no puedo sin ti vivir,
> por fuerza te he de buscar,
> por fuerza te he de seguir,
> por fuerza te he de alcanzar.
> No puedes huir de mí,
> que he de correr mucho yo,
> pues quiere que sea así
> el cruel amor que me hirió
> dejándote sano a ti.

Ríos. No fue poco milagroso que nos dejaran sanos a nosotros aquellos honrados carreteros.

---

[72] Solano recuerda la mayoría de los personajes, aunque Janto es «Xanto, consejero del rey»; Cristenes es «Oristenes», también consejero del rey y Ninias es «Zameis Ninias, hijo de Nino i de Semíramis». Además, entre las «figuras que hablan» constan también «Pueblo», «Prólogo» y «Tragedia» (ob. cit., pág. 78).

[73] Estos versos que declama Solano corresponden a los versos 210-219 de la jornada tercera de la tragedia, dichos en ella por Semiramia (ob. cit., pág. 99).

SOLANO. Pero salimos de aquélla, y aun de otras peores...]*.
Y con vida tan penosa y tan notable desventura, llegamos al fin de nuestra jornada, que era cerca de Zaragoza;
yo en cuerpo y sin ropilla, que la había dejado empeñada
en una venta, y Ríos en piernas y sin camisa, con un
sombrero grande de paja, unos calzones sucios de lienzo
y un coletillo muy roto y acuchillado...

RÍOS. Viéndome tan pícaro, determiné servir a un pastele-
ro, ya que éste no se aplicaba a ningún oficio[74].

SOLANO. ... Estando en esto, oímos tañer un tamborino y
pregonar a un muchacho: «La buena comedia de *Los
amigos trocados* se representa esta noche en las casas del
cabildo». Hablamos al muchacho y, al conocernos, soltó
el tamborino y empezó a bailar de contento. Le pregun-
té si tenía algún dinerillo y él sacó lo que tenía envuelto
en un cabo de la camisa. Compramos pan, queso y una
tajada de bacalao, que lo había muy bueno, y, después de
comidos, nos llevó donde estaba el autor, que era Martinazos. Cuando nos vio tan pícaros, no sé si le pesó de
vernos, pero al fin nos abrazó y dijo que nos espulgáse-
mos, porque habíamos de representar: no se le pegasen
muchos piojos a los vestidos.

RÍOS. Aquella noche, en efecto, le ayudamos en la comedia
de *Los amigos trocados,* y al otro día se concertó con nosotros y nos dio papel en una comedia de *La resurrección
de Lázaro,* y a Solano le dio el santo resucitado. Cada vez
que había de representar la comedia, Martinazos se qui-
taba su vestido en el vestuario y se lo pasaba a Solano,
encargándole mucho que no le pegara ningún piojo...

SOLANO. Como si los tuviera amaestrados...

RÍOS. Y en acabando Solano su papel, se volvía a desnudar
y a poner el suyo viejo. Y a mí me daba medias, zapatos,

---

[74] A partir de ahora el diálogo entre Ríos y Solano sigue con bastante
fidelidad el relato de Ríos en *El viaje entretenido* (ob. cit., págs. 135-136).

sombrero con muchas plumas y un sayo de seda largo, y debajo mis calzones de lienzo, que ya se habían lavado. Y con esto y como soy tan hermoso, salía yo como un brinquiño[75], con esta caraza de buen año...

SOLANO. Anduvimos en esta alegre vida poco más de cuatro semanas, comiendo poco, caminando mucho, con el hato de la farsa al hombro, sin haber conocido cama en todo este tiempo... *(Súbitamente se interrumpe. Queda inmóvil, totalmente inexpresivo. Con voz temerosa susurra.)* Ríos... *(Al no obtener respuesta, grita despavorido.)* ¡¡Ríos!!

RÍOS. *(Sobresaltado.)* ¿Qué?... ¿Qué te pasa? (SOLANO *se pasa la mano por la frente, con expresión de pánico.)* ¡Solano!... ¡Solano!...

SOLANO. *(Igual.)* Un blanco... un hueco...

RÍOS. ¿Un hueco? ¿Dónde?

SOLANO. *(Se toca la frente.)* Aquí... Nada aquí... No recuerdo... nada.

RÍOS. ¿Cómo que no recuerdas nada?

SOLANO. Que no recuerdo nada... De pronto... *(Gesto de vacío.)*

(La luz comienza a oscilar, a decrecer.)

RÍOS. *(Va junto a él y, nervioso, le palmea la cara.)* Vamos, vamos... No tiene importancia... Un pequeño olvido... ¿Qué estabas diciendo?

SOLANO. Es como si... *(Gestos vagos.)* Vacío... Dentro y fuera... Vacío...

RÍOS. ¡Te digo que no tiene importancia! Cualquiera puede olvidar...

SOLANO. Nosotros no...

RÍOS. ¿Por qué no?

SOLANO. Nosotros no. Es... horrible.

---

[75] *Estar o ir, hecho un brinquiño* significa, según el *Diccionario de la Real Academia Española* (Madrid, Real Academia Española, 1984, t. I, pág. 215), «estar, o ir, muy compuesto y adornado».

Ríos. *(Cada vez más excitado.)* ¡No te asustes! ¡Haz un esfuerzo! Tienes que recordar... Yo te ayudaré. ¿Por dónde ibas?... Vamos a ver... Yo estaba en lo de... Martinazos... cuando nos vio tan pícaros... no sé si le pesó de vernos, pero al fin... *(Aterrado.)* ¡No! ¡Eso era tuyo! ¡No me pongas nervioso! Ibamos muy bien... Haz un esfuerzo... *(Le zarandea con violencia.)* ¡Solano! ¡Solano! (SOLANO *cae al suelo.)*

SOLANO. *(Lejano.)* ¿Qué?

Ríos. *(Débilmente)* ¿Dónde..., dónde estás?

SOLANO; No sé...

Ríos. *(Ídem.)* ¿Qué te está pasando? (SOLANO *se enrosca sobre sí mismo.)* ¡No te dejes ir! ¡Recuerda! ¡Tienes que recordar! *(Intenta enderezarle.)*

SOLANO. ¿Recordar?

Ríos. Sí: recordar, rememorar, recitar, relatar...

SOLANO. ¿Resucitar?

Ríos. ¡No! ¿Quién está muerto?

SOLANO. Todos. Todo aquello.

Ríos. *(Débilmente.)* ¿Nosotros también? *(Silencio.)* ¿Nosotros también?

SOLANO. ¿Rescatar?... ¿Recuperar?...

Ríos. Anduvimos demasiado... *(Intenta huir.)*

SOLANO. Demasiados caminos... *(Repta por el suelo.)* Caminando mucho, comiendo poco...

Ríos. Siempre tienes hambre...

SOLANO. Comiendo poco... *(Se va recobrando.)* Caminando mucho...

Ríos. Demasiados caminos...

SOLANO. ... con el hato de la farsa al hombro...

Ríos. ¿Qué?

(La luz va recuperando su estabilidad.)

SOLANO. *(Animándose.)* Caminando mucho, con el hato de la farsa al hombro...

Ríos. *(Ídem.)* Si, sí... Eso es: con el hato de la farsa al hombro...
Solano. *(Ídem.)*... sin haber conocido...
Ríos. *(Ídem.)*... sin haber conocido... ¡cama!
Solano. ¡Sin haber conocido cama en todo este tiempo! ¡Ya lo tengo!

(La luz vuelve a su intensidad.)

Ríos. *(Jubiloso.)* ¡Ya lo tienes, sí!
Solano. *(Ídem.)* ¡Yendo de un pueblo a otro...!
Ríos. Sí, sí... Yendo de un pueblo a otro... de esta suerte...
Solano. Yendo... de un pueblo a otro de esta suerte, llovió una noche tanto...
Ríos. ¡Tanto sí! ¿Te acuerdas? *(Ríen los dos.)*
Solano. ¡Vaya si me acuerdo! Llovió una noche tanto que Martinazos nos mandó... ¿Te acuerdas?
Ríos. ¡Me acuerdo, claro! Martinazos...
Solano. Martinazos nos mandó que hiciésemos una silla de manos para llevar entre los dos a su mujer[76]...
Ríos. ¡A su mujer, sí! ¿Te acuerdas? *(Parodia la gordura de la mujer.)*
Solano. Me acuerdo, sí... su mujer... *(Ídem.)* Y él y otros dos que había, llevarían el hato de la comedia, y el muchacho el tamboril y otras zarandajas. ¿Te acuerdas?
Ríos. ¡Y tanto que me acuerdo! *(Aliviados los dos, prosigue la narración.)*
Solano. Mal nos pareció el encargo, pero, en fin, hicimos la silla de manos y empezamos nuestra jornada con la mujer a cuestas.
Ríos. De esta manera llegamos al lugar: hechos mil pedazos, los pies llagados y llenos de lodo y medio muertos por servir de asnos. Pidió Martinazos licencia al alcalde y fui-

---

[76] Solano retoma de nuevo el hilo del relato de Ríos en *El viaje entretenido* (ob. cit., pág. 136) que, de nuevo, tanto Ríos como Solano siguen con bastante fidelidad.

mos a hacer la farsa, que era la de Lázaro. Se puso aquí nuestro amigo el vestido prestado y yo mi sayo ajeno, y cuando llegamos al paso del sepulcro, Martinazos, que hacía el Cristo, le dijo a Solano, que estaba escondido: «Lázaro, levántate y anda...! ¡Lázaro, levántate y anda...! ¡Lázaro...!». Y, los otros, viendo que no se levantaba, se acercaron al sepulcro creyendo que estaba dormido y hallaron que en cuerpo y alma ya había resucitado... sin dejar ni rastro del vestido prestado. Y los del pueblo, como no hallaron al santo por ninguna parte, creyeron que había sido milagro y se alborotaron mucho... «¡Milagro, milagro es!...». Martinazos estaba atónito y corrido, y yo, viendo el pleito mal parado y que Solano era ido sin avisarme, hago como que salgo en su seguimiento y, de la manera en que estaba, con las medias, zapatos, sombrero y sayo ajenos, tomé el camino hasta Zaragoza sin hallar en él ni rastro de Solano. *(Ha ido poniéndose de mal humor.)*

SOLANO. Bien es verdad que tampoco lo halló Martinazos de sus vestidos ni la gente de Lázaro, que sin duda aún sigue creyendo que subió a los cielos... Y así fue cómo de ñaque entramos en cambaleo, y luego, viéndome solo, híceme Bululú... (SOLANO *espera la intervención de* Ríos, *pero éste mantiene un silencio hostil.)* ¿Qué pasa? *(Silencio.)* Ríos... ¡Ríos!

RÍOS. *(Hosco.)* ¿Qué?

SOLANO. ¿Qué te pasa? ¿Por qué no sigues? *(Silencio.)* ¿Ya estamos con las mismas?

RÍOS. Sí.

SOLANO. ¿Otra vez?

RÍOS. Otra vez.

SOLANO. ¿No lo puedes evitar?

RÍOS. Ya ves que no.

SOLANO. Vamos, hombre: agua pasada no mueve molinos[77].

---

[77] «Agua pasada no muele molino» (G. Correas, ob. cit., pág. 16).

Ríos. Un agravio consentido, otro venido[78].

Solano. Pero una golondrina no hace verano[79]...

Ríos. Puede, pero quien hace un cesto, hará ciento[80].

Solano. ¿Por un perro que maté, mataperros me llamaron?

Ríos. El que de una vez no caga, dos se arremanga.

Solano. ¡Y dale!

Ríos. Además, no fue sólo un perro ni sola una golondrina...

Solano. ¿Qué quieres decir?

Ríos. Que no fue aquélla la única vez que me dejaste solo...

Solano. ¿No?

Ríos. Cada vez que asentamos el culo en poblado, las ancas te hormiguean y tomas las de Villadiego.

Solano. No cada vez... Pero aquélla fue sobrada la causa. ¿O no?

Ríos. ¿Por el acarreo?

Solano. Y por todo. Más sujetos andábamos que mulos a la noria.

Ríos. Sujetos, sí... pero también comidos y vestidos.

Solano. Yo hago míos los versos del «Testamento del Pícaro».

> Gozar de libertad, vivir contento,
> soñarse Rey vistiéndose de andrajos,
> comer faisanes siendo sólo ajos
> y poseer alegre pensamiento[81]...

---

[78] *Apud* G. Correas, ob. cit., pág. 494.

[79] «Una golondrina no hace verano, ni una sola virtud bienaventurado» (G. Correas, ob. cit., pág. 494).

[80] «Quien hace un cesto hará ciento, y si tiene mimbres y tiempo, un cuento» (G. Correas, ob. cit., pág. 421).

[81] Solano recita con algunas variantes el primer cuarteto de un soneto, «rotulado *Descripción de la vida del Pícaro Pobre»,* que dice así:

> Gozar de libertad, vivir contento,
> Soñarse Rey vistiéndose de andrajos,
> Comer faysanes siendo solos ajos
> Y poseer alegre el pensamiento.

Ríos. ¿Pícaro eres, o comediante?

Solano. ¿Hay gran diferencia? Aquel oficio me quiero, que sea de andar ligero...

Ríos. Sombra de un aire somos, y aún parece que te pesa la balumba.

Solano. *(Por el arcón.)* Pues cierto que cada vez pesa más, con ese vicio tuyo de acrecentarla...

Ríos. ¿Qué quieres? ¿Representar a pelo, sólo de lengua y gesto?

Solano. ¿Hace falta más?

Ríos. Hombre... El arte, artificio pide.

Solano. ¿Artificio? Ya: apariencias y tramoyas, vestidos, galas, riquezas, invenciones, novedades... ¿Es eso lo que quieres?

> Comedias, representantes[82],
> graciosidad, bailes, máscaras,
> música, entremeses, letras...

Ríos. No digo eso. Pero al menos... no sé: unas plumas en el sombrero.

Solano. ¿Plumas?

Ríos. Cualquier cosa... Fíjate en nosotros, siendo dos y con este poco de hato...

Solano. ¿Qué?

Ríos. ... Ya casi no hacemos bulto.

Solano. ¿Bulto?

Lo transcribe Adolfo Bonilla y San Martín en su edición de *El Testamento del Pícaro Pobre,* compuesto por Damón de Henares, «seudónimo quizá de Pedro Láinez» (en *Anales de la literatura española [Años 1900-1904],* Madrid, Establecimiento Tipográfico de la viuda e hijos de Tello, 1904, págs. 64-75). El soneto puede leerse en las págs. 74-75.

[82] Cfr. nota 11.

Ríos. Sí, bulto. *(Indica el escenario vacío.)* Casi se nos traga tanto lugar alrededor. Nos borra el aire, a poco que sople...

Solano. Pero, al actuar...

Ríos. ¿Al actuar?

Solano. Actuar, representar, recitar, relatar...

Ríos. ¿Qué?

Solano. Lo llenamos.

Ríos. ¿Qué llenamos?

Solano. No sé... *(Por el escenario.)* Esto, por ejemplo. El escenario.

Ríos. ¿Y de qué lo llenamos? ¿De piojos?

Solano. De... de arte.

Ríos. ¿De arte?

Solano. Sí, de teatro.... Más o menos. Al actuar... *(Gestos.)* lo llenamos.

Ríos. Mira... *(Camina pisando fuerte por escena. Señala el suelo tras de sí.)* ¿Ves?

Solano. ¿Qué tengo que ver?

Ríos. Las huellas.

Solano. ¿Qué huellas?

Ríos. No hay huellas, ¿verdad?

Solano. Claro que no.

Ríos. Pues eso.

Solano. No te entiendo.

Ríos. Vamos a ver... Recita.

Solano. Recitar, ¿qué?

Ríos. Cualquier cosa. Di unos versos.

Solano. ¿Para qué?

Ríos. Dilos, anda.

Solano. *(Después de pensar.)*

> Soy quien sé beberme un río
> y tragarme entero un monte;
> espantar ese horizonte,
> cuando al cielo desafío.

> Soy quien vomita centellas
> del infierno de mi daño
> y soy un dragón, que empaño
> con mi aliento las estrellas[83]...

Ríos. Más fuerte.
Solano. ¿Qué?
Ríos. Que los recites más fuerte. Gritando.
Solano. *(Toma impulso y grita.)*

> ¡Soy quien sé beberme un río
> y tragarme entero un monte;
> espantar ese horizonte,
> cuando al cielo desafío...!

Ríos. Ahora calla. *(Silencio. Escucha.)* ¿Oyes?
Solano. ¿Qué?
Ríos. ¿Oyes algo?
Solano. No.
Ríos. ¿Te das cuenta?
Solano. ¿De qué?
Ríos. Nada. No queda nada. Ni un eco. Y de este gesto...
    (Hace un amplio gesto teatral.) ¿Ves? Se borra en el aire.
    No queda nada tampoco. ¿Comprendes?
Solano. ¿Qué tengo que comprender?
Ríos. Que no llenamos nada. Sólo hacemos un poco de bulto
    mientras estamos aquí. Y gracias que somos dos. Solano y
    Ríos... Dos... Ñaque... Dos hombres que no llevan sino
    una barba de zamarro, tocan el tamborino y cobran a ocha-
    vo... Viven contentos, duermen vestidos, caminan desnu-
    dos, comen hambrientos, espúlganse en verano entre los
    trigos y, en el invierno, no sienten con el frío los piojos...
Solano. Ríos...

---

[83] No he podido localizar estos versos que el dramaturgo recuerda
vagamente haber tomado de Mira de Amescua.

194

Ríos. ¿Qué?

Solano. Ríos.

Ríos. ¿Qué?

Solano. ¿No queda nada?

Ríos. ¿De qué?

Solano. *(Tras un silencio, mirando alrededor.)* Lo que decimos, lo que hacemos... ¿se borra todo?

Ríos. Somos actores, ¿no?

Solano. *(Mirando intensamente al público.)* No queda nada... ¿tampoco allí? *(Lo señala. Silencio.)* ¿Tampoco allí?

Ríos. ¿Te refieres al público?

Solano. Sí.

Ríos. No sé... Escuchan, miran...

Solano. ¿Eso es todo?

Ríos. Ya es bastante, ¿no? *(Silencio.)* ¿Es bastante?[84].

Solano. ¿Es bastante? *(Silencio. Su inquietud crece.)*

Ríos. Al menos, han venido, ¿no?

Solano. Bueno: venir...

Ríos. Han venido, ¿sí o no?

Solano. Pero no vienen al teatro.

Ríos. ¿No?

Solano. Somos nosotros quienes venimos. Ellos ya están aquí.

Ríos. ¿Siempre?

Solano. Claro: en el teatro.

Ríos. ¿Por qué?

Solano. Por eso... porque es el teatro... y ellos el público[85].
(Silencio.)

Ríos. Entonces..., ¿nos olvidarán?

---

[84] Adviértase la repetición del diálogo inicial entre Ríos y Solano sobre el público (cfr. nota 4), aunque se ha producido aquí una nueva y significativa inversión de las réplicas entre los personajes, de manera que es ahora Solano quien repite cuanto antes afirmaba Ríos.

[85] Con estas palabras de Solano, exactamente las mismas que decía Ríos al inicio de la obra, concluye una inversión que en la primera edición de 1980 no se producía.

195

Solano. *(Mirando ansiosamente al público.)* ¿Nos olvidarán?

Ríos. Puede que ya... estén olvidándonos...

> *(Han quedado los dos mirando fijamente al público. Entonces* Solano *grita quedamente, agitando la mano: «¡Eh! ¡Eh!...», en una especie de patética llamada que aspira a penetrar y a grabarse en la oscura memoria de los espectadores.* Ríos *secunda su intento susurrando su nombre: «¡Ríos! ¡Ríos!», y señalándose con crispada jovialidad.* Solano *hace lo propio, autotitulándose: «¡Agustín Solano, farandulero de notable ingenio!» Y* Ríos: *«¡Nicolás de los Ríos, famoso representante!».* Solano *enlaza sus gritos con la declamación de los versos: «Soy quien sé beberme un río / y tragarme entero un monte... !», y* Ríos *hace lo mismo con el final de la loa: «Todo este mundo es fingir, / todo interés y embeleco...!». Cada vez más frenéticos, pasan a enumerar la lista de compañías: «Bululú, ñaque, gangarilla...!», al derecho y al revés, y al coincidir en «Ñaque», se señalan mutuamente y se presentan uno a otro con saludos, reverencias y saltos que evolucionan hacia toscos remedos de los personajes que interpretaron antes. Finalmente, acompañándose por el tamborino, realizan una burda danza escénica. Pero la fatiga les va venciendo y, progresivamente, su vitalidad amaina hasta que caen al suelo exhaustos, desalentados, jadeantes...* Ríos *es el primero en reunir sus últimas fuerzas y, recomponiendo su aspecto, logra incorporarse.)*

Ríos. *(A* Solano.*)* Es inútil... Dejémoslo estar... Acabemos de una vez... *(Adopta como puede una postura histriónica y, venciendo su amargura, recita.)* El bululú[86] es un representante solo que camina a pie y pasa su camino, y entra

---

86 Ríos concluye aquí la explicación acerca de las «ocho maneras de compañías y representantes» (cfr. nota 13), que Solano iniciaba en el *Viaje entretenido* con el bululú (ob. cit., pág. 159).

en un pueblo, habla con el cura y le dice que sabe una comedia y alguna loa; que junte al barbero y al sacristán y se la dirá, porque le den alguna cosa para pasar adelante. Y se juntan éstos y alguna gentecilla más en una casa, y él se sube sobre un arca y va diciendo: «Agora sale la dama y dice esto y esto...».

(Entretanto, SOLANO se ha ido recuperando y parece como si las palabras de RÍOS reavivaran poco a poco su ánimo.)

Y así va representando él solo, y el cura pidiendo limosna en un sombrero... Y junta cuatro o cinco cuartos, algún pedazo de pan y escudilla de caldo que le da el cura, y con esto sigue su estrella y prosigue su camino hasta que halla remedio, el bululú...

(Y hace una gran reverencia al público, a modo de saludo final. Pero SOLANO, en vez de secundarle, ha extraído de su hato una vistosa aunque deslucida capa y, subiéndose de un salto al arcón, se lanza a rememorar, en un último y desesperado esfuerzo por conjurar el olvido, la actuación del bululú.)

SOLANO. Ésta es la famosísima comedia de la Serafina, compuesta por el ilustre poeta y gracioso representante Alonso de la Vega[87], la cual sucede en la ciudad de Nápoles,

---

[87] Alonso de la Vega, «ilustre poeta y gracioso representante», escenificó en la Sevilla de 1560 los autos *Abraham* y *La serpiente de Coble*. Perteneció a la compañía de Lope de Rueda. En 1566 Juan de Timoneda editó en Valencia tres «comedias» suyas, la *Comedia llamada Tholomea*, la *Tragedia llamada Seraphina* y la *Comedia de la Duquesa de la Rosa*. Sobre Alonso de la Vega pueden hallarse noticias en el libro de Rennert (ob. cit., pág. 621), en el *Tratado histórico sobre el origen y progresos de la comedia y del histrionismo en España o Noticias de algunos célebres Comediantes y Comediantas, así antiguos como modernos,* de Casiano Pellicer (Madrid,

en donde un rico labrador llamado Alberto Napolitano tenía recogida a la hija de un cardenal amigo suyo, doncella muy hermosa, de nombre Serafina. Y empieza la comedia con que sale Serafina lamentándose sola: «¡Ay, Serafina! No eres la que ser solías[88]. ¿Qué es de ti? ¿Adónde estás? ¿En qué piensas? ¡Ay, pensamiento mío, y cuán afligida me tienes! Que por soñar que estoy enamorada del más hermoso hombre del mundo, ¿tan al cabo quiés que prosiga tu intento? ¡Sus, cúmplase tu voluntad, pues tan cumplidamente has impreso en este mi corazón tal afecto!».

(Ríos, *sorprendido en su reverencia final, queda perplejo ante esta imprevista actuación, e intenta hacerle desistir.*)

Y en esto sale Marimarta, que es la moza de la casa: «¡Ay, señora Serafina! ¿Y de cuándo acá te has vezado a predicar?»... «¿Yo, predicar? ¿Pues qué has visto en mí?». «No sé, sino como te oí retoricar, dije: tate, en el púlpito está

<hr />

Imprenta de la Administración del Real Arbitrio de Beneficencia, 1804, parte segunda, págs. 18-20) y en el *Catálogo* de C. A. de la Barrera (ob. cit., págs. 418-419). La *Seraphina,* «comedia» de Alonso de la Vega, es en realidad, como *La gran Semíramis,* otra tragedia.

[88] Así empieza, en efecto, la *Tragedia llamada Seraphina,* «compuesta por Alonso de la Vega» en ocho escenas y cuyos «interlocutores» son: Alberto Napolitano, «anciano»; Marco Athanasie, «su hijo»; Serafina, «dama»; Mari Marta, «moça»; Talamon, «simple»; Iona, «nimpha»; Paris, «enamorado»; Narciso, «enamorado»; Alguazil; Doctor, «medio nigromante»; Dos salvages y Cupido, «Dios de Amor». A partir de aquí, con variantes y supresiones como el diálogo entre Serafina y el Doctor sobre la nigromancia, Solano interpreta con bastante fidelidad la escena primera de esta «tragedia». Cito por la reedición de la obra en *Tres comedias de Alonso de la Vega* (Dresden, Gesellschaft für Romanische Literatur, 6, 1905), que se publican con un prólogo de Menéndez y Pelayo (págs. V-XXX). Son, por supuesto, la *Comedia llamada Tholomea* (págs. 5-38), la *Tragedia llamada Seraphina* (págs. 39-70) y la *Comedia de la Duquesa de la Rosa* (págs. 71-110).

198

mi ama»... «Buena viene la juglaresa. ¿Traes la labor?»... «Sí, señora, la tuya y la mía traigo»... «Pues sentémonos un poco a labrar; veamos cuál se da mejor maña»... «Tanta gana tengo yo de labrar como tú de ser monja»... «¡Mirad por dónde me sale! ¿Pues quieres tú que nos metamos monjas?»... «Nunca medre yo si tal pienso; ni aún tú tal deseas, porque, para beata, tienes tú ese ojito muy risueño»... «Y tú, desvergonzado lo tienes. Si apaño un chapín, doña disoluta...». «¡Jesús, señora! Pues ¿tan presto os habéis de enojar?». Y en esto sale un doctor, medio nigromante, muy a lo ridículo, diciendo: «¡Hu, chulu, lu, lu, lu!»... «¡Ah, señor doctor! ¡A vos digo! ¡Dominus doctor!». Y el doctor le contesta: «Aliquid tempus, non habet falconem con silla y freno, grupera y falsas riendas, criatus, adornatus, en las escurulidades, escuelas, muelas, disimela, resimela, secundum auctoritatis nostris»... «Señor doctor: en verdad tanto os he entendido como si no me hubiéseis hablado nada»... «Ego credo, credatis, que aunque queratis nunca jamás me entendatis, si bien y rebién no me escuchatis: lo que yo digo, señora, es si habéis visto por aquí un halcón alto, bajo, gordo, flaco, chico, grande, negro, prieto, mozo, viejo, cojo, manco, con una maleta a las ancas»... «¿Halcón con maleta? Cosa es ésa que nunca la vimos. Pero, en la maleta, ¿que lleva?...». Y responde el Doctor: «Señora, en la maleta lleva sus cofias, gorgueras, gorgueratos, zapatos, embalsamatos, como estama de monumento, ciento, cuento, pelota de viento, rayo, gallo, morcilla y tripicallo»... «Señor, ¿y adónde pasa con ese buen recaudo?»... «Señora, paso a entregar unas cartas al dios Júpiter, que morabitur, estabitur in celum, celorum, estrelisime, diligentias meis, báculo, tragestí, morí, borí, franco, labanco, tórtola, tortugatis, espaldarazo y medio».

(Ríos, *entretanto, ha pasado de la sorpresa a una especie de abatimiento escéptico ante el vano afán de su*

199

compañero. Y va recogiendo los pobres bártulos dispersos
por el escenario mientras SOLANO *prosigue.)*

«Señor, a todo esto, si no me equivoco, a mí me parece haberle visto de ventero en Sierra Morena»... «Sí, señora. El primer grado que tuve fue ventero»... «¿Y qué grado ha alcanzado?»... «Infinitísimus, duna mea: primus venterius, ventero, ventolabitur, herbolaribus. ¿Sabe qué es herbolaribus? Conocer hierbas, coger hierbas, traer hierbas, vender hierbas, numancia, nigromancia, ganancia, por toda Italia y Francia, et finibus doctoris casadoris mayoris»... «Por cierto, señor, que me parecéis sabio»... «Sí, señora, muy sabio, resabio. Mire si hay en qué yo pueda servirla»... «Sí, señor. ¿Entendéis en esto de los sueños?»... «¡Válame dios! Diga, comience, no pare»... «Sepa vuesa merced que he soñado infinitas noches que estaba enamorada del más hermoso hombre del mundo»... «Y ese hombre, ¿le conocéis vos?»... «No, señor»... «Verdad es que no se puede conocer hombre soñando. Prosiga, prosiga»... «No hay más que proseguir, sino que vuesa merced me declare quién puede ser ese hombre»... «Sabed, señora, que es el Amor, que por nombre se llama Cupido»... «¿Ése?»... «Sin falta». Y le da unas monedas al Doctor, y éste se va diciendo: «Mercedes, señora, mercedes». Y queda Serafina sola con Marimarta y le dice: «Agora entremos allá dentro, Marimarta, que quiero hablar contigo de secreto antes que venga Alberto Napolitano, mi tutor, y nos vea aquí». Y se entran las dos, y en ésas sale Alberto Napolitano con su hijo Marco Atanasio, y Cebadón, simple[89]. Y dice Alberto: «Mira, Marco Atanasio, hijo, que mires lo que haces, que si eres de juicio liviano te podrás perder, porque esta doncella bien

---

[89] Se trata del inicio de la escena segunda de la «tragedia» (ob. cit., págs. 44-48). El «simple», que en *La Seraphina* se llama Talamon (cfr. nota 88), consta como Talancón en la primera edición de *Ñaque*, en 1980.

sabes que es hija del Cardenal». Y le dice Cebadón[90], como burlando...

> *(En éstas, repara* SOLANO *en que* RÍOS *no está: en efecto, se ha ido por el fondo del escenario, con los dos palos al hombro, durante la actuación de* SOLANO. *Desconcertado, éste le llama a voces: «¡Ríos! ¡Ríos!»... Nadie responde. Con cierta inquietud, va a ponerse la capa de viaje mientras sigue llamando: «¡Ríos!». Por fin, se escucha, lejana, una respuesta: «¡Solano!». Repara entonces en que lleva puesta la capa de bululú. Tras una breve indecision, se la quita y la arroja al suelo. Se pone la capa de viaje y vuelve a llamar a su compañero, que le responde desde lejos. Sale tras él* SOLANO, *arrastrando el arcón, y la luz decrece sobre la escena, en la que yace tan sólo la capa de bululú. Las voces siguen buscándose sobre el*

OSCURO FINAL.)

---

[90] La réplica de Talamon en la *Tragedia llamada Seraphina* es ésta: «Acardenalado se vea vuestra merced». El dramaturgo confiesa haber cambiado el nombre de Talancón, que aparecía en la primera edición de 1980, por este Cebadón, debido a su semejanza fonética con el apellido de cierto cardenal español vivo.

¡Ay, Carmela!

*Elegía de una guerra civil
en dos actos y un epílogo*

A mi padre

PERSONAJES

PAULINO
CARMELA

Ficha técnica

Estrenada el 5 de noviembre de 1987 por el Teatro de la Plaza en el Teatro Principal de Zaragoza.

Interpretación

Carmela .... Verónica Forqué
Paulino .... José Luis Gómez

Música y arreglos musicales

Pablo Sorozábal Serrano

Vestuario

Pepe Rubio

Escenografía

Mario Bernedo

Dirección

José Luis Gómez

La acción no ocurrió en Belchite
en marzo de 1938[1].

---

[1] En la ofensiva republicana contra las tropas franquistas situadas en el frente de Aragón, que se inició el 24 de agosto de 1937 y que protagonizó el Ejército del Este, Belchite fue escenario de una encarnizada batalla. Pese al «tesón extraordinario» de sus defensores, el Ejército del Este, mandado por el general Pozas y en el que se habían integrado cuatro Brigadas Internacionales, conquistó Belchite el 6 de septiembre, tras «diez días de cerco y de incesante combate» (Vicente Rojo, *España heroica. Diez bocetos de la guerra española,* Barcelona, Ariel, 1975, tercera edición, pág. 114). Este célebre general republicano explica el desarrollo militar y sentido estratégico de dicha ofensiva en el capítulo sexto de su libro, titulado precisamente «Belchite» (ob. cit., págs. 103-115). Huhg Thomas explica la posterior ofensiva franquista contra Aragón y afirma que el 10 de marzo de 1938 «dos navarros de Solchaga conquistaban Belchite. Los miembros de la XV Brigada Internacional fueron los últimos en abandonar» el pueblo (*La guerra civil española,* París, Ruedo Ibérico, 1962, pág. 436).

Renate Richter (Carmela) y Peter Bause (Paulino) en la versión
alemana de *¡Ay, Carmela!* estrenada en el Berliner Ensemble,
dirigida por Alejandro Quintana.

Primer acto

(Escenario vacío, sumido en la oscuridad. Con un sonoro «clic» se enciende una triste lámpara de ensayos y, al poco, entra PAULINO: *ropas descuidadas, vacilante, con una garrafa de vino en la mano. Mira el escenario. Bebe un trago. Vuelve a mirar. Cruza la escena desabrochándose la bragueta y desaparece por el lateral opuesto. Pausa. Vuelve a entrar, abrochándose. Mira de nuevo. Ve al fondo, en el suelo, una vieja gramola. Va junto a ella y trata de ponerla en marcha. No funciona. Toma el disco que hay en ella, lo mira y tiene el impulso de romperlo, pero se contiene y lo vuelve a poner en la gramola. Siempre en cuclillas y de espaldas al público, bebe otro trago. Su mirada descubre en el suelo, en otra zona del fondo, una tela. Va junto a ella y la levanta, sujetando una punta con los dedos: es una bandera republicana[2] medio quemada.)*

PAULINO *(canturrea):*

>   ... pero nada pueden bombas[3],
>   rumba, la rumba, la rumba, va

---

[2] Hay que recordar a los lectores jóvenes o desmemoriados que la bandera republicana es tricolor: roja, amarilla y morada, en franjas horizontales de igual anchura.

[3] Paulino canturrea una estrofa de una de las muchísimas variantes de esta popular canción, alusiva a la batalla del Ebro. Transcribo la versión que me parece más completa, la editada por Andrés García Madrid:

> donde sobra corazón,
> ay Carmela, ay Carmela...[4],

> El Ejército del Ebro,
>   rumba, la rumba, la rumba, va   (bis)
> una noche el río pasó
> ay Carmela, ay Carmela.   (bis)
>
> Y a las tropas invasoras
> rumba, la rumba, la rumba, va   (bis)
> buena paliza les dio
>   ay Carmela, ay Carmela.   (bis)
>
> El furor de los traidores
>   rumba, la rumba, la rumba, va   (bis)
> lo descarga su aviación
>   ay Carmela, ay Carmela.   (bis)
>
> Pero nada pueden bombas
>   rumba, la rumba, la rumba, va   (bis)
> donde sobra corazón
>   ay Carmela, ay Carmela.   (bis)
>
> Contraataques muy rabiosos
>   rumba, la rumba, la rumba, va   (bis)
> deberemos resistir
> ay Carmela, ay Carmela.   (bis)
>
> Pero igual que combatimos
>   rumba, la rumba, la rumba, va   (bis)
> prometemos resistir
>   ay Carmela, ay Carmela,   (bis)

(*apud Cantos revolucionarios,* recopilados por Andrés García Madrid, Madrid, Editorial Mayoría, 1977, pág. s/n).

[4] En la primera edición de 1989 Paulino canturreaba, sin embargo, una canción inventada por el dramaturgo que en esta edición ha preferido modificar:

> Tres colores tiene el cielo
> de España al amanecer.
> Tres colores, la bandera
> que vamos a defender...

(Vuelve junto a la gramola y va a cubrirla con la bandera. Al encorvarse para hacerlo, se le escapa un sonoro pedo. Se interrumpe un momento, pero concluye la operación. Una vez incorporado, hace sonar, ahora deliberadamente, varias ventosidades que evocan un toque de trompeta. Se ríe quedamente. Gira sobre sí y mira hacia la sala. Avanza hacia el proscenio, se cuadra y saluda militarmente. Nuevo pedo. Levanta el brazo derecho, en saludo fascista[5], y declama:)

En el Cerro de los Ángeles[6],
que los ángeles guardaban,
¡han fusilado a Jesús!
¡Y las piedras se desangran!
¡Pero no te asustes, Madre!
¡Toda Castilla está en armas!
Madrid se ve ya muy cerca.
¿No oyes? ¡Franco! ¡Arriba España!
La hidra roja se muere
de bayonetas cercada.
Tiene las carnes abiertas
y las fauces desgarradas.
Y el Cid, con camisa azul[7],
por el cielo cabalgaba...

---

[5] Saludo que, a la manera de los soldados del Imperio romano, fue adoptado por la Falange Española, partido político de inspiración fascista fundado en octubre de 1933 por José Antonio Primo de Rivera, hijo del general y dictador. Este saludo fue adoptado por los vencedores de la guerra civil.

[6] Son los versos 45 a 56 del «Romance de Castilla en armas», publicado por Federico de Urrutia en su libro *Poemas de la Falange* (Santander, Aldus S. A. de Artes Gráficas, 1938), romances escritos «en el II Año Triunfal del Nacionalsindicalismo» y que prologó Manuel Halcón.

[7] Estos dos versos que declama Paulino son los dos últimos, el 85 y el 86, del romance falangista de Urrutia, Transcribo íntegramente la dedicatoria del libro, que el autor prefiere titular «Envío», en la convicción de que, como ejemplo de la retórica nacional-católica y de la épica fascista, no tiene desperdicio:

(Nuevo pedo. Ríe quedamente. De pronto, cree oír un ruido a sus espaldas y se sobresalta. Tiene un reflejo de huida, pero se contiene. Por un lateral del fondo entra una luz blanquecina, como si se hubiera abierto una puerta. PAULINO *aguarda, temeroso.)*

PAULINO. ¿Quién está ahí?

(Entra CARMELA, *vestida con un discreto traje de calle.)*

CARMELA. Hola, Paulino.
PAULINO. *(Aliviado.)* Hola, Car... *(Se sobresalta.)* ¡Carmela! ¿Qué haces aquí?
CARMELA. Ya ves.
PAULINO. No es posible... *(Por la garrafa.)* Si no he bebido casi...
CARMELA. No, no es por el vino. Soy yo, de verdad.
PAULINO. Carmela...

«A Francisco Franco, César y Héroe.
A Ti, José Antonio, Iluminado y Profeta.
A Ti, Pilar, abnegación, dolor y nervio.
A Ti, Raimundo, Camarada antiguo y luchador eterno.
A todos los que cayeron por el Imperio y Dios.
A la Vieja Guardia de las Catacumbas.
A los que vistieron nuestro hábito para ir a trincheras.
A todos los Cruzados de(l) Caudillo.
A los que hermanaron sus almas con las nuestras por la unidad de
[España.
A los Flechas que cantan.
A las Mujeres que lloran.
A los que se fueron, a los que luchan y a los que vendrán.
A todos los "Camisas Azules".
Por el triunfo de la Cruz y de España
Por las Banderas del Nacionalsindicalismo:
¡¡SALVE!!»

(ob. cit., pág. 5). José Antonio y Pilar Primo de Rivera y Raimundo Fernández Cuesta son los personajes aludidos en esta dedicatoria.

CARMELA. Sí, Carmela.

PAULINO. No puede ser... *(Mira la garrafa.)*

CARMELA. Sí que puede ser. Es que, de pronto, me he acordado de ti.

PAULINO. ¿Y ya está?

CARMELA. Ya está, sí. Me he acordado de ti, y aquí estoy.

PAULINO. ¿Te han dejado venir por las buenas?

CARMELA. Ya ves.

PAULINO. ¿Así de fácil?

CARMELA. Bueno, no ha sido tan fácil. Me ha costado bastante encontrar esto.

PAULINO. Pero ¿has venido así, andando, como si tal cosa?

CARMELA. Caray, chico: cuántas preguntas. Cualquiera diría que no te alegras de verme.

PAULINO. ¿Que no me alegro? Pues claro que sí: muchísimo, me alegro. Pero, compréndelo... ¿Cómo iba yo a imaginar...?

CARMELA. No, si ya comprendo que te extrañe... También a mí me resulta un poco raro.

PAULINO. Yo creía que... después de aquello.., ya todo...

CARMELA. Se ve que todo no..., que algo queda...

PAULINO. Qué curioso.

CARMELA. Dímelo a mí...

PAULINO. Pero, entonces, allí... ¿qué es lo que hay?

CARMELA. Nada.

PAULINO. ¿Nada?

CARMELA. Bueno: casi nada.

PAULINO. Pero ¿qué?

CARMELA. ¿Qué qué?

PAULINO. ¿Qué es eso, ese «casi nada» que hay allí?

CARMELA. No sé... Poca cosa.

PAULINO. ¿Qué poca cosa?

CARMELA. Mucho secano.

PAULINO. ¿Secano?

CARMELA. O algo así.

PAULINO. ¿Quieres decir que es como esto?

CARMELA. ¿Como qué?

PAULINO. Como esto..., como estas tierras...

CARMELA. Algo así.

PAULINO. Secano...

CARMELA. Sí: mucho secano, poca cosa.

PAULINO. ¿Con árboles?

CARMELA. Alguno hay, sí: mustio.

PAULINO. ¿Y ríos?

CARMELA. Pero secos.

PAULINO. ¿Y casas? ¿Pueblos?

CARMELA. ¿Casas?

PAULINO. Sí: casas, gente...

CARMELA. No sé.

PAULINO. ¿No sabes? ¿Qué quieres decir?

CARMELA. Que no sé.

PAULINO. Pero ¿has visto, sí o no?

CARMELA. Si he visto, ¿qué?

PAULINO. Gente, personas...

CARMELA. ¿Personas?

PAULINO. Sí personas: hombres y mujeres, como yo y como tú.

CARMELA. Alguno he visto, sí...

PAULINO. ¿Y qué?

CARMELA. ¿Qué qué?

PAULINO. ¿Qué hacen? ¿Qué dicen?

CARMELA. Nada.

PAULINO. ¿No hacen nada?

CARMELA. Casi nada.

PAULINO. ¿Como qué?

CARMELA. No sé: andan, se paran... vuelven a andar...

PAULINO. ¿Nada más?

CARMELA. Se rascan.

PAULINO. ¿Qué se rascan?

CARMELA. La tiña.

PAULINO. ¿La tiña? ¿Tienen tiña también?

CARMELA. Eso parece.

PAULINO. Pues vaya... Pocos y tiñosos...

CARMELA. Ten en cuenta que aquello es muy grande.

212

PAULINO. Ya, pero... ¿Y qué dicen?

CARMELA. ¿Decir?

PAULINO. Sí, decir. ¿Te dicen algo?

CARMELA. ¿A mí?

PAULINO. Sí, a ti. ¿Te hablan?

CARMELA. Muy poco... Casi nada.

PAULINO. ¿Como qué?

CARMELA. No sé... Por ejemplo: «Mal año»...

PAULINO. Mal año... ¿Y qué más?

CARMELA. Pues... «Vaya con Dios»...

PAULINO. ¿Y qué más?

CARMELA. Pues... «Menudo culo»...

PAULINO. ¿Cómo?

CARMELA. Menudo culo.

PAULINO. ¿Eso te dicen?

CARMELA. Bueno, me lo ha dicho uno.

PAULINO. ¿Quién?

CARMELA. No sé. Aún no conozco a nadie.

PAULINO. «Menudo culo»... ¿Será posible?

CARMELA. Era uno así, grandote, moreno, socarrón, con la cabeza abierta, apoyado en un margen...

PAULINO. ¡Cómo está el mundo!

CARMELA. Bueno, el mundo...

PAULINO. O lo que sea... ¿Y tú que has hecho?

CARMELA. ¿Yo?

PAULINO. Sí, tú. Seguro que te ha hecho gracia...

CARMELA. Hombre, gracia... Pero no se le notaba mala intención.

PAULINO. Faltaría más: con la cabeza abierta...

CARMELA. Pues no te creas, que, así y todo, resultaba buen mozo...

PAULINO. Ya: buen mozo... Tú, por lo que veo, no cambiarás ni...

CARMELA. Anda, tonto... ¿Que no ves que lo digo para ponerte celoso? Ni le he mirado siquiera. Buena estoy yo para andar coqueteando. Si ni me lo siento, el cuerpo...

213

PAULINO. ¿Te duele?

CARMELA. ¿Qué?

PAULINO. Eso.., las... ahí donde...

CARMELA. No, doler, no. No me noto casi nada. Es como
si... ¿Cómo te lo diría? Por ejemplo: cuando se te duer-
me una pierna, ¿verdad?, sí, la notas, pero como si no
fuera tuya...

PAULINO. Ya, ya... Y, por ejemplo, si te toco así... *(le toca la
cara)*, ¿qué notas?

CARMELA. Pues que me tocas.

PAULINO. Ah, ¿sí?

CARMELA. Sí. Un poco amortecido, pero lo noto.

PAULINO. Qué curioso... Yo también te noto, pero... no sé
cómo decirlo...

CARMELA. Retraída.

PAULINO. Eso es: retraída. Qué curioso... Y... ¿darte un beso,
puedo?

CARMELA. No: darme un beso, no.

PAULINO. ¿Por qué no?

CARMELA. Porque no. Porque estoy muerta, y a los muertos
no se les da besos.

PAULINO. Ya, pero...

CARMELA. Ni pero, ni nada.

PAULINO. Bueno, bueno: no te pongas así...

CARMELA. Es que tú, también...

PAULINO. Como no me pude ni despedir...

CARMELA. Pues ahora, ya, te aguantas.

PAULINO. Claro.

CARMELA. Yo también me aguanto, no te creas.

PAULINO. ¿Sí?

CARMELA. Me supo muy mal.

PAULINO. ¿Sí?

CARMELA. Muy mal, sí.

PAULINO. ¿Y no... no me guardas rencor?

CARMELA. ¿Rencor? ¿Por qué?

PAULINO. Mujer, por aquello..., porque yo no...

CARMELA. Mira, Paulino: cada uno es cada uno.

PAULINO. Eso es verdad.

CARMELA. Y tú, no te lo tomes a mal, pero siempre has sido un cagón.

PAULINO. Carmela, por Dios, yo...

CARMELA. Un cagón, Paulino. Las cosas como son. En la escena, un ángel; en la cama, un demonio... Pero, en todo lo demás, un cagón. ¿O no?

PAULINO. Mujer, yo...

CARMELA. Acuérdate en Oviedo, sin ir más lejos, con el fulano aquel de la sala de fiestas... ¿Cómo se llamaba?

PAULINO. Don Saturnino.

CARMELA. Eso: don Saturnino...

PAULINO. ¡Menudo pájaro! ¡No me lo recuerdes! Misa diaria, concejal, ocho hijos..., uno de ellos mongólico y otro canónigo de la catedral..., y él, por las noches, gerente del peor tugurio del norte de España... No me lo recuerdes.

CARMELA. Te lo recuerdo sólo para que recuerdes lo valiente que eres.

PAULINO. ¿Yo?

CARMELA. Sí, tú. Que ahora, mucho despotricar contra él, pero entonces casi me lo metes en la cama.

PAULINO. ¿Cómo puedes decir eso, Carmela?

CARMELA. Pues, ya ves: lo digo.

PAULINO. Eres injusta conmigo. Yo sólo te pedía que le pusieras buena cara para que no nos despidiera. Porque yo, con mi afonía, estaba en muy baja forma.

CARMELA. ¿Y por eso no abrías la boca cuando te gritaba y te insultaba delante de todo el mundo?

PAULINO. Ya sabes que estaba afónico y casi no podía ni hablar.

CARMELA. Afónico, sí... Eso es lo que te pasa: que te quedas afónico en cuanto hay que pelear por algo.

PAULINO. Yo soy un artista, no un boxeador... Y además que, cuando hace falta, también saco lo que hay que sacar...

215

CARMELA. ¿Qué sacas tú?

PAULINO. Lo que hay que sacar. En Albacete, el año pasado, por ejemplo... ¿Ya no te acuerdas?

CARMELA. ¿En Albacete?

PAULINO. Sí, en Albacete. ¿Quién les plantó cara a aquellos milicianos que nos querían requisar todo el equipo?

CARMELA. No me acuerdo.

PAULINO. Ah, no te acuerdas... ¿No te acuerdas de las agallas con que fui a buscar al sargento, me planté delante de él y le dije: «Señor sargento: sus hombres...»?

CARMELA. Era un cabo.

PAULINO. ¿Cómo?

CARMELA. Que era un cabo, no un sargento, ya me acuerdo..., y estaban todos medio borrachos, de broma...

PAULINO. ¿De broma? ¿Estás segura?

CARMELA. Como que había cuatro de Huelva y acabamos cantando fandangos, ¿no te acuerdas?

PAULINO. Eso fue al final, después de que yo les planté cara y puse las cosas en su sitio.

CARMELA. Ya...

PAULINO. Por cierto, ¿los has visto?

CARMELA. ¿A quién?

PAULINO. A los de la otra noche...

CARMELA. ¿A quién de la otra noche?

PAULINO. A los milicianos de la otra noche... *(Señala un lado de la sala.)* Los que estaban aquí, presos...

CARMELA. ¿Presos?

PAULINO. Sí, los prisioneros... ¿No te acuerdas? Los que iban a...

CARMELA. ¿Qué noche?

PAULINO. La otra noche, aquí, cuando hicimos la función...

CARMELA. ¿Qué función?

PAULINO. La función de... ¿Es posible que no te acuerdes?

CARMELA. De muchas cosas no me acuerdo, a veces... Se me van, me vienen...

PAULINO. Claro, es natural, pero...

216

CARMELA. Ahora mismo, por ejemplo, me acabo de acordar de que tengo que irme...

PAULINO. ¿Que te tienes que ir? ¿Adónde?

CARMELA. No sé... Me va por la cabeza que he de acudir a un sitio...

PAULINO. ¿A qué sitio?

CARMELA. No sé, pero tengo que ir...

PAULINO. ¿Para qué?

CARMELA. No me acuerdo... Alguien dijo que teníamos que acudir a no sé dónde, para no sé qué...

PAULINO. Pero volverás, ¿no?

CARMELA. Sí..., supongo que sí...

PAULINO. Prométeme que volverás, Carmela. No me puedes dejar así.

CARMELA. ¿Así? ¿Cómo?

PAULINO. Pues así, con este..., con esta... Bueno: tú ya me entiendes.

CARMELA. Sí, te entiendo. Haré todo lo posible por volver... *(Va a salir.)*

PAULINO. Diles que te dejen..., diles que yo, que tú...

CARMELA. ¿A quién se lo digo?

PAULINO. No sé, tú sabrás... A los que manden...

CARMELA. Allí no manda nadie... creo.

PAULINO. Pues entonces vuelve, ¿eh? Te espero.

CARMELA. Sí, espérame... *(Sale por donde entró. Se apaga la luz blanquecina.)*

PAULINO. *(Habla hacia el lateral, sin atreverse a seguirla.)* Te espero aquí, ¿eh, Carmela? Aquí mismo... Ni moverme... Hasta que vuelvas. Y no te vayas a olvidar, que tú... *(Gesto de despiste.)* Y más ahora, recién muerta... *(Piensa.)* Recién... Pero, entonces, ¿cómo es posible que...? Porque yo no estoy borracho... *(Se palmea la cara. Mira el escenario, luego la sala, y otra vez el escenario, recorriéndolo. Se detiene ante la zona del lateral por donde entró y salió CARMELA: parece que quiere inspeccionar la salida, pero no se atreve. Le asalta una idea repentina y comienza a*

217

actuar precipitadamente: toma la garrafa de vino y la deja en un lateral, fuera del escenario; hace lo mismo con la gramola y la bandera. Arreglándose el traje y el pelo, limpia con los pies la suciedad del suelo y se coloca en el proscenio, frente al público. Una vez allí, cierra los ojos y aprieta los puños, como deseando algo muy intensamente, y, por fin adopta una actitud de risueño presentador. Cuando parece que va a hablar, descompone su posición, mira la luz de ensayos y sale por un lateral. Se escucha el «clic» del interruptor y la luz se apaga. Tras una breve pausa, a oscuras, entra de nuevo y se coloca en el centro del proscenio, gritando hacia el fondo de la sala:) ¡Cuando quiera, mi teniente! ¡Estamos dispuestos! *(Silencio. No ocurre nada. Vuelve a gritar.)* ¡Adelante con la prueba de luces, mi teniente! ¡Avanti! ¡Stiamo presti! ¡Luci, mio tenienti! *(La escena se ilumina brillantemente.* PAULINO, *que ahora tiene puesto un gorro de soldado nacional y lleva unos papeles en la mano, queda un momento cegado.)* Bueno, hombre, bueno... No se ponga así... ¿Seguro que al principio va toda esta luz? *(Hojea los papeles y grita.)* ¿Tuta questa luce, in principio? *(Las luces se apagan y vuelven a encenderse, esta vez con menos intensidad.)* Ya me parecía a mí... *(Nuevo apagón y nuevo encendido, aún con menos intensidad.)* ¡No tanto, hombre, no tanto, que nos deja a oscuras!... ¡No tanti, uomo, no tanti!... *(La luz desciende más.)* ¡Que no tanto, digo, que no la baje tanto! ¡Al contrario: más luz! ¡Più, più, più...!

(Se asoma CARMELA *por un lateral, acabando de vestirse con un lamentable traje de andaluza.)*

CARMELA. Pero ¿a qué viene ahora hacer el pájaro? Eso no lo hemos ensayado...
PAULINO. *(Bufando.)* ¡Qué pájaro ni qué hostias! Que le estoy diciendo al teniente que más luz... Pero ése, además de maricón, es sordo...

CARMELA. Ah, bueno... *(Desaparece.)*

PAULINO. *(Consultando los papeles.)* Vamos a ver, vamos a ver... No nos pongamos nerviosos, que aún falta una hora... *(Consulta su reloj.)* ¿Una hora, digo? ¡Sólo media! *(Encuentra la hoja que buscaba.)* Aquí está: «Principio»... Eso es.. *(Grita hacia el fondo de la sala:)* ¡Los rojos! ¡Los rojos, mi teniente! ¡I rossi! *(Apagón total.)* ¡No, hombre! ¿Qué hace? No se asuste... ¡Quiero decir los botones rojos! ¡Que apriete sólo los botones rojos para el principio! ¡I bottoni rossí! *(Se enciende la luz con intensidad media.)* ¡Por fin! ¡Eso es! ¡Perfecto! ¡Perfetto, mio tenente! ¡Así! ¡Cosí, cosí!... ¡Principio, cosí! ¡I bottoni rossi! *(Da un bufido de alivio y habla hacia el lateral, a* CARMELA.*)* Como esto dure mucho, me voy a destrozar la voz a fuerza de gritos... Y luego, los dúos los vas a hacer de ventrílocua... *(Al fondo de la sala:)* ¡Oiga usted, mi teniente! ¿Por qué no abre la ventanita de la cabina y así me oirá mejor? ¡La finestrina de la cabina, aprire, aprire...! *(Se acompaña de gestos superexpresivos. Fuerza la vista y suspira.)* ¡Eso es! ¡Muy bien! ¡Molto bene, mio tenente! ¡Cosí, voce mia, no cascata...! *(Hacia el lateral:)* Y menos mal que aprendí algo de italiano en el Conservatorio, que si no, no sé qué hubiéramos hecho...

CARMELA. *(Entra de nuevo, todavía tratando de sujetarse el vestido.)* Costura, podías haber aprendido, y mejor nos vendría ahora... Anda, ayúdame a abrocharme, que este pingajo se me va a caer todo en medio de la fiesta.

PAULINO. ¿Pingajo? No, mujer: si te queda muy bien...

CARMELA. ¡Anda allá, muy bien...! Ni una hora he tenido para hacérmelo... Y de unas cortinas que, no veas... Mira que salir delante de toda esa hombrada hecha un adefesio...

PAULINO. De verdad que no... *(Hacia el fondo de la sala, mientras ayuda a* CARMELA:*)* ¡Un momento, mi teniente! *(Sonríe forzadamente.)* ¡Cose de donne...! *(A* CARMELA:*)* De verdad que estás muy salerosa...

CARMELA. El salero te lo iba a meter yo por la boca... Tenías que haberles dicho que, sin los vestidos, por lo menos, no podíamos actuar...

PAULINO. Ya se lo he dicho...

CARMELA. Y que si los quieren, pues que vayan a Azaila[8], que lo conquisten, tan valientes que son, y que nos los traigan...

PAULINO. *(Temeroso.)* ¿Quieres callar, imprudente?

CARMELA. Y ya verían qué gala tan bonita les hacíamos. Pero así, sin nada... *(Bruscos cambios de luces.)*

PAULINO. ¡Ya voy, ya voy, mi teniente! *(Empujando a CARMELA fuera de escena.)* Anda y acaba tú...

CARMELA. *(Fuera.)* ¡En bragas voy a quedarme al primer baile, ya verás!...

PAULINO. *(Hacia el fondo de la sala:)* Usted perdone, mi teniente, pero es que... la signorina Carmela está muy nerviosa por tener que actuar así: sin decorados, sin vestuario, sin atrezzo, sin niente de niente... *(Cambios de luces.)* Bueno, sí: luces, sí. Muy buenas las luces. Molto buone. Luci, splendide... Menos male, porque, si no, estaríamos a peli..., quiero decir... Bueno, ya me entiende. En fin, a lo que iba: hágase usted cargo de que nosotros somos artistas también, aunque modestos... No como usted, claro, pero artistas... De varietés, claro, pero artistas... Aquí donde me ve, yo tenía una brillante carrera de tenor lírico... Io, tenore lírico de... zarzuela, ¿comprende? ¿Capisce «zarzuela», operetta spagnola? *(Canta:)*

Hace tiempo que vengo al taller[9]
y no sé a qué vengo.
Eso es muy alarmante...

---

[8] Pueblo cercano a Belchite, provincia de Zaragoza. Otras referencias posteriores a pueblos como Daroca, Quinto, Alcañiz y Caspe, o a ríos como el Jiloca, son referencias reales a lugares de la geografía aragonesa que ya no anotaremos.

[9] Corresponde a un fragmento del célebre dúo de Ascensión y Joaquín en «La del manojo de rosas», sainete lírico en dos actos, letra de

(Carraspea.) Tenore lírico, sí, pero la guerra..., quiero decir, la Cruzada, el Glorioso Alzamiento Nacional..., pues eso: carriera cagata, spezzata... Y Carmela, la signorina: una figura del baile andaluz, flamenco... ¿Comprende, «flamenco»? *(Taconea.)* ¡Olé, gitano!... En fin, mi teniente, a lo que iba: hágase cargo de que es muy duro para unos artistas dar menos de lo que pueden dar, y encima darlo mal, ¿comprende? Cosa mala fare arte así, spogliati, smantellati, smirriati... ¿Non e vero? È verissimo, mi teniente, no me lo niegue... Usted lo sabe muy bien, como artista que es, italiano además, de la cuna del arte... Italia, ahí es nada: Miguel Ángel, Dante, Petrarca, Puccini, Rossini, Boccherini, Mussolini... En fin, para qué seguir: aquello está lleno. Pues eso: ya comprenderá lo apurados que estamos la Carmela y un servidor por tener que improvisar una velada en estas condiciones... Y más ante un público tan... tan...

CARMELA. *(Saliendo furiosa, aún a medio vestir.)* ¡Tantarantán! Déjame, que yo se lo voy a poner claro en cuatro palabras...

PAULINO. *(Tratando de evitarlo.)* Tú no abras la boca, que nos pierdes... *(Al fondo:)* Ya ve lo nerviosa que está, mi teniente...

CARMELA. ¡No estoy nerviosa, su teniente! Lo que estoy es furiosa, ea.

PAULINO. Carmelilla, por Dios...

CARMELA. *(Al fondo:)* Aquí Paulino y una servidora no tenemos por qué hacer el ridículo delante de la tropa...

PAULINO. Del ejército, Carmela...

CARMELA. Pues del ejército, que además, seguro, para celebrar la ocupación de Belchite...

Anselmo Carreño y U. Ramos de Castro, y música del maestro Pablo Sorozábal. Carmela y Paulino lo interpretarán en el segundo acto.

PAULINO. La liberación, quieres decir...

CARMELA. Eso, la liberación..., pues seguro que han liberado también las bodegas, y no le quiero decir las ganas de bulla que traerán en el cuerpo.

PAULINO. Calla, Carmela, que el teniente casi no entiende el español. Yo se lo explicaré... *(Al fondo.)* Verá usted, mio tenente: la signorina vuole dire...

CARMELA. Oye, ¿seguro que está ahí?

PAULINO. ¿Quién? ¿El teniente? Pues, claro: si estoy hablando con él desde hace un rato...

CARMELA. Mira que si se ha largado...

PAULINO. ¿Cómo se va a ir así, por las buenas, sin decirme nada? Es un hombre educadísimo... *(Grita hacia el fondo:)* ¡Mi teniente! ¡Mi teniente! *(Escuchan.)*

CARMELA. ¿No te digo yo que...?

PAULINO. ¡Mi teniente! ¿Está usted ahí?

CARMELA. Lo que que yo te diga, Paulino: ése se ha largado. Y seguro que con el peluquero, que le iba rondando esta tarde.

PAULINO. ¡Calla, insensata! *(Al fondo:)* ¡Mi tenien...! *(Le falta la voz. Aterrado, se lleva las manos a la garganta. Susurrando:)* ¡Ay, Dios mío!

CARMELA. ¿Qué te pasa?

PAULINO. *(Ídem.)* ¡La voz!

CARMELA. ¿Qué voz?

PAULINO. La mía... Ya se me ha cascado...

CARMELA. ¿Cómo se te va a cascar por dos gritos de nada?

PAULINO. Yo ya me lo temía... Entre el susto de esta mañana, el frío que hace, y ahora los gritos...

CARMELA. ¿Quieres hablar normal y verás como no te pasa nada?

PAULINO. No voy a poder cantar, ni siquiera hablar y, entonces, adiós función...

CARMELA. ¡Pues mira tú qué disgusto me iba a llevar yo...! Por tu madre, Paulino: sigue afónico hasta mañana y nos salvamos de esta mierda.

PAULINO. *(Con la voz normal:)* ¿Y quién nos salva de que nos fusilen por desacato, eh? ¡Buena es esta gente...!

CARMELA. Vaya, hombre: ya te ha vuelto la voz...

PAULINO. Es verdad: ya me ha vuelto... *(En distintos tonos e intensidades:)* Me ha vuelto... vuelto... vuel... toooo...

CARMELA. Tú, con tal de hacerme la puñeta...

PAULINO. Pero se me puede ir en cualquier momento, durante la función... ¿Y qué hacemos entonces?

CARMELA. Tú lo tienes muy fácil: con hacer el número de los pedos...

PAULINO. *(Como si le hubiera mentado a la madre.)* ¡Calla, Carmela!

CARMELA. Pues, ¿qué pasa? Si te salía muy bien y gustaba siempre mucho...

PAULINO. ¡Que calles, te digo! ¿Quieres mortificarme?

CARMELA. ¿Yo?

PAULINO. ¡Nunca más! ¿Me oyes? ¡Nunca más! ¡Lo juré en Barcelona, y nunca más! Aunque me muera de hambre.

CARMELA. También lo juraste en Logroño...

PAULINO. En Logroño no lo juré: lo prometí, que no es lo mismo.

CARMELA. Bueno, si tú lo dices...

PAULINO. Pero ¿es que no lo comprendes, Carmela? ¿No te das cuenta de cómo me humillas recordándome esa... esa...? ¡Yo soy un artista, un cantante!

CARMELA. ¿Y eso qué tiene que ver? Si además tienes ese don que Dios te ha dado...

PAULINO. ¿Don? ¿Llamas don a esa..., a esa ignominia?

CARMELA. ¿A esa qué?

PAULINO. A esa vergüenza, a ese castigo, a esa cruz...

CARMELA. Mira que eres exagerado...

PAULINO. No soy exagerado. Lo que pasa es que tengo dignidad. ¿Sabes lo que es eso? No, sospecho que no...

CARMELA. Oye, sin faltar... Que yo, cuando quiero, me sé poner tan digna como la que más...

PAULINO. Me refiero a la dignidad del artista, ¿comprendes?

CARMELA. Ah, bueno... Si te pones así...

PAULINO. Me pongo en mi sitio. Y si alguna vez tuve que salirme, o sea, rebajarme, o sea, perder la dignidad...

CARMELA. ¿Te refieres a echar mano de los pedos?

PAULINO. ¡De los pedos, sí! ¡De ese... «don divino», como tú lo llamas...! Ya ves qué don divino será, que por su culpa me echaron del seminario a los trece años...

CARMELA. ¿Te echaron? Pues ¿no me habías dicho que te saliste porque un cura te andaba...?

PAULINO. Me andaba toqueteando a todas horas, sí, aquel cura... Pero la verdad es que me echaron, me expulsaron, porque, para hacerme el gracioso con mis compañeros, lucía el «don divino» en plena misa, en el momento de la consagración...

CARMELA. *(Santiguándose.)* ¡Jesús, María y José! ¿Y por qué esa herejía?

PAULINO. No te sabría explicar... Pero tengo muy claro que, de mayor, cada vez que he caído en su... comercio, o sea, cada vez que me he rebajado a ganarme la vida... con eso... pues, eso: algo se ha roto en mí.

CARMELA. ¿Qué se te ha roto?

PAULINO. Por dentro, quiero decir...

CARMELA. Por dentro, no sé... Pero, por fuera, nos hubieran roto la cabeza en Barcelona y en Logroño si no llegas a actuar con los pedos... Tú afónico, yo tísica, a ver cómo hubiéramos cumplido los contratos...

PAULINO. Hay un contrato más importante, Carmela, y es el que un artista tiene firmado con las musas.

CARMELA. ¡Caray, Paulino! Cómo estás hoy... Si parece que te has escapado de una comedia de don Jacinto Benavente...

PAULINO. Basta, Carmela: no discutamos más. Pero entérate: yo soy un cantante. Sin suerte, es verdad, pero un cantante. Y los pedos son lo contrario del canto, ¿comprendes? Los pedos son el canto al revés, el arte por los suelos, la vergüenza del artista... Y si uno lo olvida, o no lo quiere ver, o lo sabe y le da igual, y se dice: «A la gente le gusta, mira cómo se ríen, a vivir de los pedos... o de lo que sea», entonces, entonces, Carmela, es... es... pues, eso: la ignominia...

CARMELA. ¡Y dale...!

PAULINO. Le doy, sí: a ver si te enteras de una vez. No más pedos en mi carrera... ni aunque me fusilaran los fascistas... *(Repara de pronto en lo que ha dicho y su exaltación se calma al punto. Mira, medroso, en torno suyo.)* Pero... ¿qué estoy diciendo? ¿Cómo he podido...? *(A CARMELA, airado:)* ¿Te das cuenta de cómo me provocas con tus...?

CARMELA. ¿Quién te provoca? Si te has puesto así tú solito...

PAULINO. *(Muy nervioso.)* ¿Dónde está el teniente? *(Al fondo de la sala:)* ¡Mi teniente!

CARMELA. Yo, para mí, que han suspendido la función...

PAULINO. Me extrañaría mucho. *(Baja la voz, inquieto.)* ¿Y si es un truco para ver si nos vamos de la lengua?

CARMELA. ¿En qué nos íbamos a ir?

PAULINO. No sé... Tal vez creen que somos espías, o algo así... *(Grita hacia el fondo.)* ¡Mi teniente!

CARMELA. ¿Espías, tú y yo? ¡Ay qué risa, María Luisa! Pero si esta mañana les hemos dicho todo lo que han querido, y más...

PAULINO. Ya lo sé... Pero esta gente es muy desconfiada. Ven rojos por todas partes... ¿Dónde está Gustavete?

CARMELA. Ha ido a ver si le arreglaban la gramola.

PAULINO. Ésa es otra: Gustavete manejando la gramola... Menuda gramola y menudo Gustavete... *(Hacia el fondo:)* ¡Mi teniente!

CARMELA. ¿Qué tienes que decir del chico?

PAULINO. No digo nada... ¿Sabes qué se me ocurre? Vamos a disimular.

CARMELA. ¿A disimular?

PAULINO. Sí: hagamos como que estamos ensayando un baile...

CARMELA. Pero ¿no es ya la hora de empezar?

225

PAULINO. Por eso mismo: es ya la hora de empezar, y el teniente no respira, la tropa no aparece... Esto me da muy mala espina... Vamos... *(Se colocan en posición de iniciar un número de baile.)*

CARMELA. Mira, Paulino, no empieces con tus aprensiones, que te conozco.., y me conozco: tú te asustas, me asustas a mí, tú te asustas más de verme asustada y yo...

PAULINO. ¡Un, dos, tres: ya! *(Comienzan a evolucionar por escena en rudimentaria coreografía, y continúan dialogando mientras acechan, inquietos, la sala y los laterales del escenario.)* ¿Qué le estaba diciendo?... ¡Un, dos, un, dos!

CARMELA. ¿A quién?

PAULINO. Al teniente... ¡Tres, cuatro, tres, cuatro!

CARMELA. ¿Cuándo?

PAULINO. Hace un momento, antes de salir tú... ¡Vuelta derecha, un, dos!... La última vez que manejó las luces fue...

CARMELA. ¿Y qué más da eso?

PAULINO. ¡Vuelta izquierda, tres, cuatro!... Por si dije alguna imprudencia...

CARMELA. ¿Imprudencia, tú? Me extrañaría...

PAULINO. ¡Cinco, seis, atrás!... Ya sé: le estaba diciendo que esto de actuar así, con lo puesto...

CARMELA. ¿Con lo puesto? ¡Ojalá pudiera yo actuar con mi ropa, y no con estas cortinas remendadas...!

PAULINO. *(Se detiene.)* ¡Tu ropa! ¿Dónde está tu ropa?

CARMELA. ¿Dónde va a estar? En ese camerino lleno de cucarachas que...

PAULINO. *(Asustado.)* ¿Qué hiciste con la octavilla de la CNT[10] que nos dieron anoche en Azaila?

---

[10] Confederación Nacional del Trabajo, sindicato anarquista fundado en 1911 y que tuvo una fuerza creciente entre el proletariado y campesinado españoles. Durante la guerra civil fueron partidarios de la revolución social y de la política de colectivizaciones, siendo precisamente las colectividades agrarias de Aragón su modelo por excelencia.

CARMELA. ¡Ay, hijo! Qué susto me has dado... La usé anoche mismo, en el retrete.

PAULINO. ¿Seguro que no la llevabas esta mañana en el bolsillo?

CARMELA. ¿Tan guarra te crees que soy?

PAULINO. No, mujer... Estoy pensando que.. Pero, sigamos... ¡Un, dos, un dos!... Estoy pensando que esta mañana, al detenernos, nos han registrado muy finamente...

CARMELA. Eso es verdad: las cosas como son.

PAULINO. En el interrogatorio también han estado muy amables...

CARMELA. Mucho. El sargento no hacía más que decirme: «Tranquila, prenda, que esto es un puro trámite...».

PAULINO. Y cada vez que te lo decía, tocadita al culo.

CARMELA. Al culo, no: aquí arriba.

PAULINO. Y se han creído enseguida que hemos cruzado las líneas sin darnos cuenta...

CARMELA. ¿Es que no es verdad? *(Van dejando de bailar.)*

PAULINO. Ya, pero eso, ¿en qué cabeza cabe?

CARMELA. Hombre: con la niebla que había...

PAULINO. Sí, anda y diles tú a unos militares que te has pasado, sin enterarte, de la zona republicana a la zona nacional en una tartana, como si fueras a almorzar a la fuente...

CARMELA. A almorzar, no; pero a comprar morcillas sí que veníamos.

PAULINO. A comprar morcillas vendrías tú, que yo venía a ver si nos contrataban en Belchite para las fiestas.

CARMELA. Pero ¿qué fiestas iban a celebrar sabiendo que los fascistas estaban ya en Teruel?[11].

PAULINO. Nadie se imaginaba que avanzarían tan deprisa.

CARMELA. Pues, ya ves: aquí los tienes.

PAULINO. Oye, pero ¿qué estamos discutiendo?

---

[11] El 15 de diciembre de 1937 el ejército republicano inició una ofensiva victoriosa contra Teruel, que fue reconquistada por las tropas franquistas, mandadas por los generales Aranda y Yagüe, el 22 de febrero de 1938.

CARMELA. Ah, tú sabrás...

PAULINO. Claro, tú, en cuanto abro la boca, me llevas la contraria, y ya la tenemos.

CARMELA. ¿Yo? Pero si eres tú quien me replicas todo lo que digo...

PAULINO. ¿Qué te replico yo a ti?

CARMELA. Todo: que si el culo, que si la niebla, que si las morcillas...

PAULINO. No es verdad: eras tú quien decías que yo no tenía por qué extrañarme de que ellos hubieran creído que nosotros...

(De pronto se produce un cambio de luces. Los dos se inmovilizan, sorprendidos, pero CARMELA reacciona rápidamente y transforma su discusión en un número musical improvisado.)

CARMELA. *(Cantando y bailando:)*

> Se han creído que nosotros
> no nos vamos a extrañar,
> porque digan que tú dices
> que ya no me quieres «ná»...[12].

(Nuevo cambio de luces, más enérgico. CARMELA se dirige con resolución al proscenio y habla al «teniente», mientras PAULINO aún permanece aturdido por la anterior reacción de ella.)

¿Está usted ahí, señor teniente? Una hora hace que le estamos llamando... Y es para decirle que le diga usted al señor comandante que nosotros aún no estamos preparados, ni la música a punto. Así que haga el favor de

---

[12] Obviamente, esta improvisada canción de Carmela es invención del dramaturgo.

poner a la tropa a hacer instrucción como una media hora, que les vendrá muy bien para bajar el vino, mientras aquí Paulino y una servidora acaban de arreglarse...

PAULINO. *(Reaccionando, pero balbuciente aún.)* Dice.., mio tenente... la signorina dice... vuole dire... que noi...

> *(Pero ya* CARMELA *le ha tomado de la mano y le saca resueltamente de escena. Ésta queda un momento vacía. Bruscamente, se hace el*

OSCURO

> *Sobre la oscuridad se escucha la voz de* CARMELA *acercándose:)* «Paulino!... ¡Paulino!» *(Entra por el lateral del fondo la luz blanquecina y vemos a* PAULINO *durmiendo en el suelo, hecho un ovillo. Vuelve a oírse, más cerca, la voz de* CARMELA, *y la luz de ensayos se enciende con un «clic».)*

CARMELA. *(Entra vestida con su traje de calle.)* ¡Paulino!... *(Lo ve y acude a su lado.)* ¿Qué haces, Paulino? ¿Estás...? *(Iba a despertarle, pero se contiene.)* Dormido, sí: pobre hijo. Lo cansado que debes de estar... *(Mira a su alrededor, sale de escena y vuelve al momento con la bandera republicana. Le cubre con ella.)* No vayas a coger frío... Con este invierno que no se acaba nunca... *(Le mira, pensativa.)* Dichoso tú, que por lo menos puedes dormir algún rato. Yo, en cambio, ya ves: todo el santo día... o la noche... o lo que sea esa cosa gris, más despierta que un centurión. Lo bonito que era eso de sentir el picor en los ojos, y luego la flojera por todo el cuerpo, y arrebujarse en la cama, o donde fuera, y dejar que se te llevaran las olitas del sueño, como decía mi abuela Mamanina... ¿Dónde estará ahora? ¿Me encontraré con ella... y con mi padre... y con mi tío el Cucharillas y su mujer la Talenta... y con Ramón el Risicas, mi primo, y...? ¡Vaya familia de muertos me ha tocado! Claro, que no me extraña: con la ración de miseria que nos tocó en la vida... Y aún decía doña Antoñona, la cacica: «¡Qué fuerza tienen los pobres: todo el día segando con sólo un limón y un par de algarrobas, y nunca se mueren...». La madre que la parió..., bien se la podía haber quedado dentro de la tripa, a doña Antoñona, cara de mona, como le decíamos de chicos... Lo que es ella y su familia, seguro que siguen vivos, y contentos, y gordos... Sí, gordos: que con una de sus tetas nos hubiéramos lucido yo y todas mis primas... *(Queda pensativa.)* ¡Qué raro!... Ya casi no puedo sentir envidia, ni rabia, ni... *(Se concentra y se esfuerza.)* ¡Doña Antoñona, cara de mona! ¡Don Melitón, amo cabrón!... *(Se «ausculta» en busca del sentimiento correspondiente.)* Muy poco, casi nada... ¿Y pena? A ver... *(Se concentra.)* ¡No te vayas, Mamanina! ¡No pongas esa cara! ¡Abre los ojos, cierra la boca...! *(Se «ausculta».)* Bueno, sí: aún me queda pena... ¿Y miedo? *(Se concentra.)* ¡Los civiles! ¡Que vienen los civiles! ¡Todos al barranco, deprisa!... *(Se «ausculta».)* No, de miedo, nada... ¿Y de... aquello? *(Mira a* PAULINO, *se concentra.)* ¡Dale, Paulino, no te pares! ¡Dale, dale, más..., ahora...! *(Se «ausculta».)* Psche... No gran cosa... ¡Qué lástima, Paulino! Con la de gustos que me dabas... Como cuando me lo hacías cantando aquello de: *(Canturrea, con leve movimiento acompasado:)*

¡Ay, mamá Inés! ¡Ay, mamá Inés!
Todos los negros tomamos café...

... llevando el ritmo como un negro rumbero.., y sin desafinar ni una nota... *(Sonríe con pícara ternura.)* ¡Demonio de hombre! ¿Dónde aprenderías tú esas mañas? Seguro que no fue en el seminario... *(Cambio.)* Ya basta, Carmela. Agua que no has de beber... Más te valdrá ir olvidando las cosas buenas, para que no se te coma la añoranza... (PAULINO *se remueve y mascula algunas pala-*

bras entre sueños.) Vaya: parece que el señor se quiere despertar. En buena hora sea...

PAULINO. *(Soñando en voz alta:)* ¡No...! ¡Que no se la lleven!... ¡Ella no tiene...! ¡Ellos.., la culpa... esos milicianos...! ¡...A cantar! ¡Ella no!... ¡Esos... que se han puesto...! *(Sigue murmurando, sin que se le entienda.)*

CARMELA. ¡Mira con qué me sale éste! ¡Pues no está soñando...! Y en voz alta, además... Vaya novedad... *(Intenta despertarle con suavidad.)* Despierta, chiquillo, y no te hagas mala sangre con lo que ya no tiene remedio... Pauli, Paulino... Nada: como una criatura en el primer sueño... Si hasta se le salen los mocos... *(Le limpia la nariz con un pañuelo.* PAULINO *refunfuña, pero sigue durmiendo.)* La culpa, dices... Sabe Dios quién la tiene... Los milicianos... yo... tú... el tonto de Gustavete... la hostia consagrada... Pero no: ellos no creo, pobres chicos... Ponerse a cantar, sí, eso me dio no sé qué... Aunque, claro, ¿qué iban a hacer? ¿Qué más les daba todo, si a la mañana les iban a fusilar? La ocurrencia de traerlos a ver la función, con cadenas y todo... Y yo, allí, haciendo aquello, con la bandera... ¡Qué mala leche, el teniente! En lugar de darles la última cena y matarles, como Dios manda, me los traen aquí, pobres hijos... a tragar quina. A mí me estuvo dando no sé qué desde el principio... Verles ahí, tan serios... *(Queda mirando la sala. Canturrea:)*

> ... pero nada pueden bombas,
> rumba, la rumba, la rumba,
> va donde sobra corazón,
> ay Carmela, ay Carmela...[13]

---

[13] Carmela canturreaba en la edición de 1989, como al inicio de la obra Paulino (cfr. nota 4):

> Tres colores tiene el cielo
> de España al amanecer.
> Tres colores la bandera...

(Como impulsado por un resorte, PAULINO *se incorpora y queda sentado, parpadeando.* CARMELA *se sobresalta.)*

Jesús, Paulino... Vaya manera de amanecer...

PAULINO. *(Totalmente despierto.)* Ah, eres tú...

CARMELA. Sí.

PAULINO. Has vuelto...

CARMELA. Ya ves.

PAULINO. He soñado que... *(Se interrumpe.)*

CARMELA. ¿Qué?

PAULINO. No, nada... Así que has vuelto...

CARMELA. Sí, he vuelto.

PAULINO. Menos mal.

CARMELA. Sólo que... *(Se interrumpe.)*

PAULINO. ¿Qué?

CARMELA. Me ha costado más.

PAULINO. ¿Qué quieres decir?

CARMELA. Eso: que me ha costado más.

PAULINO. ¿Por qué?

CARMELA. No sé... Era más difícil.

PAULINO. ¿Qué era más difícil?

CARMELA. Volver... Volver aquí.

PAULINO. ¿No te dejaban?

CARMELA. Allí nadie deja ni no deja.

PAULINO. ¿Entonces...?

CARMELA. Ay, no sé... Mira que eres preguntón... ¿Y tú qué has hecho?

PAULINO. ¿Yo? Nada... Esperarte... *(Mira el escenario y la sala.)* Es curioso...

CARMELA. ¿Qué?

PAULINO. Esto... Este sitio... Un teatro vacío.

CARMELA. ¿Por qué?

PAULINO. La de cosas que...

CARMELA. *(Mira el escenario y la sala.)* Sí, la de cosas...

232

(Quedan los dos mirando, en silencio.)

PAULINO. ¿Y tú dónde has estado?

CARMELA. ¿Cuándo?

PAULINO. Todo este rato... Desde que te has ido...

CARMELA. He estado... allí.

PAULINO. Sí, pero ¿dónde?

CARMELA. No sé. Era... un cruce de vías.

PAULINO. ¿Un cruce?

CARMELA. Sí: de vías de tren. Se cruzaban dos vías de tren.

PAULINO. ¿Quieres decir... una estación?

CARMELA. No, no había estación. Sólo la caseta del guardagujas, o algo así, en medio del descampado.

PAULINO. Qué raro... Una caseta...

CARMELA. Sí, pero no estaba.

PAULINO. ¿Quién no estaba? ¿El guardagujas?

CARMELA. Ni él, ni nadie. La gente iba llegando, se formaba la cola...

PAULINO. ¿La cola? ¿Os ponían en cola?

CARMELA. No nos ponía nadie. Nos íbamos poniendo nosotros, al llegar...

PAULINO. La costumbre, claro... ¿Y había mucha gente?

CARMELA. Pues al principio, no; pero poco a poco la iba habiendo...

PAULINO. ¿Y estaba el tipo aquel..., el sinvergüenza de la cabeza abierta?

CARMELA. Yo no lo vi. Como no fuera de los más borrosos...

PAULINO, ¿Borrosos? ¿Qué quieres decir? (CARMELA *no contesta.*) ¿Quieres decir que os vais.., que se van.., como borrando?

CARMELA. Algo así... (PAULINO, *algo inquieto, le toca la cara. Ella sonríe.*) No, hombre... Ésos deben de ser muertos antiguos, del principio de la guerra... o de antes.. No te preocupes: yo aún... *(Cambiando vivamente de tema.)* ¿Sabes quién ha estado un rato en la cola?

PAULINO. No... ¿Quién?

CARMELA. No te lo puedes ni imaginar... ¡A que no lo adivinas!

PAULINO. ¿Cómo voy a adivinarlo? Con la de muertos que...

CARMELA. Es uno que hacía versos, muy famoso él. Seguro que lo adivinas...

PAULINO. Ay, mujer, no sé...

CARMELA. Sí, hombre, que lo mataron nada más empezar la guerra, en Granada... Es muy fácil.

PAULINO. ¿García Lorca?

CARMELA. *(Muy contenta.)* ¡Sí!

PAULINO. ¿Federico García Lorca?

CARMELA. ¡Ese mismo!

PAULINO. ¡Caray! García Lorca... Muy famoso... ¿Y ha estado allí, contigo?

CARMELA. Conmigo, sí, allí en la cola... Sólo un rato, al principio. Pero... no te lo vas a creer... ¿Sabes lo que me ha hecho?

PAULINO. No. ¿Qué te ha hecho?

CARMELA. ¡Me ha escrito unos versos!

PAULINO. ¿A ti?

CARMELA. ¡Sí, a mí!

PAULINO. ¿Unos versos te ha escrito, a ti?

CARMELA. Así como suena. Míralos, aquí los llevo... *(Saca un pedacito de papel.)* Con un lápiz...

PAULINO. A ver, a ver... Qué importante: escribirte unos versos... ¿Y son bonitos?

CARMELA. No sé: no los entiendo. Pero creo que sí...

PAULINO. *(Tomando el papel.)* Trae, yo te los explicaré... *(Lee:)* El sueño se... se... Uf, vaya letra...

CARMELA. Sí, ¿verdad?

PAULINO. *(Lee:)*

El sueño se... desvela por... los muros
de tu silencio blanco sin... sin hormigas...
pero tu boca... empuja las... auroras...
con... con... con pasos de agonía.

234

CARMELA. Muy fino, ¿verdad?

PAULINO. *(Perplejo, sin saber qué decir.)* Sí, mucho... Claro, aquí él quiere decir... *(Enmudece.)*

CARMELA. Yo lo que más entiendo es lo de la agonía.

PAULINO. Sí, eso sí. Eso se entiende muy bien... En cambio, lo de las hormigas...[14].

CARMELA. De todos modos, reconoce que es un detalle...

PAULINO. Y tanto que sí: menudo detalle... y más, estando como está... *(Vuelve a leer:)* De tu silencio blanco sin... ¿Hormigas, dice aquí?

CARMELA. Sí: hormigas, hormigas...

PAULINO. Ya ves, qué cosa... Silencio blanco sin hormigas...

CARMELA. Y eso del sueño que se desvela, también tiene tela.

PAULINO. También, también... El sueño se desvela por... Muy bonito, muy fino... *(Le devuelve el papel.)* Guárdalo bien, eh... No lo vayas a perder... ¿Y te los ha escrito allí mismo?

CARMELA. Allí mismo. Con un lápiz... Estaba en la cola, muy serio, algo borroso ya... Bien trajeado...; con agujeros, claro... Pero se le veía un señor...

PAULINO. Era un señor, sí... Y un poetazo. Yo me sé una poesía suya muy fuerte. Es aquella que empieza:

---

[14] Las hormigas que se mencionan en estos supuestos versos «surrealistas» de Federico García Lorca aparecen reiteradamente en algunos poemas de su espléndido libro *Poeta en Nueva York. Tierra y luna* (cito por la edición crítica de Eutimio Martín, publicada en 1981 por la editorial barcelonesa Ariel). He hallado referencias a ellas en, por ejemplo, «Fábula y rueda de los tres amigos», «Ciudad sin sueño», «El niño Stanton», «Poema doble del lago Eden», «Navidad», «Nacimiento de Cristo», «Nocturno del hueco» y «Vals en las ramas» (ob. cit., págs. 122, 172, 183, 199, 211, 215, 258, 260, 286 y 289, respectivamente). El autor me confiesa haberse inspirado en ellos para componer estos cuatro versos, entrañable homenaje al poeta que, asesinado el 18 de agosto de 1936, pronto se convirtió en símbolo de la barbarie fascista.

> Y yo me la llevé al río[15],
> creyendo que era mozuela,
> pero tenía marido...

CARMELA. Sí, yo también la conozco... Del «Romancero flamenco», ¿verdad?

PAULINO. No, flamenco, no: gitano. El «Romancero gitano».

CARMELA. Eso. Muy bonita, sí... Pues allí estaba él, ya te digo, mirando el suelo, muy serio, y yo voy y le digo...

PAULINO. ¿Había hormigas?

CARMELA. ¿Dónde?

PAULINO. En el suelo, allí donde él miraba...

CARMELA. ¿Y yo qué sé? Para fijarme en eso estaba yo...

PAULINO. Sí, claro... Lo decía por... Pero sigue, sigue...

CARMELA. Conque le digo: «Usted no es de por aquí, ¿verdad?»... Porque yo le notaba un no sé qué... Y él va y me contesta: «Pues usted tampoco, paisana». Y ahí nos tienes a los dos, hablando de Granada... Y resulta que conocía a la Canicas, una prima hermana de la hija del primer marido de mi abuela Mamanina, que había estado sirviendo en su casa...

PAULINO. Ya ves tú, qué pequeño es el mundo...

CARMELA. Eso mismo le dije yo, y él me contestó: «Muy pequeño, Carmela, muy pequeño... Pero ya crecerá».

PAULINO. ¿Eso te dijo?

CARMELA. Sí.

PAULINO. ¿Ya crecerá?

CARMELA. Sí.

PAULINO. Qué cosas... Ya crecerá...

CARMELA. Y en esas que se acerca el cura de Belchite, que casi no se aguantaba derecho de lo blandorro que estaba.

PAULINO. ¿Por qué, blandorro?

---

[15] Paulino recita, con variante incluida («Y que yo me la llevé al río»), los versos iniciales del celebérrimo romance de «La casada infiel», sexto del *Romancero gitano,* que puede leerse en la edición de Miguel García-Posada (Madrid, Castalia, 1988, págs. 134-135).

CARMELA. No sé muy bien... Se ve que lo echaron del campanario abajo...

PAULINO. Pobre hombre...

CARMELA. Ya lo puedes decir, ya... Si vieras cómo sudaba.

PAULINO. ¿Sudar? ¿Con este frío?

CARMELA. Del apuro que estaba pasando. Porque la gente ya se está empezando a cabrear.

PAULINO. ¿Por qué?

CARMELA. Porque no dan la cara.

PAULINO. ¿Quién no da la cara?

CARMELA. Nadie: ni Dios, ni la Virgen, ni la palomica...

PAULINO. ¿Qué palomica?

CARMELA. La que vive con ellos.

PAULINO. ¿Te refieres al Espíritu Santo?

CARMELA. Ése, sí. Pues ni el Espíritu ni nadie.

PAULINO. Pero, mujer... Dios y la Virgen no van a ir por ahí, atendiendo a todos.

CARMELA.. Bueno, vale... Pero, por lo menos, no sé: los ángeles, los santos...

PAULINO. En eso tienes razón.

CARMELA. San Pedro, por ejemplo... ¿dónde está San Pedro?

PAULINO. ¿A mí qué me preguntas?

CARMELA. Y, claro, pues todo va manga por hombro.

PAULINO. No hay derecho...

CARMELA. Había una mujer, muy enfadada, que no paraba de llamar a Santa Engracia... «Pero, bueno, decía, ¿dónde está Santa Engracia, a ver? Me he pasado la vida rezándole y poniéndole velas cada viernes... Más de doscientos duros en velas le habré puesto. Y ahora, ¿qué? ¿Dónde coño está Santa Engracia?»... Y allí no aparecía ni Santa Engracia ni nadie.

PAULINO. Pobre mujer: doscientos duros y, ya ves...

CARMELA. Tirados a la calle... Y claro, pues el cura todo era dar disculpas, y que si tengan paciencia, que si enseguida vendrá alguien... Pero, ¡ca! Allí nadie...

PAULINO. *(Interrumpiéndola.)* Oye, Carmela...

237

CARMELA. ¿Qué?

PAULINO. Yo... yo no sé lo que es esto.

CARMELA. ¿Lo que es, qué?

PAULINO. Esto... Lo que nos pasa... Que tú estés aquí, muerta, y que podamos hablar, tocarnos... No entiendo cómo está ocurriendo, ni por qué...

CARMELA. Yo tampoco, pero... ya ves.

PAULINO. Te juro que casi no he bebido... Y soñar, ya sabes que yo no sueño nunca... o casi.

CARMELA. No, tú con roncar, ya...

PAULINO. Entonces, ¿cómo es posible?

CARMELA. Qué quieres que te diga... A lo mejor, digo yo, como hay tantos muertos por la guerra y eso, pues no cabemos todos...

PAULINO. ¿En dónde?

CARMELA. ¿En dónde va a ser? En la muerte... Y por eso nos tienen por aquí, esperando, mientras nos acomodan...

PAULINO. No digas tonterías, Carmela. ¿Crees tú que la muerte es... un almacén de ultramarinos?

CARMELA. ¿Y tú que sabes, di? ¿Te has muerto alguna vez?

PAULINO. Claro, aquí la única muerta es la señora... ¡Pues, menuda...! ¿Dónde se ha visto una muerta comiéndose un membrillo?

CARMELA. *(Que, en efecto, ha sacado un membrillo y lo está oliendo.)* ¡Me lo ha dado el cura! Y, además, no me lo estoy comiendo...

PAULINO. Pero ¿a que te lo puedes comer? A que sí... Anda, cómetelo y verás...

CARMELA. *(Vacila.)* ¿Qué pasa si me lo como?

PAULINO. Tú, cómetelo... (CARMELA, *tras dudar, muerde del membrillo. Triunfal:)* ¿Qué?

CARMELA. ¿Qué, qué?

PAULINO. Eso: ¿qué notas?

CARMELA. Que está soso.

PAULINO. *(Sorprendido.)* ¿Soso?

CARMELA. Sí: que no me sabe a nada.

PAULINO. ¿A nada? A ver... (CARMELA *se lo da.* PAULINO *muerde un bocado.)* Está riquísimo... *(Sigue comiendo.)* ¿Cómo puedes decir que no sabe a nada? *(Idem, con voracidad.)* Yo lo encuentro en su punto: ni verde ni maduro. Y sabroso como... (CARMELA *se ha puesto a sollozar quedamente.* PAULINO *comprende, deja de comer y va a devolverle el membrillo. Muy azorado, no sabe qué hacer.)* Carmela, yo... Perdona... Tenías tú razón...

CARMELA. *(Conteniendo el llanto.)* ¡Con lo que me gustaban los membrillos...!

PAULINO. Carmela, por favor..., perdona... yo no... *(Le ofrece.)* ¿Quieres?

CARMELA. *(Estalla en lágrimas.)* ¿Para qué? Si no me sabe a nada..., a nada...

PAULINO. En realidad.., sí que está un poco soso... Yo... *(Súbitamente violento, arroja el membrillo y la increpa.)* ¿Por qué lo hiciste, Carmela? ¿Por qué tuviste que hacerlo, di? ¿Qué más te daba a ti la bandera, ni la canción, ni la función entera, ni los unos, ni los otros, ni esta maldita guerra? ¿No podías haber acabado el número final y santas pascuas? ¿Quién te mandaba a ti ponerte brava, ni sacar las agallas, ni plantarles cara...?

CARMELA. *(Furiosa, desde el llanto.)* ¡No me grites!

PAULINO. *(Igual.)* ¡Tú eres la que no has de gritar!

CARMELA. ¿Por qué no?

PAULINO. ¡Porque estás muerta, y los muertos no gritan!

CARMELA. ¡Lo dirás tú que no gritan! *(Grita.)*

PAULINO. ¡Ya ves!

CARMELA. ¿Qué veo?

PAULINO. Lo que has conseguido: tú, más muerta que... que una rata muerta, y yo...

CARMELA. ¡No me insultes!

PAULINO. Yo... ¡peor que muerto! ¿Qué pensabas ganar, eh? ¿Qué íbamos a ganar nosotros haciéndonos los héroes? ¿No era bastante haber aguantado casi dos años de guerra con nuestras «varietés»? ¿Te parece poco heroísmo ese? «Carmela

239

y Paulino, variedades a lo fino»... ¡Menuda finura! Y de las capitales, a olvidarse, que hay mucha competencia... Y venga pueblo arriba y pueblo abajo, con los cuatro baúles... y el tonto de Gustavete, que es como llevar otro baúl, porque ni sirve para representante, ni para regidor, ni para tramoyista...

CARMELA. ¡No te metas con Gustavete!

PAULINO. ¡Eso: defiéndele! Ya salió Santa Carmela, patrona de los subnormales...

CARMELA. Para subnormales, tú. Que si no te hubieras dado tantos humos de artista con el teniente, no se le hubiera ocurrido hacernos actuar...

PAULINO. Ah, ¿no? ¿Y qué nos hubieran hecho?

CARMELA. Pues soltarnos y dejarnos marchar a las dos horas...

PAULINO. ¿Dejarnos marchar? ¿Dejarnos marchar, so cándida? Pero ¿tú sabes lo que es una guerra? ¿Tú tienes idea de lo que está pasando por ahí? *(Señala hacia el exterior.)* Anda: sal a dar una vuelta y verás lo que te encuentras... Asómate a la escuela y mira cuántos «niños» han metido allí, y lo creciditos que están, y cómo les hacen cantar la tabla del siete... Y luego ve por las afueras y cuenta la gente que han sacado a «pasear»[16] y se ha quedado a «descansar» al borde de la carretera... Bueno, y sin ir más lejos: mira lo que han hecho contigo...

CARMELA. Ya está bien, ¿no?

PAULINO. Ya está bien, ¿de qué?

CARMELA. De restregarme por las narices que estoy muerta. Que hasta parece que te alegras...

PAULINO. ¿Que me alegro yo de...?

CARMELA. Bastante me pesa a mí, que ni el sabor de los membrillos noto.

PAULINO. ¿Cómo puedes decir que...? ¡Pero si eres tú quien...!

---

[16] «Pasear» fue un eufemismo trágico utilizado en ambos bandos durante la guerra civil para referirse al fusilamiento, casi siempre durante la madrugada, de prisioneros 10 detenidos cuyos cuerpos aparecían a la mañana siguiente «descansando» en las cunetas de caminos y carreteras. Ni «pasear» ni «descansar» aparecían entrecomillados en la primera edición.

CARMELA. *(Súbitamente, como escuchando algo.)* ¡Calla!

PAULINO. ¿Qué pasa?

CARMELA. ¿Oyes?

PAULINO. *(Escucha también.)* ¿Oír, qué?

CARMELA. ¿No oyes nada?

PAULINO. ¿De qué?

CARMELA. Bombas, cañonazos...

PAULINO. Yo no oigo nada...

CARMELA. Sí, allá lejos... Bum, brrruuum, bummm.

PAULINO. No se oye ni una mosca, Carmela.

CARMELA. Yo sí. Lejos, pero muy claro...

PAULINO. Vamos, no te asustes... Son imaginaciones tuyas.

CARMELA. Te digo que no. Lo oigo muy bien... ¡Mira que si los matan otra vez...!

PAULINO. ¿A quién?

CARMELA. Hasta parece que los veo... Sí.. Es allí... Las vías... La caseta... Hay humo... Explosiones...

PAULINO. Carmela, por favor..., cálmate... ¿Cómo vas a ver eso que...? Son imaginaciones... No se oye nada, no se ve nada...

CARMELA. Lo veo, sí... Caen muy despacio las bombas..., explotan despacio... Veo la tierra que salta... la metralla... *(Va hacia su salida.* PAULINO *la retiene.)*

PAULINO. Estás aquí conmigo, Carmela..., en el teatro... Estás aquí... ¿Adónde vas?

CARMELA. Ellos están allí... No huyen... se quedan quietos... andan despacio... se paran... ¡Van a matarlos otra vez!

(Bruscamente se desprende de PAULINO *y sale corriendo por la zona iluminada del fondo.)*

PAULINO. ¡Carmela, no...! *(Sale tras ella, pero al punto vuelve a entrar, como impulsado por una fuerza violenta que le hace caer al suelo. La luz blanquecina se apaga.)* ¡Carmela! *(Intenta incorporarse, pero está como aturdido y, además, se ha lastimado una pierna.)* ¡Carmela, vuelve! ¡Vuelve aquí! ¡Me he roto una pierna! ¡Estoy herido, Carmela! ¡Me he roto...!

(Pero comprueba que no es cierto y se pone en pie, aún ofuscado. Camina cojeando y vuelve a gritar, con menos convicción.) ¡... una pierna! ¡No puedo andar, Carmela!... ¡Te necesito! ¡No puedes dejarme así! ¡Me he quedado cojo!...

(De pronto, la escena se ilumina brillantemente, al tiempo que comienza a sonar a todo volumen el pasodoble «Mi jaca»[17]*. PAULINO, asustado, se inmoviliza, mira las luces y también la sala. Se frota los ojos, se tantea la cabeza y, antes de que salga de su estupor, cae rápido el*

TELÓN).

Verónica Forqué (Carmela) y José Luis Gómez (Paulino)
en un momento del acto primero de *¡Ay, Carmela!* Foto Chicho.

---

[17] El estupor de Paulino se explica porque, tras haber invocado los poderes del teatro, éstos escapan ahora a su control e invaden mágicamente la escena. El pasodoble «Mi jaca» es original de J. Mostazo.

Segundo acto

(*Los primeros minutos transcurren exactamente como en el primer acto: oscuridad, sonoro «clic», luz de ensayos, entrada de* PAULINO *con la garrafa, miradas al escenario, trago, nuevas miradas, cruce —desabrochándose la bragueta—, salida por el lateral opuesto, pausa, nueva entrada —abrochándose—, miradas y descubrimiento de la gramola, al fondo, en el suelo. Va también junto a ella y, en cuclillas, trata de ponerla en marcha. Al comprobar que no funciona, tiene otra vez el impulso de romper el disco, pero se contiene, se sienta en el suelo y se dispone a arreglarla. Tras varias manipulaciones, intenta de nuevo ponerla en marcha y esta vez sí que funciona. Suena entonces el disco, que reproduce la canción militar republicana «¡Ay, Carmela!»[18]. PAULINO la escucha casi íntegramente, inmóvil. En los últimos compases comienza a rascarse distraídamente las piernas hasta que, de pronto, se las mira, y también las manos, y el suelo a su alrededor... Se incorpora de un salto dándose manotazos por el cuerpo y pisoteando con furia.*)

---

[18] A raíz del éxito popular de *¡Ay, Carmela!,* película realizada por Carlos Saura, se editó un disco con la banda original del film, música compuesta, arreglada y dirigida por Alejandro Massó (sobre la canción, cfr. nota 3).

PAULINO. *(Grita, rabioso.)* ¡Me cago en las hormigas de Dios! ¡Me cago en la puta madre de todas las hormiguitas de Dios y de la Virgen Santísima!...

> *(Con los saltos, el disco se raya y comienza a repetir, una y otra vez, parte del estribillo: ¡Ay, Carmela!... ¡Ay, Carmela!... ¡Ay, Carmela!...». Al advertirlo,* PAULINO *se calma súbitamente y mira como hipnotizado la gramola. Luego otea inquieto a su alrededor y, por fin, se apresura a quitar el disco. Con él en la mano, vuelve a mirar en torno. Murmura:)*

Esto no es natural... Esto es demasiada casualidad... Esto ya es adrede... Aquí pasa algo que... Aquí hay alguien que...[19]. Porque yo no estoy borracho. Y es entrar aquí y, dale que te pego: todo son cosas raras... Aquella que aparece como si nada, la noche de marras que vuelve, las luces que se disparan solas... y ahora, la gramola, haciéndome trucos de feria... ¡Vamos, hombre! Un poco de formalidad... *(A un vago e invisible interlocutor.)* ¿Qué pasa? ¿Que, porque esto sea un teatro vacío, ya todo vale? ¿Cualquier ocurrencia, ¡plum!, ya está? ¡Vamos, hombre!... Buenas están las cosas por ahí afuera para andar con fantasías... Y lo de menos es ir todo el día enseñando el sobaco... *(Esboza el saludo fascista.)* Lo peor es que, en cuanto a uno no le gusta tu nariz... o le gustan tus zapatos, ya está: «¡Rojo!»... Y a ver cómo hace uno para desteñirse... *(Mirando el disco.)* Dichosa tú, que ya estás muerta y puedes mirar los toros desde la barrera. Porque, lo que es yo, si salgo entero de esta corrida... *(Sacudiéndose sombríos pensamientos.)* Pero, en fin: a lo hecho, pecho... Y el muerto al hoyo y el vivo al bollo.

---

[19] Alusión metateatral (cfr. Introducción) a un autor que dispone los efectos de manera excesivamente artificiosas, provocando la lógica irritación del personaje.

Aquí hay que espabilarse, y andar con ojo, y saber dónde se pisa, y arrimarse a buena sombra... Y si vuelvo de vez en cuando a este teatro, no es para que nadie juegue conmigo a hacer magia barata, ni a los fantasmas, ni a... *(Brusca transición. Grita, casi implorante.)* ¡Carmela! ¡Ven, Carmela! ¡Como sea, pero ven! ¡De truco, o de mentira, o de teatro...! ¡Me da igual! ¡Ven, Carmela!...

(La escena se ilumina bruscamente, como al final del primer acto, y vuelve a sonar el mismo pasodoble: «Mi jaca». Pero esta vez, además, entra CARMELA *con su vestido andaluz y un gran abanico, desfilando y bailando garbosamente.* PAULINO, *tras el lógico sobresalto, reacciona con airada decepción y se retira, muy digno, al fondo. Queda allí de espaldas, con los brazos cruzados; evidentemente, de malhumor.* CARMELA *ejecuta su número sin reparar en él hasta que, a mitad de la pieza, la música comienza a descender de volumen —o a reducir su velocidad—, al tiempo que la luz de escena disminuye y el baile se extingue. Queda, finalmente, una iluminación discreta, y* CARMELA, *en el centro, como ausente, casi inmóvil, en truncada posición de baile. Silencio.* PAULINO *se vuelve y la mira. Sigue irritado, no directamente con* CARMELA.)*

Demasiado, ¿no?...
CARMELA. *(Como despertando.)* ¿Qué?
PAULINO. No era preciso tanto, caramba...
CARMELA. ¿Tanto, qué?
PAULINO. Tampoco hay que exagerar, me parece a mí...
CARMELA. Ay, hijo: no te entiendo[20].

---

[20] Este diálogo se construye sobre un desajuste temporal entre los personajes (cfr. Introducción), producto de la resistencia de Paulino a aceptar la situación planteada por el Autor-Demiurgo.

PAULINO. *(Parodiándose a sí mismo.)* ¡Carmela, ven, ven...! Y, ¡prrrooom! ¡Tarará, ta, ta! ¡Chunta, chunta...! *(Remeda levemente la entrada de* CARMELA.) Vaya manera de... Ni que uno fuera tonto... ¡Carmela, ven, ven...! Y prrrooom... Qué vulgaridad... Y uno se lo tiene que tragar, y darlo por bueno, y apechugar con lo que venga, como si tal cosa...

CARMELA. *(Que, evidentemente, no entiende nada, algo molesta ya.)* Bueno, Paulino: ya me dirás qué vendes...

PAULINO. No, si tú no tienes la culpa, ya lo sé...

CARMELA. ¿La culpa? ¿De qué?

PAULINO. De nada, Carmela, de nada... Tú, bastante haces, pobre... Ahora aquí, ahora allá... Que si viva, que si muerta...

CARMELA. Mira que te lo tengo dicho: no abuses del conejo.

PAULINO. ¿Qué?

CARMELA. Siempre te sienta mal. Y peor con los nervios de antes de empezar.

PAULINO. ¿De qué hablas?

CARMELA. ¿A quién se le ocurre merendarse un conejo entero, a menos de dos horas de una función que ni Dios sabe cómo nos va a salir? Pero no dirás que no te he avisado: «Para, Paulino, que el conejo es muy traidor, y se te va a indigestar, y tú, cuando vas mal de las tripas, ya no das pie con bola»... Pero tú: «Que no, Carmela, que el comer bien me da aplomo»... Y ya ves... ¿Qué te notas? ¿Mareos, fiebre? *(Le toca la frente.)*

PAULINO. No me noto nada... Estoy perfectamente...

CARMELA. Pues dices unas cosas... y tienes una cara...

PAULINO. ¿Y qué cara quieres que tenga?

CARMELA. Como querer, querer... la de «Car» Gable[21]. Pero ya me conformaba con que te volvieran los colores...

---

[21] Clark Gable, actor norteamericano de cine, fue un galán muy popular en la España de la época por su actuación en películas como *Tierra de pasión* (1932) o *Rebelión a bordo* (1937). Al interpretar el personaje de Rhett Butler en la célebre película *Lo que el viento se llevó* (1939), se convirtió en uno de los mitos cinematográficos de la posguerra.

PAULINO. ¿Es que estoy pálido?

CARMELA. Tirando a verde... Claro que yo... ¡Mira que tener que hacer la función casi sin pintarme! Y, encima, la regla que me va a venir...

PAULINO. ¿Cómo lo sabes?

CARMELA. Por la muela.

PAULINO. ¿Qué muela?

CARMELA. Siempre te lo digo: cuando me va a venir la regla me duele la muela del juicio.

PAULINO. Eso son aprensiones...

CARMELA. ¿Aprensiones? Eso es que me avisa.

PAULINO. Bueno, no discutamos.

CARMELA. Vale, pero ¿de dónde saco paños?

PAULINO. ¿Y yo qué sé?

CARMELA. Claro, a ti te da igual. Como vosotros siempre estáis secos...

PAULINO *(Que, durante el diálogo, ha ido «ingresando» paulatinamente en la situación definida por* CARMELA.) Secos o mojados, lo principal es no apocarse, hacer de tripas corazón y echarle toda el alma a la cosa... *(Con ánimo resuelto, va sacando de escena lo que pueda estorbar la actuación: la gramola, la garrafa...)* Como si estuviéramos actuando en el Ruzafa...[22].

CARMELA. ¡En el Ruzafa! ¡Ave María purísima! Lo mismito va a ser esto... Los decorados, la música, los números... Todo igual, igual. Y Belchite, lo mismo que Valencia...

---

[22] El popular Teatro Ruzafa de Valencia, inaugurado el 15 de septiembre de 1880, fue la primera sala de la ciudad en disponer de iluminación eléctrica. Pronto se especializó en el género frívolo, revista musical y espectáculos de variedades. En él actuaron figuras tan relevantes como Celia Gámez, Gracia Imperio y las más importantes *vedettes* de las compañías de Colsada. El Teatro Ruzafa, al que era adicto un público popular tanto de la ciudad como de la huerta, acabó sus funciones en junio de 1973 y fue derribado en noviembre de ese mismo año, siendo su último empresario Rafael Culla López.

PAULINO. Quiero decir... nosotros... nuestro arte... Siempre hay que darle lo mejor al público. Estemos como estemos, tengamos lo que tengamos...

CARMELA. Pues a este público, como no le demos «cuscus»... ¿Te has fijado la cantidad de moros que hay? *(Se va arreglando el pelo.)*

PAULINO. Pues, claro... ¿Ahora te enteras? Moros, italianos, alemanes... *(Sin ironía.)* El Ejército Nacional[23].

CARMELA. ¿Y es verdad lo que ha dicho el teniente?

PAULINO. ¿De qué?

CARMELA. De esos milicianos que han cogido presos, y que los van a traer a vernos, y que mañana los fusilan...

PAULINO. Bueno... no sé... Parece que sí... Se ve que el comandante les ha querido conceder una... una eso: una última gracia.

CARMELA. *(Se arregla el vestido indecorosamente.)* Pues a mí no me hace ninguna. Estar cantando y bailando con una docena de condenados ahí, mirándote...

PAULINO. Creo que son extranjeros, la mayoría. De las Brigadas Internacionales[24].

CARMELA. Para mí, como si fueran de Cuenca, pobres hijos... ¿Se me ve el sostén?

---

[23] En la prensa republicana se ironiza con frecuencia sobre esa decisiva ayuda militar al bando franquista por parte del fascismo internacional y, errata intencionadamente política, se escribe «nacional» con «z», es decir, «nazional», o mejor, «nazi-onal». La revista valenciana *Nueva Cultura,* acaso junto a *Hora de España,* las de mayor calidad entre las editadas por los intelectuales españoles «leales» a la República, utiliza sistemáticamente esta variante crítica y habla así no sólo de «Ejército nazional», sino también de «Paraíso nazi-onal», «cultura nazionalista», «humor nazi-onal» o «Panorama nazi-onal» (núm. 3, segunda época, mayo de 1937, pág. 23).

[24] Voluntarios de medio mundo, la mayoría militantes comunistas fieles al internacionalismo proletario que, desde el 14 de octubre de 1936, fueron llegando a Albacete para enrolarse en dichas Brigadas y combatir heroicamente contra el fascismo en, por ejemplo, Madrid, el Jarama, Guadalajara o el propio Belchite.

PAULINO. *(Le echa un vistazo.)* No.

CARMELA. O aún peor... Venir de tan lejos para esto...

PAULINO. Mujer... no nos saldrá tan mal, ya verás...

CARMELA. Me refiero a que los maten.

PAULINO. Ah, claro... Eso sí, pobres... De Francia, de América... Creo que hay alguno hasta polaco.

CARMELA. ¡Polaco!... Ya ves tú, qué exageración... ¿Quién le iba a decir a su madre, allá tan lejos, que le iban a matar al hijo en Belchite?

PAULINO. Nadie, desde luego.

CARMELA. Seguro que Belchite, en polaco, no se puede ni decir...

PAULINO. ¿Belchite? ¡Qué va...! Ni Zaragoza, ni Badajoz, ni Lugo... Y, si me apuras, ni España.

CARMELA. No: España, sí, que es muy famosa. Y si han venido aquí a luchar, por algo será.

PAULINO. Ya, pero... a saber cómo lo dicen...

CARMELA. A su manera, pero lo dirán. Si no, ¿cómo hubieran podido llegar?

PAULINO. Quien no llega es el público... *(Mira hacia el fondo de la sala.)* Y el teniente... míralo en la cabina, qué tranquilo está, con Gustavete, fumando como un marajá...

CARMELA. Y encima, como es comunista, no podrá ni rezar...

PAULINO. ¿Quién? ¿El teniente, comunista?

CARMELA. No: su madre.

PAULINO. ¿Qué madre?

CARMELA. La del polaco. ¿No son comunistas, los de las Brigadas esas?

PAULINO. Más o menos... Pero sus madres, no es preciso.

CARMELA. Seguro que también... *(Se va alterando.)* Pues ya ves: ni rezar por su hijo, podrá.

PAULINO. *(La advierte.)* Bueno... a lo mejor, ni se entera... Polonia está muy lejos.

CARMELA. Esas cosas, las madres siempre acaban por saberlo.

PAULINO. *(Tratando de aliviarla.)* Puede que ya sea huérfano...

CARMELA. ¡Huérfano, además! ¡Pobre hijo! Polaco, comunista, huérfano, y venir a morir a un pueblo que no sabrá ni decir... *(Cada vez más agitada.)*

PAULINO. *(Ya inquieto.)* Bueno, Carmela: no te pongas así...

CARMELA. ¿Que no me ponga así? ¡Cómo se nota que tú nunca has sido madre...!

PAULINO. Ni tú tampoco, Carmela...

CARMELA. *(Muy alterada.)* ¡Claro que no! ¡Porque tú no has querido, que eres un egoísta! Y si no me llego a emperrar, no nos casamos ni por lo civil...

PAULINO. *(Francamente preocupado, vigilando, además, la cabina.)* Está bien, mujer, está bien... Lo que tú digas... Pero ahora no es momento de... Mira: parece que el teniente ya se prepara. Ha debido de acabar la procesión.

CARMELA. ¡Eso sí! Mucha procesión, mucha misa, mucho rosario, y luego... ¡a fusilar huérfanos!

PAULINO. Haz el favor de callarte... Y prepárate, que el teniente no sé qué nos dice... Creo que ya llega la tropa. ¿Oyes? *(Por el lateral.)* ¿Está ahí Gustavete?

CARMELA. *(Indignada.)* Sí..., pero ¿sabes lo que te digo? Que el número de la bandera no lo hago, ea.

PAULINO. ¿Qué dices? *(Trata de sacarla de escena.)*

CARMELA. El de la bandera republicana: que no me da la gana de hacerlo. ¡Pobres hijos! Encima de fusilarlos, darles a tragar quina con la tricolor...

(Se hace bruscamente el oscuro. Pasos precipitados en el escenario. Continúan dialogando, con la voz contenida, desde la oscuridad.)

PAULINO. ¡Que calles, te digo! ¡Ya está! ¡Vamos a empezar! ¡A tu sitio! ¡Gustavete: preparada la música!

CARMELA. Te digo que no lo hago. Ya puedes ir inventándote algo, porque yo no salgo a burlarme de la bandera. Eso encima, pobres hijos...

PAULINO. Pero ¿desde cuándo te importa a ti un rábano la bandera de la República? ¿Qué más te da a ti burlarte de ella o de los calzoncillos de Alfonso XIII?[25]... ¡Gustavete, la marcha! ¡El público está entrando en la sala!... Nosotros somos artistas, ¿no? Pues la política nos da igual. Hacemos lo que nos piden, y santas pascuas.

CARMELA. ¿Ah, sí? ¿Y si te piden lo de los pedos?

PAULINO. ¡Eso no es lo mismo! ¡Los pedos no tienen nada que ver con la política!

CARMELA. Pues para mí es lo mismo... O peor.

PAULINO. ¿Qué es peor para ti?... Bueno, no me importa. ¿Quieres no complicar las cosas ahora?... Los papeles... ¿Dónde coño he puesto yo los papeles?... ¿Seguro que funciona la gramola?... ¿Sabes cuándo es tu entrada, Carmela?... ¡Carmela! ¿Dónde te has metido?... Ya están entrando... ¡Madre mía, cuántos oficiales!... ¿Aquél no es Franco? ¿El general Franco?... ¡Carmela! ¿Has visto a Carmela, Gustavete? Estaba ahí hace un momento... ¿Funciona la gramola? ¡Los papeles, menos mal! ¿Y mi gorro? ¿Dónde está mi gorro? ¿Qué he hecho con...? ¡Aquí está! ¿Y Carmela?... ¡Carmela! ¿Se puede saber dónde...?

CARMELA. Aquí estoy.

PAULINO. ¿Dónde te has ido? ¿Qué hacías?

CARMELA. Mear.

PAULINO. ¿Ahora se te ocurre mear?

CARMELA. No querrás que lo haga luego, bailando...

PAULINO. Bueno, basta de cháchara... ¿Todo el mundo preparado? En cuanto el teniente dé la luz... ¿eh, Gustavete? Y tú, Carmela, ¿sabes cuándo es tu entrada? No te me despistes, que me dejas colgado... ¿Y cómo es mi primera frase?... «Eternos salvadores de la Patria invicta...».

---

[25] Tras la victoria republicano-socialista en las elecciones municipales celebradas el 12 de abril de 1931, el rey Alfonso XIII (1886-1941) se exilió y pudo proclamarse el día 14 la II República española.

No, al revés: «Invictos salvadores de la Patria eterna...».
La teta, Carmela...

CARMELA. ¿Qué?

PAULINO. Esa teta, que se te va a salir...

CARMELA. No... Si ya te he dicho que me voy a quedar en
bragas...

*(Se ilumina de golpe el escenario y, al punto, suena el
pasodoble «Mi jaca». Entran simultáneamente, cada
uno por un lateral, PAULINO y CARMELA, él desfilando
marcialmente, con gorro de soldado puesto y unos papeles en la mano, y ella bailando garbosamente y ondeando un abanico en el cual, según toda evidencia, lleva
escrita la nueva letra del pasodoble.)*

CARMELA. *(Tras los acordes iniciales, canta:)*

> Mi España,
> que vuela como el viento
> para hacerle un monumento
> al valor de su Caudillo.

> Mi España
> está llena de alegría
> porque ya se acerca el día
> de ponerse cara al sol[26].

*(Al terminar, PAULINO se cuadra en el proscenio, frente
al público, y extiende el brazo derecho en saludo fascista. Repara en que lleva los papeles en esa mano y se
los cambia a la izquierda. Ordena luego las hojas,
se aclara la voz y lee con énfasis, que apenas disimula
su inseguridad.)*

---

[26] Letra «adaptada» que, obviamente, es invención del dramaturgo.

PAULINO. «Invictos salvadores de la Patria eterna: hoy, vosotros, cerebro, corazón y brazo del Glorioso Alzamiento que ha devuelto a España el orgullo de su destino imperial, habéis cumplido una proeza más, de las muchas que ya jalonan esta Cruzada redentora. En vuestra marcha invencible hacia la reconquista del suelo nacional, durante años manchado y desgarrado por la anarquía, el comunismo, el separatismo, la masonería y la impiedad, hoy habéis liberado por las armas esta heroica villa de Belchite[27]. La Quinta División de Navarra del Cuerpo del Ejército Marroquí, bajo el mando del invicto general Yagüe[28], ha escrito con su sangre inmortal otra gloriosa página en el libro de oro de la Historia semi... sempi... sempiterna de España..., ese libro que inspira, dicta y encuaderna con pulso seguro y mano firme nuestro eguer...», no, «nuestro egre...», sí, «nuestro egregio», eso, «egregio Caudillo Franco, a quien esta noche queremos ofrendar...» *(Cambia de hoja.)* «... cuatro kilos de morcillas, dos pares de ligas negras, dos docenas de...» *(Se interrumpe. Mira aterrado al público.)* No, perdón... *(Mira furioso a* CARMELA *que, ausente, se está arreglando un zapato. Arruga la hoja y se la guarda en el bolsillo.)* Perdón, ha sido un error... *(Busca entre las hojas.)* Queremos ofrendar... ofrendar... ¡Aquí está! *(Lee.)* «... queremos ofrendar esta sencilla Velada Artística, Patriótica y Recreativa», eso es, «... con la que unos humildes artistas populares, la Carmela y el Paulino, Varieda-

---

[27] El 10 de marzo de 1938 las tropas franquistas reconquistaron Belchite (cfr. nota 1).

[28] El ejército franquista que lanzó la ofensiva contra Aragón estaba comandado por el general Dávila, con el general Vigón como segundo jefe. Los generales Solchaga, Moscardó, Yagüe y Aranda tenían a su mando los cuerpos de ejércitos: Yagüe el de tropas marroquíes y Solchaga el de tropas navarras. Así, mientras Yagüe avanzó victorioso por la orilla derecha del Ebro, fueron las tropas navarras de Solchaga las que, el 10 de marzo de 1938, reconquistaron Belchite.

des a lo Fino... *(Ambos saludan.)*... en representación de todo el pueblo español...» *(Sonríe, humilde.)* Bueno: de casi todo... *(Lee.)* «... español, guiados fraternalmente por un artista y soldado italiano, de la División "Littorio" del Corpo Trupe Volontarie... *(Señala hacia la "cabina".)* ... el teniente Amelio Giovanni de Ripamonte, en representación del pueblo italiano, que es tanto como decir del alma joven, recia y cristiana de Occidente...» *(La extensión de la frase le hace perder el aliento y el hilo.* CARMELA *lo advierte y le da aire con su abanico.)* ... Esto... Bueno... pues... «de Occidente queremos honrar, agasajar y entretener a las tropas victoriosas del Glorioso Ejército Nacional de Liberación...». *(Se da cuenta de que ha acabado el párrafo y repite, cerrando el período.)* «... Nacional de Liberación» Punto. *(Se excusa con forzada sonrisa.)* Perdonen, yo... Estas bellas palabras no... Quiero decir que el teniente las ha...

CARMELA. *(Quitándole la palabra.)* Quiere decir, señores militares, que aquí el Paulino y la Carmela, para servirles, vamos a hacerles una gala, cosa fina, para que ustedes se lo pasen bien, y con la mejor voluntad, no faltaría más, aunque, ya ven: con una mano delante y otra detrás, como quien dice, porque nos han pillado de sopetón, y así, pues claro, poco lustre vamos a dar a esta jarana de la liberación, porque ya me dirán ustedes cómo va a lucirse una con este guiñapo, aunque voluntad no me falta, ni a éste tampoco, se lo digo yo, ni gracia, vaya, que donde hay, hay, y donde no hay, pues no hay... ahora que a mí, eso de la última gracia, se lo digo de verdad, y hace un momento se lo decía a éste, ¿verdad, tú?, pues que no me parece bien, ea, las cosas como son, que por muy polaco que sea uno, una madre siempre es una madre...

PAULINO. *(Con humor forzado, tras varios intentos de hacerla callar.)* ¡Y madre no hay más que una, y a ti te encontré en la calle!... ¡Muy bien! Sí, señores: ésta es Carmela, una artista de raza y «tronío» que, después de pasear su garbo por los mejores «tablaos» de España, llega aquí, a este simpático Teatro Goya, de Belchite[29], para poner su arte a los pies de ustedes...

CARMELA. *(Chistosa.)* Conque ojo, no me lo vayan a pisar con esas botazas... El arte, digo...

PAULINO. *(Con falsa risa.)* ¡Qué ocurrente!... Ésta es Carmela, sí, señores: toda la sal de Andalucía y el azúcar de... de... *(Le fallan sus conocimientos agrícolas.)*

CARMELA. Del Jiloca, ea... aunque sea de remolacha.

PAULINO. Nunca le falta la chispa... cuando se trata de agradar al público...

CARMELA. Eso es verdad: que yo, al público, me lo quiero mucho, tenga el pelaje que tenga... Ya ven ustedes, por ejemplo, tan seriotes ahí, con los uniformes y las pistolas y los sables esos... Pues, para mí, como si fueran mis primos de Colomera[30]... que siempre andaban con la cosa afuera... *(Ríe con falso pudor.)* ¡Uy, ustedes perdonen! Que ésta es una broma que hacíamos yo y mis hermanas...

PAULINO. *(Sobreponiéndose a un súbito ataque de tos.)* Basta, basta, Carmela... Que este distinguido público se merece otra clase de... de ocurrencias... Ya lo ven ustedes, señores: a nuestra Carmela no le hacen falta papeles para llenar con su gracejo un escenario... Pero a mí, sí... *(Hojea los suyos.)* A mí, sí... Porque ahora venía aquello de...

---

[29] El Teatro Goya existió realmente en el viejo Belchite, es decir, en el pueblo antiguo. Tras la guerra civil, éste no fue reconstruido y hoy es sólo un montón de ruinas, al lado de las cuales está el Belchite actual. Clemente Alonso Crespo, profesor de Literatura Española en un instituto zaragozano de bachillerato y autor de una meritoria edición anotada de la obra para sus alumnos, asegura que el Teatro Goya de Belchite «era un edificio singular situado en la plaza de la iglesia de San Martín. Todavía quedan restos de su fachada».

[30] La procacidad sexual de la andaluza Carmela nos remite a unos primos que viven en el pueblo granadino de Colomera.

aquello... *(Lo encuentra.)* ¡Aquí está! Sí, señores: esto...
(Lee.) «Y como símbolo de esta fraternidad artística, que
es también la de nuestros dos pueblos, el español y el
italiano, unidos en la lucha contra la hidro...», no, «contra la hidra... la hidra roja, les ofrecemos este baile ale...
alegro... alegórico-patriótico titulado: Dos Pueblos, dos
Sangres, dos Victorias»...

CARMELA. A lo primero eran tres, porque el teniente quería
que Gustavete, que es el técnico... y más cosas, hiciera de
alemán, y así entraban todos en danza... Bueno, menos
los moros, pero ésos... *(Gesto vago.)* Pues, lo que les digo:
yo, de española, Paulino de italiano... que la verdad es
que lo habla muy bien, el italiano, digo... Y Gustavete de
alemán, que, aunque es bajito, tiene la cabeza así como
cuadrada y el pelo un poco panocha...

PAULINO. Bueno, Carmela... No creo que a estos señores les
interese...

CARMELA. Deja que les explique, para que vean que voluntad no nos falta... Pues, a lo que iba: Gustavete de alemán, quería el teniente. Pero resulta que el pobre tiene
unos sabañones en los pies que casi no puede ni andar,
conque ya me dirán bailar...

PAULINO. Efectivamente, señores: habíamos pensado...

CARMELA. Pero no se crean: hasta lo hemos probado un rato,
esta tarde, porque voluntad no nos falta... Pero, si vieran...
(Ríe.) ¡El pobre Gustavete...! *(Seria.)* Así que hemos dicho:
Tú, Gustavete, a la gramola. No vayan a pensar estos señores alemanes que nos queremos chotear de ellos...

PAULINO. Efectivamente, señores, efectivamente... Nosotros...

(El «teniente» produce bruscos cambios de luz.)

Pero ya basta de explicaciones y pasemos sin más al baile... *(Consulta los papeles.)...* «al baile alegórico-patriótico
titulado: Dos Pueblos, dos Sangres, dos Victorias»...

CARMELA. Ya digo: a lo primero eran tres, pero... *(Gesto de* PAULINO.) Ya verán como les gusta...

(Y salen los dos, cada uno por un lateral. Sobre la música de una pegadiza marcha italiana, PAULINO *y* CARMELA *ejecutan una danza, cuya rústica coreografía corresponde aproximadamente a lo que ensayaron en el primer acto. Al terminar, salen de escena juntos y, al momento, vuelve a entrar* PAULINO *y se produce un cambio de luces.)*

PAULINO. *(Lee.)* «Espigando al azar en la copiosa y vigorosa poesía épica que en poco tiempo ha generado generosamente el Glorioso Alzamiento Nacional y su Sacrosanta Cruzada de Liberación, encontramos este hermoso "Romance de Castilla en armas" que, con versos a un tiempo rudos y delicados, tiende un puente de valor y heroísmo entre el pasado y el presente. Su autor: Federico de Urrutia»... *(Lee con rapsódica entonación.)*

> En el Cerro de los Ángeles[31]
> que los ángeles guardaban,
> ¡han fusilado a Jesús!
> ¡Y las piedras se desangran!
> ¡Pero no te asustes, Madre!
> ¡Toda Castilla está en armas!
> Madrid se ve ya muy cerca.
> ¿No oyes? ¡Franco! ¡Arriba España!
> La hidra roja se muere
> de bayonetas cercada.
> Tiene las carnes abiertas
> y las fauces desgarradas.

---

[31] Paulino vuelve a repetir los versos que declamaba al inicio del acto primero (cfr. nota 6).

Y el Cid —lucero de hierro—[32]
por el cielo cabalgaba.

Allá lejos, en el pueblo,
bajo la iglesia dorada,
junto al fuego campesino
miles de madres rezaban
por los hijos que se fueron
vestida de azul el alma.

¡No llores, Madre, no llores,
que la Guerra está ganada!

Y antes que crezcan los trigos
volveré por la cañada,
y habrá fiestas en el pueblo
y voltearán las campanas
y habrá alegría en las mozas,
y alegría en las guitarras...

(Se escuchan hipidos entre bastidores, y ruido de alguien que se suena sin recato. PAULINO se percata, inquieto.)

y desfiles por las calles
y tambores y dulzainas
y banderas de Falange
sobre la iglesia dorada.

¡Madrid se ve ya muy cerca!
Toda Castilla está en armas[33].

---

[32] Estos dos versos, los 57 y 58 del romance de Urrutia, son la verdadera continuación de los anteriores (cfr. nota 6), aunque el verso 58 («por el cielo azul cabalga...) presenta una variante en relación al verso que acaba de recitar Paulino.

[33] Hasta aquí los versos recitados por Paulino corresponden, sin ninguna variante, a los vemos 59-77 del romance. A partir del verso 77 el romance original dice:

Y el Cid, con camisa azul,
por el cielo cabalgaba...

(Irrumpe en escena CARMELA, *llorando como una Magdalena.)*

CARMELA. *(Al público.)* ¿Y Polonia, qué? ¿Es que allí no hay madres? ¡Y vaya si está cerca...!

(Tras unos segundos de terror, PAULINO *reacciona y adopta una actitud jovial de presentador.)*

PAULINO. *(Al público.)* Y con esta entrada... sorprendente, damos paso a nuestro próximo número... que es un gracioso diálogo arrevistado... sacado de la bonita comedia frívola y musical... *(Se nota que está improvisando desesperadamente.)* estrenada con gran éxito la pasada temporada... en el Teatro Tívoli, de Barcelona[34]..., con el título... «De Polonia a Daroca... y tiro porque me toca»...

¡Madrid se ve ya muy cerca!
La Falange se alzó en armas.
—Laurel en el rojo y negro
de sus banderas bordadas.   80

... Por la parda geografía
de la tierra castellana
clavadas en los fusiles,
las bayonetas brillaban.

El Cid, con camisa azul,   85
por el cielo cabalgaba (ob. cit., pág. 30).

[34] El Teatro Tívoli, en la barcelonesa calle de Casp, fue sede tradicional del teatro lírico catalán, cuyas temporadas de 1901 y 1922 fueron, según comenta Francesc Curet en su *Història del teatre català* (Barcelona, Editorial Aedos, 1967, pág. 418), especialmente relevantes.

(A CARMELA, *del asombro, se le ha pasado el disgusto. No así al «teniente», que efectúa varios cambios bruscos de luz.* PAULINO, *en rápida transición, acata sus órdenes.)*

¿No?... Pues no... Sí, ha sido un error... *(Al público, mientras hojea los papeles.)* No, señores: no es éste nuestro próximo número... Ha sido un error... El diálogo arrevistado viene luego... Y, además, es otro... Quiero decir que, de Polonia, nada... Ni de Daroca... Ha sido un error... Nos hemos confundido de comedia... y de número..., y de todo... *(Encuentra la hoja.)* Aquí está... ¿Qué les decía? Ahora viene... Sí, eso es... ¡«Suspiros de España»! *(A* CARMELA.) Prepárate, niña... *(Al público.)* Sí, señores: a continuación, Carmela cantara para ustedes el bonito pasodoble del maestro Álvarez «Suspiros de España»... *(Al lateral, mientras* CARMELA, *al fondo, se arregla el vestido.)* Gustavete, ¿preparado? *(Al público.)* «Suspiros de España», sí: un pasodoble muy español y muy castizo, o sea, muy bonito... Con ustedes, señores y señoras... que diga, no: sólo señores... Carmela y... ¡«Suspiros de España»!

(Y sale dando, más que un suspiro, un resoplido, mientras suenan ya los acordes iniciales del pasodoble.)

CARMELA. *(Avanza hacia el proscenio, evolucionando y cantando.)*

> Quiso Dios con su poder
> fundir cuatro rayitos de sol
> y hacer con ellos una mujer.
> Y al cumplir su voluntad
> en un jardín de España nací
> como la flor en el rosal.

Tierra gloriosa de mi querer,
tierra bendita de perfume y pasión,
España en cada flor a tus pies
suspira un corazón.

Ay de mí. Pena mortal.
¿Por qué me alejo España de ti?
¿Por qué me arrancas de mi rosal?

Quiero yo volver a ser
la luz de aquel rayito de sol
hecho mujer por voluntad de Dios.

Ay, madre mía. Ay, quién pudiera
en luz del día y al rayar la amanecía
sobre España renacer.

Mis pensamientos han revestido
el firmamento de besos míos
y sobre España como gotas de rocío
los dejo caer.

En mi corazón España ha venido
y el eco llevará de mi canción
a España en un suspiro.

(Apenas se extingue el último acorde, CARMELA *muestra su brazo al público.)*

¡De gallina! La piel, digo... De gallina se me pone cada vez que canto esta canción. ¿A ustedes no? Yo, es que soy muy sentidora y lo siento todo mucho. Paulino dice que lo que soy es una histérica, pero él, ¿qué sabe? Con esa sangre de horchata que tiene, que nunca se le altera... *(Sofoca una risa pícara.)* ¡Si yo les contara...! *(Con intención, al ver entrar a* PAULINO, *canta.)* «¡Ay, mamá Inés! ¡Ay, mamá Inés...!»

261

PAULINO. *(Ofuscado.)* Muy bien, muy bien, Carmela... Pero esa canción no toca esta noche...

CARMELA. *(Siguiendo con su broma.)* ¿Ah, no? ¡Qué lástima...!

PAULINO. *(Al público.)* Comprendan ustedes... Hemos preparado esta velada en muy pocas horas... y no hemos podido ni ensayar... y, claro, todo va un poco... un poco...

CARMELA. Un poco, no, Paulino: un mucho. Con estos señores no hay que andarse con tapujos, que tontos no son...

PAULINO. *(Alarmado.)* ¡No, qué va...!

CARMELA. Ellos ya se hacen cargo... *(Señala un punto de la sala, en las primeras filas.)* Sobre todo aquel oficial gordito y con bigote que, por la chatarra que lleva encima, debe de ser lo menos general... y que no se ha reído nada en toda la noche.

PAULINO. Basta, Carmela...

CARMELA. *(Al mismo interlocutor.)* ¿Verdad, alma mía, que te haces cargo? *(Gesto zalamero.)* Porque, es lo que yo digo: a estos señores no hay más que verles la cara para saber que entienden de arte fino, aunque se lo presenten deslucido y a trompicones, como ahora nosotros... *(Transición.)* Lo que me sabe mal es lo de aquellos pobres hijos que, además de no entender nada, se van a ir al otro mundo con una mala impresión... (PAULINO *va a hacerla callar, pero ella cambia de tema.)* Pero, bueno, ya me callo... que enseguida Paulino se pone nervioso... Yo es que, en cuanto me planto delante del público, me entra una cosa que me disparo toda y ya no hay quien me pare...

PAULINO. Efectivamente, señores... Es... el «duende»[35] del arte... la magia del tablado... que Carmelilla lleva en las venas desde que... siendo una niña así... se ganaba la vida cantando y bailando... por los caminos de su Andalucía...

---

[35] Precisamente el andaluz Federico García Lorca analizó en una de sus más famosas conferencias la «Teoría y juego del duende» *(Obras completas,* Madrid, Aguilar, 1966, 11.ª ed., págs. 109-121).

CARMELA. Por los caminos, no, Paulino... Ni que fuera una cabra... Por las calles, y por las tabernas, y por... *(Gesto pícaro.)*

PAULINO. Naturalmente que por los caminos, no... Era... un adorno poético... *(Consultando los papeles.)* Pero ella siempre ha sentido eso... esa cosa... la magia... el duende... la magia... ¡Aquí está! Sí, señores... Y, para magia, la del mago... *(Guiño de complicidad.)* Pau-li-ching... *(Saluda.)* y su ayudante... Kal-men-lang... *(Presenta a CARMELA. Hace una seña hacia el lateral y suena una ramplona musiquilla orientaloide. Lee, al tiempo que CARMELA esboza con desgana extrañas ondulaciones de cuerpo y brazos.)* «Atención, señores, mucha atención. Porque vamos a entrar ahora en el mundo del misterio y de la fantasía, de la mano del misterioso profesor Pau-li-ching y de la fantástica señorita Kal-men-lang... *(Saludos.)* que les asombrarán a ustedes con sus asombrosos poderes» *(A CARMELA.)* ¿Preparada, señorita? *(CARMELA afirma, sin dejar de ondular.)* Muy bien... *(Al fondo de la sala.)* Luces misteriosas, por favor... *(Cambio de luces.)* Vean, señores, cómo un servidor de ustedes, con sus mágicos poderes, es capaz de recomponer mágicamente lo que se destruye... *(Tratando de ser gracioso.)* Cosa que resulta muy útil, en estos tiempos... *(Súbitamente serio.)* Bueno, perdón... Quiero decir... En fin, a lo que iba: esta corbata, por ejemplo... *(Muestra al público su corbata.)* Observen que está en perfecto estado... Pues bien, vean ustedes... *(Saca del bolsillo unas tijeras, las hace chasquear y se las tiende teatralmente a CARMELA.)* Señorita Kal-men-lang a lo suyo.

> *(CARMELA, siempre con sus extraños movimientos, toma las tijeras, las muestra al público, da una vuelta alrededor de PAULINO haciéndolas chasquear al ritmo de sus pasos y, por fin, toma con cuidado la parte ancha de la corbata y la va cortando de abajo arriba. Va arrojando*

263

*al público cada pedazo y, cuando ya no queda más que
el nudo, se separa de* PAULINO, *muestra el resultado y
saluda.)*

Habrán visto que aquí no hay truco... La corbata ha sido
troceada como un chorizo, y ahí tienen ustedes sus pedazos... Pues bien, presten mucha atención y comprue-
ben mis poderes mágicos...

*(Se lleva solemnemente las manos al pecho, realiza allí
misteriosos pases mientras gira sobre sí mismo y, al quedar de nuevo frente al público, muestra su corbata...
intacta*.)*

¡«Vualá»!... que en francés quiere decir: «Mírala»...

(Ambos saludan ceremoniosamente, al modo «oriental».)

¡Pero esto no es nada, señores! A continuación, vamos a
presentarles un número portentoso, que ha causado la
admiración de todos los públicos en París, Londres,
Moscú... *(Se asusta.)* No: quiero decir... en Berlín... en
Roma... en Salamanca... en Zamora... En fin, en muchos sitios... ¡Carmela, la cuerda!

(Gesto decidido hacia CARMELA, *que está distraída,
mirando una zona concreta de la sala: allí donde, su-
puestamente, se sitúan los milicianos prisioneros.)*

¡Carmela!

---

* *El truco de la corbata. Dos corbatas iguales. Una se pone en forma
normal, pero escondiendo dentro de la camisa toda la parte ancha, de modo
que sólo el nudo quede visible. Se corta la parte ancha de la otra corbata y se
introduce su extremo superior en el nudo de la otra, de manera que parezca
que está completa. Troceada esta falsa corbata, se saca rápidamente la verdadera al girar. (Nota del autor.)*

CARMELA. *(Sobresaltada.)* ¿Qué? *(Reacciona.y se pone a on-dular.)*

PAULINO. La cuerda, señorita Kal.

CARMELA. ¿Qué cuerda?... Ah, sí... *(Se desplaza hacia un lateral, desaparece unos segundos y vuelve con una cuerda que lleva enganchadas varias pinzas de tender ropa. Se la ofrece a PAULINO que, cuando la va a coger, repara en las pinzas.)*

PAULINO. *(Irritado, sin coger la cuerda, le indica las pinzas.)* Por favor, señorita...

CARMELA. *(Advirtiéndolas, abandona su personaje y las quita.)* ¡Uy, sí! Es que antes he puesto a tender mis...

PAULINO. *(Cortándola.)* Señorita, por favor...

CARMELA. Vale, vale... *(Arroja las pinzas por el lateral y vuelve a su personaje.)*

PAULINO. *(Tomando la cuerda.)* Observen, señores, esta magnífica cuerda del más puro esparto, fuerte y resistente como un cable de acero... más o menos... *(La tensa y muestra su resistencia.)* Ni diez hombres podrían romperla... Pues bien: mi ayudante, aquí presente, va a atarme con ella las manos y los pies, y yo, gracias a mis mágicos poderes... ¡voy a librarme en un suspirito! ¡Adelante, señorita Kal!

(Da la cuerda a CARMELA y extiende los brazos ante sí, con las muñecas juntas. Sigue hablando mientras CARMELA le ata las manos con un extremo de la cuerda.)

Proceda usted a atarme con todas sus fuerzas, sin trampa ni cartón... Apriete, apriete... que vean estos señores lo imposible que le resultaría a cualquier mortal deshacer esos nudos marineros por... *(En voz baja.)* No tanto, animal... *(Alto.)* Esos nudos marineros por medios naturales... o incluso artificiales... Sí, señores: sólo con medios sobrenaturales, por decirlo así, o sea... mágicos... *(A CARMELA.)* Bueno, mujer: ya está bien... *(Al público.)*

Por decirlo así. Y ahora, los pies... *(Mientras* CARMELA, *en cuclillas, procede a atarle los pies con el otro extremo, muestra al público las manos.)* Aquí tienen, señores, unos ligamentos... o ligaduras... o sea: un atadijo que, no veas... Nadie sería capaz de...

(La cuerda resulta algo corta, de modo que CARMELA, *para atarle los pies, obliga a* PAULINO *a encorvarse, en incómoda y poco airosa actitud.)*

Pero, bueno... ¿Qué pasa aquí, señorita...?
CARMELA. La cuerda, que no da para más.
PAULINO. Ya veo, ya... Pero, en fin, no es preciso que...
CARMELA. ¿Te ato o no te ato?
PAULINO. Sí, claro, señorita... Áteme, áteme, pero... *(En voz baja.)* ¿Te acuerdas de los nudos?
CARMELA. *(Ídem.)* ¿Qué nudos?
PAULINO. *(Ídem.)* Los que te enseñé.
CARMELA. *(Ídem.)* Ay, hijo... ¿Y yo qué sé?
PAULINO. *(Ídem.)* Pero, bueno... Entonces, ¿qué me has hecho?
CARMELA. *(Ídem.)* Pues, atarte.
PAULINO. *(Ídem, inquieto.)* Pero ¿así... de cualquier manera?
CARMELA. *(Ídem.)* No, hombre: con nudos gorrineros.
PAULINO. *(Angustiado.)* ¿Nudos gorrineros? ¿Y eso qué es? *(De un brusco salto —pues tiene ya los pies atados— se separa de* CARMELA, *que cae sentada al suelo. Al público, encorvado, con falsa jovialidad.)* ¡Bien, señores! ¡Pues ya está! ¡Aquí me tienen... atado como... como un gorrino! Lo que pasa es que... ha habido un... un fallo técnico... *(Se desplaza con ridículos saltitos hacia un lateral.)* Resulta que... los medios sobrenaturales..., o sea, mágicos... Pues, eso: que esta noche parece que no van a... Conque el número portentoso no... no está a punto... De modo que... ¡ustedes perdonen!

(Y sale de escena con un último salto. CARMELA, *que ya se ha incorporado, queda en escena sola, algo perpleja.)*

CARMELA. Bueno, pues... no sé qué decirles... Lo que pasa es que no hemos podido ensayar. Y así, claro...

VOZ DE PAULINO. *(Desde un lateral, furioso, en susurro audible.)* ¡Carmela! ¡Las tijeras!

CARMELA. ¿Qué?... Ah, sí... Las tijeras... *(Las saca de su escote y va al lateral, sin dejar de hablar al público.)* Claro, pues todo va como va... Porque a una servidora no le gusta... *(Tiende las tijeras, que alguien toma.)* hacer el ridículo así... Y antes se lo decía al teniente... *(Hacia el fondo de la sala.)* ¿Verdad usted, mi teniente? ¿Verdad usted que hace un rato yo tenía un cabreo de María Santísima por salir esta noche a hacer el papelón aquí... y encima con este vestido, hecha una «facha»...?

(La mano de PAULINO *sale del lateral y, de un brusco tirón, saca a* CARMELA *de escena. Tras unos segundos de airados cuchicheos, reaparece* PAULINO *frotándose las muñecas y tratando de recobrar su dignidad.)*

PAULINO. Bien, señores... Ustedes nos sabrán disculpar por... Pero, claro, la magia tiene sus quisicosas que... En fin, vamos a continuar la Velada con... *(Mira los papeles.)* con... sí, con ese mundo tan nuestro y tan castizo de... ¡la zarzuela! Sí, señores: Carmela y un servidor... Carmela... *(Gestos al lateral.)* y un servidor vamos a cantar para ustedes... para ustedes, el famoso dúo... el famoso dúo... ¡Carmela! *(Con falso humor, al público.)* Para un dúo se necesitan dos, por lo menos... ¿no? ¡Carmela!

CARMELA. *(Entra, finalmente, realizando complicadas operaciones en la parte superior de su vestido.)* ¡Ya voy!... *(Y añade en susurro.)* So bruto.

PAULINO. *(Al público.)* ¡Aquí la tenemos... por fin! *(Susurrando.)* ¿Qué pasaba?

CARMELA. *(Igual.)* El sostén.

PAULINO. ¿Qué?

CARMELA. El sostén... que me lo has roto, del tirón...

PAULINO. ¿Y qué has hecho?

CARMELA. ¿Qué voy a hacer? Me lo he quitado...

PAULINO. *(Inquieto.)* Ve con ojo, no vayas a dar un espectáculo...

CARMELA. Tuya será la culpa.

PAULINO. *(En voz alta, al público.)* Bueno, señores... Resuelto felizmente un... un pequeño problema... técnico... pasamos sin más demora... a nuestro siguiente número, que es, como les estaba diciendo, el famoso dúo de Ascensión y Joaquín, de la zarzuela «La del manojo de rosas»... *(A* CARMELA.*)* ¿Preparada? *(Ella asiente. Hacia el lateral.)* ¿Preparado? *(Hacia el fondo de la sala.)* ¿Preparati?... Quiero decir... ¿Tuto presto, mio tenente? *(Cambio de luces.)* Andiamo súbito... *(Interpretando, a* CARMELA.*)* «Quiero "decirla" una cosa».

CARMELA. *(Ídem.)* «Dígame usted lo que sea, porque yo lo escucho todo».

PAULINO. «¿Todo?».

CARMELA. «Lo que no me ofenda».

PAULINO. «Antes de ofenderla yo, que se me caiga la lengua. Si yo...».

CARMELA. «¿Qué?».

PAULINO. «Si yo...».

CARMELA. «Termine. ¿Le da miedo?».

PAULINO. «No lo crea. Lo que tengo que "decirla" se lo digo por las buenas».

(Canta.)

> «Hace tiempo que vengo al taller,
> y no sé a qué vengo».

CARMELA. *(Ídem.)* «Eso es muy alarmante,
eso no lo comprendo».

PAULINO.	«Cuando tengo una cosa que hacer,
	no sé lo que hago».
CARMELA.	«Pues le veo cesante,
	por tumbón y por vago».
PAULINO.	«En todas partes te veo».
CARMELA.	«Y casi siempre en mi puerta».

*(Siguen cantando el famoso dúo y, durante la interpre-
tación, CARMELA va dando signos visibles de desasosiego, mientras mira nerviosa hacia la zona de la sala en que
están los milicianos. Al terminar el número —o quizá
antes—, CARMELA parece haber llegado a una resolución: se dirige secamente al público, ante el estupor de
PAULINO.)*

CARMELA. Y con este bonito dúo, señores militares, se aca-
bó la fiesta... Porque me ha venido la regla muy fuerte, y
me estoy poniendo malísima...
PAULINO. *(Susurra, alarmado.)* ¿Qué dices, loca? *(Al públi-
co, tratando de frivolizar.)* Otra salida de la... incorregible
Carmela, que tiene la lengua muy suelta... Disculpen un
momentito... *(Sale de escena, arrastrando furioso a CAR-
MELA. Se les oye discutir entre bastidores, distinguiéndose
frases como:)*
VOZ DE CARMELA. ¡Te digo que no lo hago!
VOZ DE PAULINO. ¡Que sí!
VOZ DE CARMELA. ¡Que no!
VOZ DE PAULINO. ¡Que te cambies!
VOZ DE CARMELA. ¡No me cambio!
VOZ DE PAULINO. ¡Tienes que salir!
VOZ DE CARMELA. ¡No me da la gana!
VOZ DE PAULINO. ¡Gustavete, a cambiarla!
VOZ DE CARMELA. ¡Ni se te ocurra, Gustavete!
VOZ DE PAULINO. ¡Aquí mando yo, que soy el director de la
compañía!

(Tras otras frases ininteligibles, entra PAULINO *muy alterado, tratando de controlarse.)*

PAULINO. *(Al público.)* Y ahora sí, señores... Ahora sí que vamos a interpretar para ustedes un gracioso diálogo arrevistado..., aunque no es el que he dicho antes, porque antes me he equivocado, ya se han dado cuenta... Pues bien, sí: de la divertida comedia frívola y musical «El Doctor Toquemetoda»... que con tanto éxito se representó en Madrid, hace dos temporadas, hemos escogido un gracioso y picante diálogo... que el teniente Ripamonte ha tenido la... la ocurrencia de... arreglar, para adaptarlo a las cosas de hoy en día... *(Lanza miradas, entre inquieto, y encolerizado, al lateral.)* Claro, que... resulta que... es decir... puede que no salga tan gracioso... porque resulta que... Bueno, que Carmela se encuentra algo indispuesta... *(Intenta sonreír.)* Ya saben: cosas de mujeres... Y es posible que nos quede... algo deslucido... *(Enérgico, para* CARMELA.*)* Pero lo que es hacerlo, lo haremos... ¡Vaya si lo haremos! De «pe» a «pa»... ¡No faltaría más! Y ahora mismito... *(Hacia la «cabina».)* ¡Luci, mio tenente! *(Nuevo cambio de luces.* PAULINO *gira sobre sí mismo y se coloca las gafas y una nariz postizas. Pasea por escena interpretando a un doctor ligeramente afeminado. Se dirige a un interlocutor invisible.)* Que vuelvan mañana, enfermera. ¿Me oye usted? Hoy ya no recibo a nadie más. Que se vayan todas, todas... *(Monologa.)* ¡Qué barbaridad! Este éxito profesional va a acabar conmigo. Todos los días, la consulta llena... Y el noventa y nueve por ciento de los pacientes... ¡«pacientas»!... Quiero decir: señoras, mujeres, hembras... De toda edad, condición y estado: casadas, solteras, viudas, separadas, jóvenes, viejas, vírgenes, mártires... ¡Qué martirio, el mío! Y seguro que la culpa la tiene ese maldito apellido, que las atrae como moscas: Serafín Toquemetoda... ¡Qué cruz! *(Hacia arriba.)* ¡Papá: te odio! ¿Por qué no te llamabas Fernández como todo el mundo? *(Hacia el lateral.)* Váyase usted también, enfermera. No voy a necesitar sus servicios hasta mañana... *(Para sí.)* Sus servicios... ¡Otra que tal! Más que una enfermera, parece una modelo de ropa interior. A la menor ocasión, ¡apa!, ya me está enseñando la combinación... Y las pausitas que hace, cada vez que me llama... *(Remedando una voz femenina)* «Doctor... Tóqueme... toda...» ¡Qué desvergüenza! *(Suenan unos golpes en el lateral.)* ¡Llaman a la puerta! ¿Quién podrá ser?

VOZ DE CARMELA. *(Evidentemente sin ganas, mientras suenan nuevos golpes.)* ¡Ábrame la puerta, por favor, doctor!

PAULINO. ¡No estoy! Quiero decir... ¡no está! ¡El doctor no está!

VOZ DE CARMELA. ¿No es usted el doctor Toquemetoda?

PAULINO. No, señora... Soy su ayudante. El doctor se fue hace mucho rato.

VOZ DE CARMELA. No importa. Ábrame, que es un caso de vida o muerte.

PAULINO. Entonces no le sirvo, porque yo sólo sé recetar Ceregumil.

VOZ DE CARMELA. Si no me abre, me quedaré en la puerta hasta que venga mañana el doctor.

PAULINO. *(Para sí.)* ¡Cielos, qué compromiso! No tengo más remedio que dejarla entrar y, como sea, hacerla salir... *(Finge abrir una puerta en el lateral.)* Pase usted, señora. Pero ya le digo que yo...

(Entra CARMELA *cubierta con un abrigo largo. Toda su actuación es, evidentemente, forzada, mecánica, reprimiendo un creciente malestar.)*

CARMELA. Usted es el doctor Toquemetoda. No pretenda engañarme. Le reconozco por las fotos de los periódicos.

PAULINO. ¿No me confunde usted con el doctor Marañón, que sale mucho?

271

CARMELA. Salir, sí que sale. Pero me han dicho que entrar, entra muy poco...[36].

PAULINO. Y usted, ¿qué es lo que tiene?

CARMELA. ¿Yo? Calenturas.

PAULINO. Vaya, vaya... Conque calenturas...

CARMELA. Sí, doctor: calenturas. Póngame usted su termómetro, y las notará.

PAULINO. Pues es que resulta que tengo el termómetro... estropeado.

CARMELA. Usted póngamelo, y verá cómo se lo hago funcionar.

PAULINO. Y, además de eso, ¿tiene usted algún otro síntoma?

CARMELA. Muchos tengo, doctor. Pero será mejor... *(Vacila.)* Será mejor... *(Queda callada, en actitud hosca.)*

PAULINO. *(Improvisando.)* Sí, será mejor que... *(Cada vez más inquieto, trata de inducir a* CARMELA *a continuar.)* Que se quite la ropa, ¿no?... para que pueda reconocerla... *(Venciendo su resistencia, le quita el abrigo: su cuerpo está envuelto en una bandera republicana.* PAULINO *vuelve a su papel, alterado por la actitud de* CARMELA.*)* Vaya, vaya... Estos colores no me gustan nada... Se nota que ha tenido usted... alguna intoxicación.

---

[36] Procaz alusión sobre la supuesta homosexualidad del doctor Gregorio Marañón (1887-1960), autor de una polémica interpretación del mito de Don Juan, sobre el que escribió en 1924 sus «Notas para la biología de Don Juan» y «Psicopatología del donjuanismo». Marañón sostuvo en su ensayo sobre *Amiel,* cuya primera edición es de 1932, que el amor donjuanesco estaba «próximo al amor bisexual» (Madrid, Espasa-Calpe, colección Austral, 1974, pág. 66), y en un prólogo al *Don Juan* de Francisco Agustín, fechado en 1928, defendió que en el donjuán hay una «tendencia inevitable al narcisismo» y que «en todo narcisismo hay un germen latente de homosexualidad o, al menos, de disminución de la propia diferenciación sexual» («La vejez de Don Juan», en *Obras completas,* Madrid, Espasa-Calpe, 1968, t. I, págs. 438-444).

CARMELA. *(Cada vez más a disgusto, lanzando miradas a la supuesta zona de los prisioneros.)* Tiene razón, doctor... Pero la cosa me viene... de nacimiento...

PAULINO. ¿Cómo es eso? *(Ante el silencio de* CARMELA.*)* Diga, diga... ¿Cómo es...?

CARMELA. *(De un tirón.)* Verá usted, doctor, yo nací de un mal paso, ya me entiende, de un descuido.

PAULINO. Comprendo: de un resbalón abrileño[37]. En primavera, ya se sabe... Y, sin duda, de ese mal nacimiento, le vino una mala crianza... *(Silencio de* CARMELA. PAULINO *improvisa lo que, sin duda, es el papel de ella.)* Seguro que... alguna de sus nodrizas... le debió pasar mala leche...

CARMELA. *(Seca.)* Eso mismo.

PAULINO. *(Asumiendo cada vez más las replicas que ella no dice.)* Y seguro que... a los pocos meses... empezaron a salirle... ¿Qué, qué? Diga... Manchas rojas en la piel, ¿verdad?

CARMELA. *(Igual.)* Eso mismo.

PAULINO. *(Sudando por el esfuerzo de salvar la dudosa comicidad de la escena.)* Y como era tan enfermiza, ¿no es verdad?, pues todos querían darle remedio... ¿No es así?... Y unos se lo daban por delante... y otros se lo daban por detrás... *(Manipulando obscenamente a* CARMELA.*)* Unos por delante y otros por detrás, unos por delante...

> *(De pronto, desde un lugar indeterminado —quizá desde la sala—, entonada por voces masculinas en las que se adivinan acentos diversos, se escucha la canción popular republicana:)*
>
> El ejército del Ebro,
> rumba, la rumba, la rumba, va

---

[37] Alusión a la proclamación el 14 de abril de 1931 de la II República española.

una noche el río pasó,
ay Carmela, ay Carmela...(etc.)[38].

CARMELA. *(Desprendiéndose violentamente de* PAULINO.*)* ¡Vete a darle por detrás a tu madre! *(Y se une al canto de los milicianos, al tiempo que abre y despliega la bandera alrededor de su cuerpo desnudo, cubierto sólo por unas grandes bragas negras. Su imagen no puede dejar de evocar la patética caricatura de una alegoría plebeya de la República)*[39].

PAULINO. *(Aterrado.)* ¡Carmela! ¡Los... el... las... las tetas!

> *(Todo ha sucedido muy rápidamente, al tiempo que la luz ha comenzado a oscilar y a adquirir tonalidades irreales. También el canto —y otros gritos y golpes que intentan acallarlo— suena distorsionado.* PAULINO, *tratando desesperadamente de degradar la desafiante actitud de* CARMELA, *recurre a su más humillante bufonada: con grotescos movimientos y burdas posiciones, comienza a emitir sonoras ventosidades a su alrededor, para intentar salvarla haciéndola cómplice de su parodia.)*

PAULINO. *(Improvisa, angustiado y falsamente jocoso.)* ¡Éstos son los aires... que a usted le convienen...! ¡Y estas melodías... las que se merece! ¡Tome por aquí...! ¡Tome por acá...! ¡Do, mi, re, la, sol... si, re, do, mi, fa!

---

[38] En la primera edición los brigadistas cantaban:

> Tres colores tiene el cielo
> de España al amanecer.
> Tres colores la bandera
> que vamos a defender.

[39] En la iconografía más divulgada por la propaganda republicana solía representársela como una mujer de pie, con una túnica blanca sobre la que cruzaba un jirón de la bandera (roja, amarilla y morada), que empuñaba en sus manos objetos simbólicos, como una espada apoyada en el suelo o la balanza de la justicia.

274

(La luz se extingue, excepto una vacilante claridad sobre la figura de CARMELA. *También decrecen las voces y sonidos de escena, al tiempo que se insinúan, inquietantes, siniestros, los propios de un fusilamiento: pasos marciales sobre tierra, voces de mando, una cerrada descarga de fusilería. Mientras se apagan los ecos, se hace totalmente el*

OSCURO.)

Carmela y Paulino interpretando un diálogo de
«El doctor Toquemetoda», la comedia frívola y musical
con que concluye trágicamente la Velada. Foto Chicho.

Epílogo

(Sobre el Oscuro, se escucha la voz de Paulino *que, desde fuera de la escena, grita: «¡Ya voy, ya voy...!». Se escucha el «clic» y se enciende la luz de ensayos. Entra* Paulino *acabando de ponerse una camisa azul[40] y con una escoba bajo el brazo.)*

Paulino. *(Habla hacia el fondo de la sala.)* Ya voy... Es que me estaba poniendo esto... *(Bromea, inseguro.)* ¿Me sienta bien?... *(Serio.)* Bueno, ya está... *(Examina el escenario, siempre hablando con el supuesto ocupante de la «cabina.)* O sea: barrer esto, fregar un poco, poner los cinco sillones, las banderas, el crucifijo... Ah, y las colgaduras... Eso está hecho... Y luego... sí: llevar a arreglar la gramola, no nos vaya a fallar... *(Empieza a barrer.)* En una hora, todo listo. Y si me empeño, hasta puedo encontrar unas flores para adornar el crucifijo, o las banderas, o... Bueno: yo las consigo y tú me dices dónde las quieres, ¿eh, Gustavete?... Ahora que, si no te parece bien, nada de flores, como tú prefieras... Oye... *(Otea hacia el fondo.)* ¿Aún estás ahí? No se te olvide decirle al alcalde... Por-

---

[40] Camisa utilizada por los militantes de Falange Española, que vino a simbolizar la camisa de los vencedores de la guerra civil. Para un vencido como Paulino, ponerse la camisa azul visualiza su actitud acomodaticia ante la realidad del Nuevo Régimen y de sus valores.

que vas a la reunión esa, ¿no?... Pues dile a don Mariano cómo me estoy portando, ¿eh? Tú ya sabes que a mí, voluntad no me falta... Que vean que conmigo se puede contar para lo que sea... Y, si se tercia, coméntale lo del puesto de conserje... Si me puedo sacar unas pesetas para ir tirando, al menos mientras dure la cosa... Luego, ya veremos lo que... Pero, en fin, lo principal es que sepan que soy de buena ley... Trigo limpio, vamos... ¿Me oyes? ¿Estás ahí, Gustavete? *(Otea y escucha.)* Vaya, hombre: otro que se despide a la francesa... o a la italiana... *(Sigue barriendo en silencio.)*

(Entra la luz blanquecina desde el lateral del fondo. A poco aparece CARMELA con su traje de calle. Viene mordisqueando algo que guarda en la mano. Atraviesa todo el fondo lentamente, sin reparar en PAULINO, que tampoco advierte su presencia, y se detiene cuando está a punto de salir. PAULINO, que está barriendo el proscenio, se pone súbitamente a dar escobazos en el suelo, furioso.)

¡Míralas qué ricas!... La madre que las parió... A este pueblo se lo van a acabar comiendo las hormigas... *(Se rasca el cuerpo.)* Y a mí, las chinches...

CARMELA. *(Le mira y exclama, sorprendida.)* ¡Paulino!
PAULINO. *(Tiene una reacción ambigua que, finalmente, se resuelve en seca hostilidad, y sigue barriendo.)* ¿Qué?
CARMELA. Pero ¿qué te has puesto, hijo mío?
PAULINO. ¿Yo?
CARMELA. Sí: la camisa esa... ¡Qué mal te sienta!
PAULINO. Pues ya ves...
CARMELA. ¿De dónde la has sacado?
PAULINO. Me la han dado. La otra estaba ya...
CARMELA. Pero ésta, con ese color tan...
PAULINO. *(Hosco.)* A mí me gusta.
CARMELA. Bueno, hombre, bueno... ¿Te pasa algo?

PAULINO. ¿A mí? Nada.

CARMELA. Sí, conmigo... ¿Por qué me hablas así?

PAULINO. No me pasa nada.

CARMELA. ¿Seguro?

PAULINO. Seguro.

CARMELA. Pues no levantes tanto polvo, hombre, que el suelo no te ha hecho nada... Vaya manera de barrer... Trae, déjame a mí... *(Va a cogerle la escoba; él la rechaza, brusco.)*

PAULINO. ¡No!... ¡Me pasa que ya estoy harto!

CARMELA. ¿De qué?

PAULINO. ¡De ti!

CARMELA. ¿De mí? ¿Estás harto de mí?

PAULINO. Bueno... de ti, no. De... de esto... *(Gesto vago, que la incluye a ella.)* De lo que pasa en cuanto me quedo solo aquí... Tanto truco, tanta mentira...

CARMELA. ¿No te gusta que venga?

PAULINO. ¡No!... O sí, pero... ¡No, no me gusta!

CARMELA. ¿Por qué?

PAULINO. *(Tras una pausa.)* Luego es peor...

CARMELA. *(Tras otra pausa.)* O sea, que... ¿soy de mentiras?

PAULINO. Tú me dirás...

CARMELA. Pero estoy aquí, contigo...

PAULINO. Bueno: estar...

CARMELA. Dame un beso.

PAULINO. ¡Un beso! Vamos, anda... No faltaría más... Un beso...

CARMELA. Sí, dámelo: a ver qué pasa.

PAULINO. A los muertos no se les da besos.

CARMELA. Ya, pero... Uno sólo, a ver... *(Se le acerca.)*

PAULINO. *(Se retira.)* ¿A ver, qué?

CARMELA. ¿Qué pasa? ¿Ahora me haces ascos?

PAULINO. No, pero...

CARMELA. ¿Te crees que los gusanos los llevo encima?

PAULINO. ¡Qué cosas dices!

CARMELA. Pues el asturiano, bien que me viene detrás...

PAULINO. ¿Qué asturiano?

Carmela. El de la cabeza abierta... Bueno, no es asturiano, pero casi: de Miranda de Ebro[41]. Sólo que fue en Asturias[42] donde... Pedro, se llama... Pedro Rojas[43].

Paulino. ¿Y te va detrás?

Carmela. ¡Y cómo!

Paulino. Menudo sinvergüenza... Pero a mí me da igual.

Carmela. Ah, te da igual...

Paulino. Claro: ése está tan muerto como tú... O más.

Carmela. Pues da unos achuchones que no veas...

Paulino. ¿Achuchones? Y tú te dejas, claro... *(Reacciona, furioso).* ¡Y a mí qué me importa! ¡Ya me estás enredando otra vez!

Carmela. ¿En qué te enredo yo?

Paulino. ¡En qué te enredo, dice!... Pero ¿tú crees que, a mi edad, voy a creer en fantasmas?

---

[41] Miranda de Ebro es un pueblo situado al norte de la provincia de Burgos, muy próximo al País Vasco.

[42] Esta localización geográfica de su muerte parece responder a la voluntad del dramaturgo de rendir homenaje a los mineros asturianos que en octubre de 1934 protagonizaron una insurrección revolucionaria, respondida por el gobierno Lerroux-Gil Robles con una brutal represión.

[43] Solía escribir con su dedo grande en el aire:

> «¡Viban los compañeros! Pedro Rojas»,
> de Miranda de Ebro, padre y hombre,
> marido y hombre, ferroviario y hombre,
> padre y más hombre, Pedro y sus dos muertes.

Son los versos iniciales de «Pedro Rojas», tercer poema publicado por César Vallejo en su estremecedor libro *España, aparta de mí este cáliz,* editado en 1939 con un prólogo de Juan Larrea y un dibujo de Pablo Picasso. Vale la pena recordar las peculiares circunstancias de su edición, según constan en la portada de la primera edición: «Soldados de la República fabricaron el papel, compusieron el texto y movieron las máquinas. Ediciones Literarias del Comisariado. Ejército del Este». Julio Vélez y Antonio Merino, que hallaron ejemplares del libro en la biblioteca del monasterio catalán de Montserrat, en cuyas prensas se imprimió, han publicado una edición facsímil, por la que cito los versos de Vallejo, en su libro *España en César Vallejo* (Madrid, Editorial Fundamentos, 1984, t. I: Poesía, págs. 201-202).

CARMELA. Oye tú: sin faltar, que yo, de fantasma, nada.

PAULINO. Pues si no eres un fantasma, y te me apareces por aquí, y resulta que estás muerta, y yo estoy vivo, y soy de verdad, y aquí nos tienes, peleándonos como siempre, pues... ¡a ver!

CARMELA. A ver, ¿qué?

PAULINO. *(Se rinde.)* Y yo qué sé...

CARMELA. *(Tras una pausa, ofreciéndole lo que lleva en la mano.)* ¿Quieres?

PAULINO. ¿Qué es?

CARMELA. Trigo.

PAULINO. ¿Trigo?

CARMELA. Sí: un puñadico llevo.

PAULINO. ¿Y te lo comes así, crudo?

CARMELA. Total, no le noto el sabor... Pero entretiene masticar... ¿Quieres?

PAULINO. No, gracias... *(Nueva explosión de rabia.)* ¡A ver! ¡A que no te me apareces en la Calle Mayor, o en la Puerta del Pozo, o en el Economato, o en el Centro Agrícola...! Aquello sí que es de verdad... Allí sí que pasan cosas de verdad, como cuando llega el autobús con los que vuelven al pueblo, y los falangistas los reciben a palos[44]... ¡O aquí mismo, ahora luego, con Gustavete delante...! O más tarde, que esto estará lleno de gente de verdad... Pero no señora: ella se presenta aquí cuando estoy solo, y el teatro vacío, y encima quiere que me lo crea... ¡Y encima va y me cuenta los achuchones que le da ese Pedro Rojas!

CARMELA. *(Bajito.)* También me ha dado esto... *(Saca una cuchara.)*

---

[44] Datos proporcionados al autor por testigos presenciales de los hechos cuando visitó Belchite en el proceso de creación de la obra. Los lugares de Belchite mencionados por Paulino son todos reales, según me confiesa el dramaturgo en nuestra conversación del 18 de julio de 1991.

PAULINO. ¿Qué?

CARMELA. Esta cuchara... Me ha regalado su cuchara...[45].

PAULINO. *(Estupor.)* Su cuchara... *(Estalla en carcajadas furiosas.)* ¡Su cuchara! ¡Pedro Rojas le ha regalado su cuchara! ¡Es para morirse! ¡Vean, señores! ¡El sinvergüenza descalabrado de Pedro Rojas le ha regalado a Carmela su cuchara! ¡No se lo pierdan!...

CARMELA. Pues mira que a ti...

PAULINO. *(Cesa súbitamente de reír.)* A mí, ¿qué?

CARMELA. *(Estalla en carcajadas.)* ¡Esa camisa que te han regalado!... ¡Que pareces una beata en Viernes Santo!

PAULINO. *(Seco.)* No le veo la gracia.

CARMELA. *(Riendo.)* ¡Porque no te has visto!... *(PAULINO se pone de nuevo a barrer, muy digno. Ella va dejando poco a poco de reír. Se acerca a él, conciliadora, y trata de quitarle la escoba. Él se resiste.)* Anda, dámela...

---

[45] Esa cuchara del miliciano caído constituye para César Vallejo un símbolo del tema poético que se ha convenido en llamar de la muerte fecundante («Su cadáver estaba lleno de mundo», escribirá en el verso 45 y último del poema):

Registrándole, muerto, sorprendiéronle
en su cuerpo un gran cuerpo, para
el alma del mundo,   20
y en la chaqueta una cuchara muerta.

Pedro también solía comer
entre las criaturas de su carne, asear, pintar
la mesa y vivir dulcemente
en representación de todo el mundo,   25
y esta cuchara anduvo en su chaqueta,
despierto o bien cuando dormía, siempre,
cuchara muerta viva, ella y sus símbolos.
¡Abisa a todos (los) compañeros pronto!
Viban los compañeros al pie de esta cuchara para siempre!   30

(apud Julio Vélez y Antonio Merino, ob. cit., págs. 201-202).

282

PAULINO. (*Débilmente.*) No, déjame... (*Pero cede finalmente. Ella le da el puñado de trigo que lleva en la mano y se pone a barrer.*)

CARMELA. Yo seré de mentiras, pero esto es barrer de verdad...

PAULINO. (*Mirándola.*) Luego es peor...

CARMELA. Es peor de todos modos... ¿O no?

PAULINO. Ya, pero... (*Comienza distraídamente a comer granos de trigo.*) Claro, para ti es muy fácil: desapareces y se acabó... El que tiene que seguir aquí, y aguantar toda la mierda, soy yo. Tú no tienes idea de lo que está pasando... Las tropas ya se fueron del pueblo, y dicen que han tomado Quinto, Alcañiz, Caspe... Y que van a llegar al mar en unos días... Como no resista Cataluña...[46].

CARMELA. Ahora que dices Cataluña... Me he encontrado con dos catalanas muy sandungueras.

PAULINO. Ah, ¿sí?

CARMELA. Las dos se llaman Montse, claro... Pero no se parecen nada.

PAULINO. Qué cosas...

CARMELA. Una, la más joven, que es de Reus, dice que ya está bien de plantón, y que a ver si hacemos algo.

PAULINO. ¿Y qué vais a hacer, estando... como estáis?

CARMELA. Ésa es la cosa. Porque dice Montse... pero la otra, la mayor... que hay muchas maneras de estar muerto...

PAULINO. No me digas...

---

[46] Paulino, personaje de una acción dramática situada en marzo de 1938, habla de hechos de la realidad histórica: el 15 de abril de 1938 las tropas franquistas llegaron al Mediterráneo por el pueblo castellonense de Vinaroz. La batalla del Ebro, iniciada el 24 de julio de 1938, concluyó el 15 de noviembre con la retirada del ejército republicano. El 23 de noviembre se inició la ofensiva franquista contra Cataluña, siendo ocupadas sucesivamente, ya en el año 1939, Tarragona (15 de enero), Barcelona (26 de enero) y Girona (4 de febrero). Sobre «La batalla del Ebro y la caída de Cataluña» puede consultarse el capítulo 26 del libro de Gabriel Jackson, *La República española y la guerra civil* (Barcelona, Crítica, 1981, págs. 390-401).

CARMELA. Lo mismo que hay muchas maneras de estar vivo.

PAULINO. Eso es verdad...

CARMELA. Y, como dice Montse, si nos ponemos...

PAULINO. ¿Cuál?

CARMELA. La joven, la de Reus... Pues que si...

PAULINO. Y la otra, la vieja, ¿de dónde es?

CARMELA. No es vieja, sólo que es mayor que Montse.

PAULINO. Bueno, pues, ¿de dónde es esa Montse?

CARMELA. ¿Cuál?

PAULINO. La mayor, la que no es de Reus...

CARMELA. ¿Y eso qué importancia tiene?

PAULINO. No, ninguna... Es para no confundirlas.

CARMELA. Pues no lo sé, no me lo ha dicho.

PAULINO. Qué raro...

CARMELA. ¿Raro? ¿Por qué?

PAULINO. Porque los catalanes, en cuanto te ven, te dicen: «Soy catalán de Manresa... o de Figueras... o de...».

CARMELA. Bueno, pues Montse no me lo ha dicho, ya ves tú.

PAULINO. Qué raro... A lo mejor, se hace pasar por catalana, y no lo es.

CARMELA. Pero, vamos a ver, alma de Dios: ¿por qué se iba a hacer pasar por catalana esa pobre mujer?

PAULINO. Y yo qué sé... Ni la conozco... Pero hay gente muy rara por ahí...

CARMELA. ¡Tú sí que eres raro!

PAULINO. La otra, en cambio, ya ves, enseguida: «Soy catalana de Reus». Lo normal.

CARMELA. Pero, bueno, ¿a ti qué es lo que te interesa? ¿Lo que te iba a contar yo o su partida de nacimiento?

PAULINO. Tienes razón: cuenta, cuenta...

CARMELA. Ya no sé por dónde iba...

PAULINO. Por Reus... Bueno, lo que decía la de Reus...

CARMELA. Ah, sí... Pues decía Montse que podíamos ponernos a buscar a los que no se conforman con borrarse..., o sea, a los macizos, como les llama Montse... y juntarnos, y hacer así como un club, o una peña, o un sindicato..., aunque Montse dice que, de sindicatos, ya vale... Pero en eso la otra Montse se pone muy farruca, porque dice que...

PAULINO. Oye.

CARMELA. ¿Qué?

PAULINO. Ya me estoy liando... ¿qué Montse es la que dice que...?

CARMELA. *(Rotunda.)* ¿Sabes lo que te digo?

PAULINO. ¿Qué?

CARMELA. Que no se llaman Montse, ea. Ninguna de las dos. Ni son catalanas, ni de Reus, ni nada.

PAULINO. Pues, vaya...

CARMELA. La una es anarquista y la otra comunista, ea.

PAULINO. Toma castaña.

CARMELA. A ver si así te lías. Una de la FAI[47] y otra del PSUC[48].

PAULINO. ¿Y no se han matado nada más verse?

CARMELA. ¿Cómo se van a matar, si ya están muertas? Al contrario: se han hecho la mar de amigas... Discuten

---

[47] Federación Anarquista Ibérica (FAI), fundada en 1927 como organización revolucionaria que discrepaba de la CNT y de la línea moderada de Ángel Pestaña (cfr. nota 10). Durante la guerra civil, anarquistas de la CNT-FAI y comunistas del Partido Comunista de España (PCE)-PSUC, pese a luchar juntos contra el fascismo en el bando republicano, se enfrentaron encarnizadamente.

[48] Partit Socialista Unificat de Catalunya (PSUC), nacido de la fusión de cuatro partidos: la Unió Socialista de Catalunya (USC), el Partit Catalá Proletari (PCP), el Partit Comunista de Catalunya (PCC) y la Federació Catalana del Partido Socialista Obrero Español (PSOE). El 23 de junio de 1936 su Comité de Enlace llegó a un acuerdo total de unificación que el estallido de la guerra civil contribuyó a consolidar. Durante la guerra civil, los comunistas fueron hegemónicos dentro del PSUC.

mucho, eso sí, y se llaman de todo, y en catalán, ahí es
nada... Pero sin llegar a las manos, porque ya, ¿para qué?

PAULINO. Bueno, ¿y ese club...?

CARMELA. O lo que sea, que ya se verá... Pues para hacer
memoria.

PAULINO. ¿Qué quieres decir?

CARMELA. Sí: para contarnos todo lo que pasó, y por qué,
y quién hizo esto, y qué dijo aquél...

PAULINO. ¿Y para qué?

CARMELA. Para recordarlo todo.

PAULINO. ¿A quién?

CARMELA. A nosotros... y a los que vayáis llegando...

PAULINO. *(Tras una pausa.)* Recordarlo todo...

CARMELA. Sí, guardarlo... Porque los vivos, en cuanto tenéis la panza llena y os ponéis corbata, lo olvidáis todo.
Y hay cosas que...

PAULINO. ¿Lo dices por mí? ¿Crees que me he olvidado de
algo?

CARMELA. No, no lo digo por ti... Aunque, vete a saber...
Tú deja que pase el tiempo, y ya hablaremos...

PAULINO. Ya hablaremos... ¿Cuándo?

CARMELA. Bueno: es un decir.

*(Hay un silencio. Quedan los dos ensimismados, como
en ámbitos distintos.)*

PAULINO. Y cuando ése te achucha, ¿qué notas?

CARMELA. Ya hablaremos... Allí.

PAULINO. Di... ¿Qué notas?

CARMELA. Iréis llegando todos allí, y hablaremos...

PAULINO. Seguro que te pellizca el culo... ¿A que sí?

CARMELA. Los unos y los otros...

PAULINO. Los obreros, en cuanto ven un culo fácil... ¡zas!,
pellizco.

CARMELA. Por la metralla, o fusilados, o a palos...

Paulino. *(Le da un pellizco en el trasero.)* ¿Lo notas?

Carmela. O en la cama, de un catarro mal curado...

Paulino. ¿No notas nada?... Si quieres, te dejo que me des un beso...

Carmela. Más pronto o más tarde...

Paulino. ¿No me oyes? Bésame una vez, a ver qué pasa...

Carmela. En la guerra, o en la paz, o en otra guerra, o en...

Paulino. Pues te beso yo... *(Lo hace. Ella parece ausente.)* ¿Te gusta?

Carmela. Porque los vivos no escarmentáis ni a tiros...

Paulino. ¿Te gusta, Carmela? ¿Notas algo? *(La besa otra vez.)*

Carmela. Ni a tiros...

Paulino. *(Irritándose.)* ¡Dime si notas algo, coño! *(La besa y abraza con violencia.)* ¿Qué?

Carmela. Pero allí os estaremos esperando...

Paulino. *(Furioso y asustado.)* ¿Por qué no me contestas? *(La zarandea.)* ¡Carmela, dime algo! ¡Mírame! ¿Qué te pasa?

Carmela. Y recordando... recordando...

Paulino. *(Le da una bofetada.)* ¡A ver si esto lo notas!

Carmela. Y ya hablaremos... Ya hablaremos...

Paulino. *(La sacude violentamente.)* ¡Y esto! ¡Y esto! *(La abraza con brutalidad.)* ¡Carmela!

Carmela. *(Mirando, sorprendida, la sala.)* ¡Míratelos!

Paulino. *(Sobresaltado, afloja el brazo y se vuelve.)* ¿Qué? ¿Quién hay ahí?

Carmela. Ahí, en la sala... *(Sonriente.)* Míralos...

Paulino. ¿Quién? No hay nadie ahí...

Carmela. Sí... ¿No los ves? En la sala, tan frescos...

Paulino. ¿Quiénes están en la sala?

Carmela. Los milicianos... Los de las Brigadas: el polaco, los franceses, los americanos...

Paulino. *(Oteando, inquieto, la sala.)* No digas tonterías, Carmela...

Carmela. *(A los «milicianos».)* Hola, compadres...

287

PAULINO. Carmela, por favor... Los fusilaron el otro día... y yo vi cómo los echaban en una zanja, con otros muchos...

CARMELA. *(Sin escucharle.)* ¿Qué, a pasar el rato?

PAULINO. Te digo que no hay nadie... Y mucho menos, esos...

CARMELA. *(Igual.)* Lo mismo que yo... Aquí no se está mal.

PAULINO. Por favor, Carmela... Ven conmigo, vámonos de aquí...

CARMELA. Y ahora, mejor que la otra noche, ¿verdad?

PAULINO. Pase que un vivo tenga visiones, pero... ¡que las tenga un muerto!...

CARMELA. ¡Qué mal lo pasamos, eh! Porque yo, parecía contenta, cantando y bailando, pero... la procesión iba por dentro... Una, que es profesional...

PAULINO. Esto es demasiado, Carmela... Yo me voy.

CARMELA. No... *(Ríe.)* Eso de la procesión es una manera de hablar, una cosa que se dice aquí...

PAULINO. Te digo que me voy, Carmela... Ya sólo falta que aparezca por aquí el descalabrado...

CARMELA. ¡Oye! ¿Y cómo es que nos entendemos?... Porque vosotros, no sé en qué me habláis, pero yo os entiendo... ¿Y a mi me entendéis? ¡Ay, qué gracia! *(Ríe.)* A ver si resulta que... como habéis muerto en España, pues ya habláis el español... ¡Qué ocurrencia!... Lo mismo que al nacer en un país... ¡Pues eso!

PAULINO. No aguanto más, Carmela... Adiós... Ya hablaremos...

CARMELA. *(Sigue muy divertida.)* Por lo menos, así, ya sabréis decir dónde habéis muerto... A ver, tú, polaco: di Belchite... Sí, eso es... Belchite... ¿Y Aragón, sabéis decirlo?... Aragón... No: A-ra-gón... Así: Aragón... España sí que lo decís bien, ¿verdad?... No... *(Risueña.)* Así no... Así: ña... España... ña... Si es muy fácil... España... España...

(PAULINO *ha cruzado la escena con la gramola, sin mirar a* CARMELA. *Inexplicablemente, comienza a escucharse la canción «¡Ay, Carmela!».* PAULINO *se detiene, sobrecogido, mirando a su alrededor.* CARMELA, *que no parece escuchar su canción, continúa enseñando a pronunciar España...*

OSCURO FINAL.)

Carmela y Paulino saludando al público al concluir un número de su improvisada Velada-Espectáculo de «variedades a lo fino».
Foto Chicho.

Apéndice documental

1. EL TEATRO FRONTERIZO

MANIFIESTO
*(latente)**

I

Hay territorios en la vida que no gozan del privilegio de la centralidad.
Zonas extremas, distantes, limítrofes con lo Otro, casi extranjeras.
Aún, pero apenas propias.
Arcas de identidad incierta, enrarecidas por cualquier vecindad.
La atracción de lo ajeno, de lo distinto, es allí intensa.
Lo contamina todo esta llamada.
Débiles pertenencias, fidelidad escasa, vagos arraigos nómadas.
Tierra de nadie y de todos.
Lugar de encuentros permanentes, de fricciones que electrizan el aire.
Combates, cópulas: fértiles impurezas.
Traiciones y pactos. Promiscuidad.
Vida de alta tensión.
Desde las zonas fronterizas no se perciben las fronteras.

II

Hay gentes radicalmente fronterizas.
Habiten donde habiten, su paisaje interior se abre siempre sobre un horizonte foráneo.

---

* Publicado en la revista *Primer Acto* (núm. 186, octubre-noviembre de 1980, págs. 88-89) y en la edición de *¡Ay, Carmela! (El Público,* Teatro. 1, enero de 1989, págs. 21-23).

Viven en un perpetuo vaivén que ningún sedentarismo ocasional mitiga y, además de la propia, hablan algunas lenguas extranjeras.

Se trata, generalmente, de aventureros frustrados, de exploradores más o menos inquietos que, sin renegar de sus orígenes, los olvidan a veces.

No debe confundírseles con los conquistadores. Ni con los colonos.

Es obvio que ni llevan banderas ni acarrean arados.

Raramente prosperan o son enaltecidos.

Todo lo más, acampan en la vida hasta que comienza a hacérseles familiar el entorno. O hasta que llegan otros y se instalan, y el paisaje comienza a poblarse y a delimitarse.

Entonces parten, hacia adentro o hacia afuera, hacia un lugar sin nombres conocidos.

Carecen por completo de amor a las costumbres.

III

Hay una cultura fronteriza también, un quehacer intelectual y artístico que se produce en la periferia de las ciencias y de las artes, en los aledaños de cada dominio del saber y de la creación.

Una cultura centrífuga, aspirante a la marginalidad —aunque no a la marginación, que es a veces su consecuencia indeseable— y a la exploración de los límites, de los fecundos confines.

Sus obras llevan siempre el estigma del mestizaje, de esa ambigua identidad que les confiere un origen a menudo bastardo. Nada más ajeno a esta cultura que cualquier concepto de pureza, y lo ignora todo de la Esencia.

Es además apátrida y escéptica y ecléctica.

De su desprecio por los cánones le viene el ser proclive a la insignificancia y a la desmesura. Como, por otra parte, no pretende servir a ningún pasado, glorioso o infame o humilde —es contraria a la ley de la herencia—, ni piensa contribuir a la edificación del futuro, sus obras son casi tan efímeras como la misma vida.

Ello no obsta para que en sus enclaves, en sus regiones imprecisas, ausentes de los mapas, irrumpan vocingleras las vanguardias, levanten sus tinglados los doctos académicos y acaben erigiéndose museos.

No hay por qué lamentarse demasiado. Surgen, aquí y allá, nuevas fronteras culturales. Incluso en lo que fueron antaño metrópolis del arte y de la ciencia, abandonadas hace tiempo, olvidadas acaso o mal comprendidas por los actuales mandarines, pueden abrirse parajes inusitados, remotos horizontes extranjeros.

Ocurre también que alguien descubre lindes transitables entre dominios en apariencia distantes, zonas de encuentro entre dos campos que se ignoraban mutuamente.

Así que, a la deriva, a impulsos del azar o del rigor, discurre permanentemente una cultura fronteriza, allí donde no llegan los ecos del Poder.

IV

Hay —lo ha habido siempre— un teatro fronterizo. Íntimamente ceñido al fluir de la historia, la Historia, sin embargo, lo ha ignorado a menudo, quizás por su adhesión insobornable al presente, por su vivir de espaldas a la posteridad. También por producirse fuera de los tinglados inequívocos, de los recintos consagrados, de los compartimentos netamente serviles a sus rótulos, de las designaciones firmemente definidas por el consenso colectivo o privativo.

Teatro ignorante a veces de su nombre, desdeñoso incluso de nombre alguno. Quehacer humano que se muestra en las parcelas más ambiguas del arte, de las artes y de los oficios. Y en las fronteras mismas del arte y de la vida. Oficio multiforme, riesgo inútil, juego comprometido con el hombre.

Es un teatro que provoca inesperadas conjunciones o delata la estupidez de viejos cismas, pero también destruye los conjuntos armónicos, desarticula venerables síntesis y hace, de una tan sola de sus partes, el recurso total de sus maquinaciones: De ahí que con frecuencia resulte irreconocible, ente híbrido, monstruo fugaz e inofensivo, producto residual que fluye tenazmente por cauces laterales.

Aunque a veces acceda a servir una Causa, aunque provisionalmente asuma los colores de una u otra bandera, su vocación profunda no es la Idea o la Nación, sino el espacio relativo en que nacen las preguntas, la zona indefinida que nadie reivindica como propia. Una de sus metas más precisas —cuando se las plantea— sería suscitar la emergencia de pequeñas patrias nómadas, de efímeros países habitables donde la acción y el pensamiento hubieran de inventarse cada día.

Pero no es, en modo alguno, un teatro ajeno a las luchas presentes. Las hace suyas todas, y varias del pasado, y algunas del futuro. Sólo que, en las fronteras, la estrategia y las armas tienen que ser distintas.

1977

2. EL TEATRO FRONTERIZO

PLANTEAMIENTOS*

El Teatro Fronterizo es un lugar de encuentro, investigación y creación, una zona abierta y franqueable para todos aquellos profesionales del teatro que se plantean su trabajo desde una perspectiva crítica y cuestionadora.

Lo que hoy llamamos Teatro, esa institución que languidece en la periferia de nuestra vida social —a pesar de que sus salas se levantan en el centro de la Ciudad—, no es más que una forma particular de la teatralidad, una estructura sociocultural generada por y para una clase determinada, la burguesía, en una etapa de su evolución histórica.

Para crear una verdadera alternativa a este «teatro burgués» no basta con llevarlo ante los públicos populares, ni tampoco con modificar el contenido ideológico de las obras representadas. La ideología se infiltra y se mantiene en los códigos mismos de la representación, en los lenguajes y convencionalismos estéticos que, desde el texto hasta la organización espacial, configuran la

---

* Texto publicado en la revista *Primer Acto* (núm. 186, octubre-noviembre de 1980, pág. 96).

producción y la percepción del espectáculo. El contenido está en la forma. Sólo desde una transformación de la teatralidad misma puede el teatro incidir en las transformaciones que engendra el dinamismo histórico. Una mera modificación del repertorio, manteniendo invariables los códigos específicos que se articulan en el hecho teatral, no hace sino contribuir al mantenimiento de «lo mismo» bajo la apariencia de «lo nuevo», y reduce la práctica productiva artística a un quehacer de reproducción, de repetición.

Se hace preciso, pues, revisar, y cuestionar a través de la práctica los componentes de la teatralidad, investigar sus manifestaciones en dominios distintos al Teatro, en tradiciones ajenas al discurso estético de la ideología dominante, en zonas fronterizas del arte y de la cultura.

El Teatro Fronterizo se plantea este ambicioso programa de revisión y cuestionamiento de la práctica escénica en todos sus niveles de una forma gradual y sistemática, acotando para cada etapa, para cada experiencia, un área de investigación determinada, en la que son localizados aquellos segmentos de la estructura teatral sujetos a examen: la naturaleza del texto dramático y el modo de escritura teatral, la noción de «personaje» y su relación con las funciones escénicas del actor, el imperialismo de la «fábula» y la estructura de la trama, los conceptos de Unidad y Coherencia estéticas, el pretendido carácter discursivo de la representación, las fronteras entre narración oral e interpretación, la plasticidad del espacio espectacular, la teatralidad *diferente* del juego, del ritual, de la fiesta, de la juglaría... Toda una serie de cuestiones aparentemente «formales», pero que comprometen el *lugar,* el *sentido* y la *función* del hecho teatral en la cultura y en la historia.

El Teatro Fronterizo es un grupo abierto. Abierto a prácticas de expresión y comunicación no teatrales e incluso no artísticas, por considerar que la teatralidad no es algo definitivamente establecido por los sistemas y códigos tradicionales, sino una dimensión humana de reconocimiento y autoconstrucción que cambia con el hombre, que precede, acompaña o sigue sus deseos de cambio.

1977

3. LA PICARESCA TEATRAL
EN EL SIGLO DE ORO*

«Pues sabed que hay ocho maneras de compañías y repre-
sentantes, y todas diferentes (...): bululú, ñaque, gangarilla,
cambaleo, garnacha, bojiganga, farándula y compañía (...);
Ñaque es dos hombres (...); éstos hacen un entremés, algún
poco de un auto, dicen una octavas, dos o tres loas, llevan una
barba de zamarro, tocan el tamborino y cobran a ochavo (...);
viven contentos, duermen vestidos, caminan desnudos, comen
hambrientos y espúlganse el verano entre los trigos y en el in-
vierno no sienten con el frío los piojos».

Este conocido pasaje —y algunas páginas más— del libro de
Agustín de Rojas Villandrando *El viaje entretenido* (1603) constituye el núcleo germinal del texto que sirve de base al cuarto espectáculo de El Teatro Fronterizo.

Texto simple y complejo a la vez, puesto que, articulándose en
torno a una única situación dialogal, engarza una variada gama de
subproductos literarios del Siglo de Oro, jirones de una cultura
popular que raramente accede a los museos del Saber establecido.
Pocos nombres famosos en la humilde ensalada textual que nutre
el quehacer y el vivir de Ríos y Solano, los dos cómicos apicarados
que arrastran su escaso bulto hasta nosotros; pocos nombres, pero
muchas voces anónimas en su deteriorado repertorio.

De hecho, éste fue el punto de partida del trabajo dramatúrgico y también su objetivo originario: el rescate vivificador —no
arqueológico— de una subcultura popular deteriorada por el uso
colectivo, y su adscripción a las formas marginales del hecho teatral. La Historia del Teatro, clasista y elitista, nos ha legado y ensalzado una imagen del arte dramático vinculada a los valores literarios de unos textos más o menos ilustres: privilegio de la escritura; duración y dureza de la letra.

---

* Publicado en la revista *Primer Acto* (núm. 186, octubre-noviembre
de 1980, págs. 108-109).

Pero junto al teatro como Arte y como Institución, paralelamente a ese ceremonial complejo y prestigioso que el Poder se apresura a proteger y controlar cuando no logra ahogar, discurre otro —soterrado, liminal, plebeyo— que erige a ras de tierra su tosco artificio.

Y así sucede también en el llamado Siglo de Oro de la cultura española. Junto a la brillante dramaturgia de Lope, Tirso, Alarcón, Moreto, Calderón, etc.; junto a la sólida fábrica del Corral de la Cruz o del Príncipe, de la Casa de la Olivera o del Coliseo del Buen Retiro; junto a la fama y el relativo bienestar de comediantes como los Morales, Josefa Vaca, Juan Rana, María Calderón, Sebastián de Prado y otros, prolifera una turbia caterva de poetastros y zurcidores de versos ajenos, de faranduleros y cómicos de la legua, que vagabundea con su arte (?) a cuestas por villorrios, aldeas, cortijos y ventas: «gente holgazana, mal inclinada y viciosa y que por no aplicarse al trabajo de algunos de los oficios útiles y loables de la república, se hacen truhanes y chocarreros para gozar de vida libre y ancha», en opinión de un fraile de su tiempo[1].

Para gozar de vida libre y ancha, sí; para escapar de la estrechez represiva de una sociedad jerarquizada, inmovilista y beata que no podía aceptar sin graves reticencias el incremento de unos grupos humanos que optaban por arrostrar un destino incierto y que, sin resignarse al oscuro anonimato de los mendigos, pícaros y delincuentes que integraban la enorme masa de los desheredados, ostentaban su diferencia a través de una profesión equívoca y en nombre de un arte seductor.

Todos los estudiosos que se han confrontado al complejo problema de la condición social del actor, coinciden en señalar la ambigüedad y la ambivalencia de su *status:* admirado, envidiado, ensalzado e incluso glorificado, no por ello logra conjurar la desconfianza, el menosprecio o la franca hostilidad de las clases dominantes o, simplemente, acomodadas. Mientras que el Siste-

---

[1] El dramaturgo desarrolla el tema en su ponencia «La condición marginal del teatro en el Siglo de Oro», presentada en las *III Jornadas de Teatro Clásico Español* celebradas en el Festival de Almagro de 1980 (cfr. nota 54 de la Introducción).

ma —cualquier Sistema— tiende a fijar y codificar en mayor o menor grado, en una u otra forma, a los individuos y grupos que lo integran, el teatro ofrece a sus miembros amplios márgenes de indeterminación y fluctuación: el nomadismo, la improductividad, la promiscuidad, el exhibicionismo, la simulación... claves de un vivir anómalo que oscila perpetuamente entre la libertad y la servidumbre, y que concita todos los fantasmas colectivos de la transgresión.

En torno a esta temática —la condición del actor y su posición en la sociedad, concretada en su relación con el público— gira, deambula y discurre la trama textual de *Ñaque*. Condición precaria, ya que su debilidad y su fuerza dependen del encuentro fugaz y siempre incierto con ese ser múltiple y desconocido que acecha en la sombra de la sala y, aparentemente, sólo mira y escucha.

Solano y Ríos, dos de los comediantes que Agustín de Rojas hace dialogar en su libro *El viaje entretenido,* se desprenden aquí de su identidad real, histórica, para comparecer ante nosotros como fantasmales paradigmas de la errática y precaria condición teatral. Ellos son la carne hambrienta y fatigada —eterna morada de piojos— de ese «espíritu» que perdura en los textos ilustres.

Ya de por sí efímero, su arte se halla condenado a erosionarse y degradarse en el áspero roce del vivir cotidiano: el «fuego sagrado» de que los artistas creen ser portadores, apenas les alcanza a ellos para ahuyentar los fríos del invierno o calentar la escudilla que alguna vez reciben como pago.

Arrastrando un viejo arcón que encierra todo su «aparato» teatral, llegan al *aquí* y al *ahora* de la representación procedentes de un largo vagabundeo a través del espacio y del tiempo. Han de repetir ante el público su tosco espectáculo, a medio camino entre el relato y la interpretación, pero el cansancio, el aburrimiento, las dudas y temores retrasan, interrumpen una y otra vez su actuación en un diálogo que —deliberadamente— los emparenta con Vladimiro y Estragón, los ambiguos *clowns* de Samuel Beckett.

A través de este diálogo entrecortado, que constituye más de la mitad del texto, Ríos y Solano nos descubren —y se descubren mutuamente— la radical fragilidad de su condición: vestigios de un tiempo remoto, ecos de sí mismos, remedos de un juego de ficciones, sombras de un arte ilusorio y fugaz. Y también su marginalidad radical: desde los últimos peldaños de un oficio desclasado, a duras penas logran asomarse a la Historia, acceder al Teatro, dejar la menor huella de su paso, sobrevivirse. Destino del actor, que el piojo comparte...

El principio rector de la elaboración dramatúrgica de «ÑAQUE» es el del *conglomerado,* próximo al que ha regido a lo largo de los siglos —y especialmente en el de Oro— la composición de las llamadas «Misceláneas». Si en tales obras cohabitan mejor o peor trabados elementos heterogéneos, que preexisten, independientes, al proyecto unificador, si en ellas prima el efecto de variedad sobre el de unidad, en el *conglomerado* se trata de integrar las partes en el todo, sin anular plenamente sus diferencias originarias, su natural diversidad, pero sometiéndolas a las leyes de funcionamiento y sentido del nuevo texto y de su nuevo contexto.

En «ÑAQUE» o «DE PIOJOS Y ACTORES», los materiales constitutivos —aparte, naturalmente, de los diálogos de Solano y Ríos— son de naturaleza diversa, aunque poseen en común su no pertenencia a la cultura de las clases dominantes, su adscripción a los niveles semicultos o netamente populares del Siglo de Oro.

He aquí la esquemática relación de sus fuentes:

— El Refranero popular.
— El Romancero tradicional.
— Los cuentecillos o chistes folklóricos de tradición oral.
— Los entremeses anónimos.
— El Códice de Autos Viejos.
— Todo ello salpicado con residuos de *La Gran Semíramis* de Cristóbal de Virués, un fragmento adulterado de la comedia «Serafina», del representante Alonso de la Vega, y algunos dichos, citas y versos espigados en textos varios.

    Y, como eje articulador, dos loas de Agustín de Rojas y dos pasajes de su libro «El viaje entretenido» relativos a la vida y andanzas de los cómicos.

Todos[2] los ingredientes, al pasar a formar parte de una nueva estructura dramatúrgica —el texto de «ÑAQUE», la subs-

---

[2] A partir de aquí transcribo el texto que se publicó en el programa de mano de *Ñaque* cuando se representó en el Teatro Español de Madrid y que no apareció en *Primer Acto.*

tancia verbal de Ríos y Solano—, han sufrido una doble transformación.

Por una parte, han sido en mayor o menor grado manipulados y «adulterados» con casi la misma desconsideración con que los artistas populares han tratado siempre sus tradiciones. Desprovisto de cualquier sentido de veneración a la herencia cultural, el actor ambulante —como antaño el juglar— no teme deteriorar, voluntaria o involuntariamente, un heterogéneo repertorio de reminiscencias literarias que para él son meros recursos profesionales, no reliquias. Del mismo modo —es decir, con tanta irreverente cordialidad— han sido integradas las mencionadas fuentes en el tejido dramatúrgico de «ÑAQUE».

La segunda transformación viene dada por el contexto situacional en que tales materiales funcionan: las evocaciones, reflexiones y relaciones de Solano y Ríos en el *presente,* en esa ambigua contemporaneidad con el público de hoy que la representación instaura. Arrancados de su contexto originario —¿cuál pudo ser?—, insertos en la específica situación que viven ante nosotros sus actuales portadores, los subproductos literarios del Siglo de Oro recuperados no funcionan sólo como *documentos,* sino también —y fundamentalmente— como *instrumentos* de una nueva teatralidad: la que crean los personajes en su tránsito por la escena (lugar de encuentros fugaces, abertura efímera entre dos espacios plenos —el Teatro y la Vida—, frontera incierta entre lo imaginario y lo real).

Teatralidad, sin duda, esencialmente barroca, en la medida en que, al incluir en el espectáculo la presencia y la mirada del espectador, al arrancar al público de su oscura impunidad, se disuelven los límites entre la escena y la sala, no para suscitar una ilusoria fusión, sino —muy al contrario— para provocar la dispersión, el descentramiento y la multiplicidad de las perspectivas: laberinto de espejos en que el sujeto se dobla y se desdobla, metáfora de toda representación. (Más que hablar de lo teatral como característica del Barroco, habría que pensar en lo barroco como constituyente del Teatro; no la teatralidad del Barroco, sino el barroquismo de la teatralidad.)

El acto de pintar y el acto de mirar lo pintado se inscriben en «Las Meninas», del mismo modo que el acto de escribir y el de leer lo escrito se registran en «El Quijote». Disolución de límites.

Efecto de especularidad. Lo teatral —como lo barroco— no es lo espectacular, sino lo especular: la conciencia —¿angustiosa?— del ser propio como apariencia ajena, del sujeto como objeto entregado a la mirada —y al juicio— del Otro.

Así también, el acto de representar y el acto de mirar lo representado se integran en «ÑAQUE», provocando un continuo juego de espejos y espejismos mediante el cual unos y otros —actores y espectadores— tratan de dilatar y conjurar ese vacío, esa nada, esa carencia, ese hueco: lo único «real». Apoteosis de la ausencia. ¿Quién esta *ahí*?

Barroca es, asimismo, esa desmedida acumulación de materiales diversos que constituye la textualidad de la obra, ese *exceso* de formas y significados que el espectáculo despliega, más patente aún por la escasez de recursos expresivos.

4. *ÑAQUE:* 10 AÑOS DE VIDA*

Es un tópico decir que la obra de arte trasciende a su creador y adquiere una vida autónoma, independiente del destino biográfico de quien la produjo. Es un tópico, ciertamente, cuando se aplica a aquellas obras cuyo soporte material —arcilla, mármol, lienzo, papel, celuloide...— asegura su permanencia y su transcurso más allá del gesto creador. Pero en ese arte de lo efímero que es el teatro, el tópico se convierte en paradoja, casi en contrasentido.

¿Cómo afirmar la autonomía de un producto estético que sólo existe encarnado en el quehacer instantáneo de sus creadores? ¿Cómo hablar de permanencia, de independencia de un espectáculo con respecto a quienes lo erigen, en un espacio y en un tiempo concretos, a golpes de músculo y aliento? ¿No es evidente que la obra representada se esfuma, se desvanece, se extingue tras la propia representación, y que sólo resurge en la pura inmanencia de su circunstancial repetición? ¿Dónde, pues, la pretendida trascendencia?

---

* Publicado en *Pausa,* la revista de la Sala Beckett de Barcelona (núm. 2, enero de 1990, págs. 6-7).

Y, sin embargo, algo de esto puede aplicarse a *Ñaque*. En cierto sentido —que es también un sentido incierto, oscuro—, *Ñaque* nos trasciende, persiste como algo autónomo, contingente, duradero, más allá de los avatares vitales de quienes lo creamos, pronto hará diez años. Parece vivir al margen de la voluntad y del destino de cada uno de nosotros que, en el transcurso de esta década, hemos transcurrido por caminos diversos, hemos envejecido, nos hemos dispersado, transformado, cansado... para volvernos a encontrar inevitablemente, fatalmente, una y otra vez —hasta casi cuatrocientas— como al imperioso conjuro o llamado de este pequeño monstruo, de este tierno fantasma, de este modesto, efímero artefacto que responde por *Ñaque*.

Es tal como lo digo —apenas exagero—: es él quien nos convoca porque, como de todos es sabido, esa vaga entelequia llamada *EL TEATRO FRONTERIZO* ha carecido, entre otras muchas cosas, de capacidad para rentabilizar y explotar, ni siquiera artísticamente, sus éxitos y fracasos.

Los dieciséis espectáculos producidos —la mayoría de ellos en precarias condiciones— durante sus doce años de inestable existencia, esos dieciséis desiguales jalones que recuerdan el trayecto recorrido por *EL TEATRO FRONTERIZO,* han ido quedando a nuestras espaldas. Pero *Ñaque* se empeña en saltarnos al pecho a cada vuelta del camino, nos asalta, tozudo, con remotas misivas, intempestivas citas en Ljubljana, Torino, Manizales, Lisboa, Maguncia, Caracas... y ello después de habernos arrastrado por imposibles locales del cinturón rojo de Barcelona, de la parda estepa castellana, de las verdes vegas andaluzas...

También nos ha aupado, es cierto, hasta suntuosas salas de algunas grandes capitales. Pero, justo es decirlo, algo parece incomodarle ante tan repulidos auditorios metropolitanos. O viceversa. No aguanta mucho tiempo el dorado y el rojo de ciertos coliseos. Su vocación es nómada, suburbial, fronteriza: llegar hoy a un lugar más o menos desaliñado y partir mañana con el alba, dejando una memoria de risas desabridas, de silencio agridulce, de sudor y piojos.

A veces lo olvidamos. Juntos o separados, los que urdimos aquel tosco artificio nos vamos embarcando en proyectos de más altos vuelos, de más rica andadura, de más o menos riesgo. Pero él no nos olvida. Con los oídos alerta, espera agazapado en Dios sabe qué limbo de tercera clase hasta que, inopinadamente, renace de su polvo y sus cenizas como un Ave Fénix de astroso plumaje. Y nos obliga a recordarle, a recordarnos, a recrearle, a recrearnos.

También nos obligó durante un tiempo a procurarle nueva encarnadura. Cuando los tumbos de esta mudable profesión separaron a los actores que le dieron origen, hubo que encontrar otros capaces de arrastrar el arcón de sus pingajos por nuevos derroteros. Con carne y sangre frescas, siguió negándose al olvido y la muerte... hasta reunir de nuevo a sus antiguos amos... ¿O esclavos?

Y, de pronto, han pasado diez años. Diez años de vida. ¿Quién los ha dado a quién? ¿Hemos estado haciendo *Ñaque* estos diez años, o acaso *Ñaque* nos ha estado haciendo a nosotros, confrontándonos una y otra vez —hasta casi cuatrocientas— con aquellos que fuimos? ¿Qué cúmulo de rostros, de lugares, de temores, de gozos, de pérdidas, de dones, han inscrito su huella en nuestra piel, al hilo intermitente y persistente de este fugaz encuentro de Ríos y Solano?

Vosotros que ahí, en la semipenumbra de la sala, ejecutáis el solemne rito de mirar y escuchar, si acaso estuvisteis también allí aquella noche, pronto hará diez años, cuando *Ñaque* nació, o en algún otro de sus avatares, acompañadnos esta noche en el recuerdo. Si no estuvisteis, si compartís hoy, por primera vez, esta rara, paradójica aventura de un ser efímero que se empeña en durar, acompañadnos en la esperanza. Empiezo a sospechar que, efectivamente, los piojos son inmortales.

5. LA PUESTA EN ESCENA DE *ÑAQUE* SEGÚN LA CRÍTICA TEATRAL

Gonzalo Pérez de Olaguer:

«Teatro Fronterizo» divierte y asombra al público de Sitges

Un extraordinario montaje de Sanchis Sinisterra, lleno de gracia, original y de hallazgos; espléndido el trabajo de los dos únicos actores, Luis Miguel Climent y Manuel Dueso.

....

El público se lo pasó a lo grande, disfrutó y aplaudió con fuerza. Ciertamente es un bello espectáculo teatral con fuerte sentido creacional y que explica también lo que es la condición de actor.

(*El Periódico de Catalunya,* Barcelona,
31 de octubre de 1980, pág. 26).

J(osep) U(rdeix):

Los caminos del ñaque

Todo cuanto pueda yo decirles acerca del frescor, galanura y vivacidad de esta puesta en escena, casi sería poco. Los dos actores, acompañados del baúl de los disfraces, actuaron con eficacia y buenos recursos escénicos a lo largo de la representación, crearon el ambiente propicio desde el comienzo de la obra y lo mantuvieron con ritmo ágil durante el desarrollo de la misma.

(*El Correo Catalán,* Barcelona,
31 de octubre de 1980, pág. 42).

Moisés Pérez Coterillo:

Sitges'80, *Ñaque* premio Artur Carbonell

El premio «Artur Carbonell», el único que tiene una dotación económica y que va destinado a reconocer el mejor espectáculo que se estrene en el curso del Festival, correspondió este año a un insólito montaje de un no menos insólito colectivo teatral. «Ñaque» (o de piojos y actores), presentado por el Teatro Fronterizo, con dirección y dramaturgia de José Sanchis Sinisterra.

....

Luis Miguel Climent (Ríos) y Manuel Dueso (Solano) son los componentes de este *Ñaque,* de cuya mano se inicia un viaje por la literatura marginal del Siglo de Oro, réplica al teatro instalado y protegido de los corrales de comedias de las ciudades. Sin su trabajo, estos actores —muy jóvenes, casi primerizos—, que han sabido transformar su pasión y su deslumbramiento en un ejercicio de medida, en un muestrario de oficio, en una demostración de transiciones perfectas desde el patetismo a la exaltación, desde la desolación al juego gozosamente compartido, sin ellos, decimos, este experimento se hubiera venido abajo.

(*Pipirijaina*, núm. 16, Madrid,
septiembre-octubre de 1981, pág. 41).

Estreno de *Ñaque,* de Agustín Rojas, en el certamen de Sitges

El estreno de *Ñaque* sobresalió por su singular montaje, realizado por el Teatro Fronterizo bajo la dirección de José Sanchis Sinisterra, quien rebuscó entre textos olvidados para dar con la dimensión teatral del espectáculo. Con dos únicos intérpretes, Luis Miguel Climent y Manuel Dueso, el clima escénico va creciendo en intensidad a medida que transcurre la acción establecida.

Esta obra sirve para dar una visión singular de nuestro Siglo de Oro. Las largas y entusiastas ovaciones de un teatro lleno a las dos de la madrugada demostraron la importancia de este espectáculo estrenado en Sitges.

(*El País,* Madrid,
31 de octubre de 1980, pág. 37).

P. Espinosa Bravo:

Ñaque, premio al mejor espectáculo

Por la tarde, se daría una segunda representación de *Ñaque o de piojos y actores,* que, a la postre y muy justamente, lograría el premio Artur Carbonell al mejor espectáculo inédito del Festival.

....

José Sanchis Sinisterra —director también del montaje— ha conseguido crear una convincente propuesta que cuenta con la gran labor actoral del ñaque —formación de dos actores— compuesto por Luis Miguel Climent y Manuel Dueso.

(*Diario de Barcelona,*
4 de noviembre de 1980, pág. 13).

María-José Ragué Arias:

Sitges premió al Teatro Fronterizo

Espectáculo que contiene además de una admirable dirección e interpretación, por parte de Luis Miguel Climent y Manuel Dueso, un importante trabajo de investigación teatral y dramatización de nuestros clásicos que le valió un gran éxito y varias repeticiones del espectáculo, amén del premio Artur Carbonell. Lo único que podemos objetar al mismo es su excesiva duración —dos horas ininterrumpidas— que, de reducirse en veinticinco o treinta minutos, lo convertiría en un espectáculo perfecto.

(*Tele/Exprés,* Barcelona,
4 de noviembre de 1980, pág. 21).

Joaquim Vilà i Folch:

El Teatro Fronterizo, Premi Artur Carbonell

Amb una interpretació espectacular, Luis Miguel Climent i Manuel Dueso es van guanyar fàcilment el públic, malgrat l'hora avançada en què es representava.

(*Avui,* Barcelona,
4 de noviembre de 1980, pág. 30).

CLARA FUENTES:

De piojos y actores

Luis Miguel Climent y Manuel Dueso hacen un trabajo duro y estremecedor. Ea un pulso con el público, con el tiempo, con la semiología y la soledad. Por ellos transita el nervio sustentador del espectáculo. Narran, interpretan, juegan, desafinan, comen, gimen, se despiojan, reflexionan, se interrogan...

....

Del hilvanado dramatúrgico trazado por Sanchis, de la elabora-da y meditada interpretación, se desprende lo más actual y más universal del espectáculo: ¿cuál es la condición del actor hoy, dónde están los piojos y trampas que lo reducen las más de las veces a bufón de las minorías dominantes? ¿Qué sucede con la relación espectáculo-actor y público? ¿Cuándo y cómo el teatro surge?

....

En tanto que director, Sanchis ha logrado —con la plástica escénica de Ramón Ivars— conjugar e imprimir un sello preciso al conjunto. Rigor, precisión, encaje, coherencia..., alegría y co-micidad plebeya que conduce a una paulatina desolación en la última parte: hombres indefensos estos cómicos —y espectado-res— que se debaten contra la soledad, la nada, el vacío y la angustia que ello determina. Excelente trabajo.

El Teatro Fronterizo con este espectáculo apuesta por una con-cepción estética, pero también por una manera de producir. Su ex-periencia engloba una determinada manera de ensayar, enfocar la dramaturgia, relacionarse con el público, entender la difusión tea-tral. No es la habitual y por ello lo silencia el modo de producción teatral dominante. Sin embargo, es una vía real de transformación de nuestro teatro. ¡Que no nos la ahoguen los liberales a la violeta!

(La Calle, núm. 143,
16-22 de diciembre de 1980, págs. 60-61).

Gonzalo Pérez de Olaguer:

Los actores y los piojos del Siglo de Oro, en la Villarroel

Este *Ñaque* dirigido por Sanchis Sinisterra con el Teatro Fronterizo es un extraordinario montaje lleno de gracia, original y de hallazgos, directo, de inmediata comunicación con el espectador.

....

Los dos únicos personajes (Luis Miguel Climent y Manuel Dueso) representan de alguna manera la condición del actor de todos los tiempos; todo con gracia, humor y sentido de lo popular.

(El Periódico de Catalunya, Barcelona,
4 de febrero de 1981, pág. 2).

Ruiz de Villalobos:

«Ñaque o de piojos y actores»,
una ironía sobre todo el teatro

Hemos hablado con Sanchis Sinisterra...

....

—En relación con otras obras dirigidas por ti, ¿qué es lo que hay de diferente para una obra que solamente cuenta con dos actores?
—Justamente lo que tiene, más que de nuevo, pero sí un paso más en nuestro trabajo, es el proceso de desnudamiento de lo teatral; el dejar el teatro en sus elementos imprescindibles, que son el actor, el texto y el público.

(Diario de Barcelona,
4 de febrero de 1981, pág. 15).

Joan De Sagarra:

Agustín de Rojas a la Salsa Beckett

«Aún me estoy preguntando por las razones del éxito en Sitges de este espectáculo», afirmaba su autor en una entrevista. «Una posible explicación —seguía diciendo Sanchis Sinisterra— podría estar en que la gran mayoría del público era gente de teatro, y el montaje es un acto de amor al arte escénico, y sobre todo, al actor, que es carne y sangre de la puesta en escena».

....

Comparando este trabajo con otros trabajos «brillantes» que hemos visto en torno a ese mismo tema, da la sensación de que sólo Sanchis se halla en posesión del negativo de esos personajes; los otros, son meras copias. Cuando se ilumina la escena, una escena desnuda, negra, lamida por una luz blancuza, de pista de circo pobre, escuchamos las voces de los cómicos, Ríos y Solano, que se buscan. «Ríííooooos»..... «Solaaanoooo». Las voces se repiten, se buscan hasta que los dos cómicos se encuentran. Ante el público, agazapado en la penumbra. Es el público de siempre, el de 1615 y el de 1981. Y los cómicos le temen. Y le provocan. O mejor, hacen como que le provocan, para quitarse el miedo que les producen esos ojos y esos oídos, que miran y escuchan, que les miran y les escuchan, que les espían, mudos, distantes, fríos, tan distintos de esos piojos, tan familiares, que son la rémora —iba a decir la única rémora humana, entrañable— de su oficio. Oficio de marginados. Marginados por una sociedad que mira y escucha, en la penumbra, a los monstruos, es decir, a los-que-se-muestran, etimológicamente hablando.

....

En cuanto a la interpretación y la dirección, excelentes. Luis Miguel Clíment (Ríos) y Manuel Dueso (Solano) son dos intérpretes serios, con recursos, que traducen admirablemente esa inquietud beckettiana a la que antes me refería. La dirección de

311

Pepe Sanchis es cuidadosa, rica, rica en hallazgos, de un anacronismo liberador, y una vez más, entrañable. Por último, hay que mencionar la satisfacción que le produce al espectador escuchar el castellano de Agustín de Rojas. ¡Ya era hora! Con tanta reivindicación literario-autonomista empezábamos a olvidarnos de que el Siglo de Oro también es algo nuestro.

(*La Vanguardia,* Barcelona,
6 de febrero de 1981, pág. 53).

JOSEP URDEIX:

Ñaque. Homenaje al teatro del Siglo de Oro

El punto de partida, pues, de José Sanchis para aderezar este montaje ha sido el de resucitar el clásico «ñaque» y buscarle una propuesta de vitalidad y viabilidad para nuestros días. Y si el punto de partida es sugerente, más lo es su punto de llegada, la propuesta global del espectáculo, que da de lleno en el clavo al presentar un montaje escénico que ha hallado la justa medida para compaginar la erudición y la popularidad.

(*El Correo Catalán,* Barcelona,
6 de febrero de 1981, pág. 27).

GONZALO PÉREZ DE OLAGUER:

Ñaque, o de piojos y actores

Excelente espectáculo; bien hecho, divertido, lleno de ritmo y hallazgos. Insólito, a partir de los elementos que utiliza: historias marginales del Siglo de Oro, refranero, documentos de la época y también un largo texto de Agustín de Rojas.

El encaje de escenas, el ritmo del texto (que tiene una adecuada respuesta en el escenario), la frescura del espectáculo, su enorme fuerza comunicativa y ese justo punto de válida investigación dramática hacen de *Ñaque o de piojos y actores* un montaje totalmente recomendable, en la práctica seguridad de que quien pase por la Villarroel se topará con un espectáculo poco menos que insólito pero gozosamente atractivo.

Digamos también que es un trabajo que busca desafiar a lo establecido, que levanta en el escenario un mundo de historias y cosas sustentado en la documentación y vehiculizado por el gran trabajo de los dos únicos actores.

....

Desde el ayer llegan al hoy escénico —un espacio vacío— dos actores que actúan ante este público y en algunos momentos comentan sus reacciones. Desnudez total: un arcón, barbas, infinidad de trastos... piojos, voz y gesto. La dramaturgia de Sanchis Sinisterra da coherencia al torrente de información, da unidad al montaje y, sobre todo, a lo que se quiere decir. Si, por un lado, se incide (y con resultados muy positivos) en el siempre abierto tema de la validez actual de los clásicos, por otro, se consigue una coherente y rigurosa propuesta reflexiva sobre aquellos temas antes apuntados.

(El Periódico de Catalunya, Barcelona, 6 de febrero de 1981, pág. 35).

RUIZ DE VILLALOBOS:

El desafío de la aventura teatral

Hay momentos en la obra, que cuenta con una escueta escenografía, en los que las situaciones por las que pasan los dos protagonistas —Ríos (Luis Miguel Climent) y Solano (Manuel Dueso)—, recuerdan a algunos aspectos de aquel famoso *Esperando a Godot.* Ese vacío de lo que se hace y por qué se hace, ese estar en un lugar sin saber exactamente las razones, limita, en cierta medida, con ese aspecto del absurdo beckettiano.

....

De ahí que *Ñaque* deba ser interpretado como un reto. Reto que se inicia a partir de los presupuestos con los que José Sanchis Sinisterra se plantea la puesta en escena y el desarrollo de la interpretación. Desde ese escenario absolutamente vacío, ausente de todo tipo de magnificación escénica, hasta el preciso, articulado y meticuloso trabajo de los actores.

....

Sanchis Sinisterra ha hecho un trabajo de dramaturgia sensacional, que se ve refrendado por las excelencias de una interpretación fuera de toda calificación. Tanto Luis Miguel Climent como Manuel Dueso (tanto monta, monta tanto) realizan un trabajo agotador y exhaustivo, un ejercicio que tiene mucho de carrera de obstáculos, incluso de combate, peto mediante el cual logran poner de relieve que, pese a su juventud, son poseedores de un oficio y de un equilibrio expresivo, en el que combinan perfectamente el patetismo y la exaltación, en un juego gozoso de gestos y decires, de silencios y muecas.

Ñaque o de piojos y actores es, por otra parte, la confirmación de José Sanchis Sinisterra como uno de nuestros más inteligentes y sugerentes hombres de teatro.

(Diario de Barcelona,
6 de febrero de 1981, págs. 16-17).

Nel Diago:

Ñaque, o de piojos y actores, por el Teatro Fronterizo

Ñaque... es también un excelente espectáculo, que cuenta con una puesta en escena seria, rigurosa (Sanchis Sinisterra da una lección magistral de buen oficio teatral); con una interpretación impagable (¡qué bien hacen su trabajo esos dos jóvenes y desconocidos actores: Luis Miguel Climent y Manuel Dueso!); con una plástica escénica inmejorable.

«Excelente», «magistral», «impagables», «inmejorable»... ¡Qué pobreza de adjetivos para transmitir el caudal de emociones que uno experimentó contemplando este montaje tan elegantemente sobrio, tan ricamente complejo, tan sutilmente inteligente!

(Cartelera Turia, Valencia,
11-17 de mayo de 1981).

JOAQUÍN ARANDA:

«Ñaque, o de piojos y actores»

El espacio vacío del escenario, un area con el más modesto vestuario que pudiera imaginarse, las luces inmóviles y dos actores le bastan al Teatro Fronterizo para contruir uno de los más bellos espectáculos que he podido contemplar en Zaragoza en lo que va de año.

....

Si admirable es el texto, no menos admirable es la labor de dirección de su autor: José Sanchis Sinisterra, al evocar ese mundo que previamente había retratado en su texto, ha sabido rehuir todas las trampas para conseguir teatro al ciento por ciento: un teatro «pobre» por la modestia de sus apariencias, pero infinitamente rico por su contenido. «Teatro sobre teatro», pero rebosante de vida. Teatro que se finge frívolo, pero que esconde en cada movimiento, en cada variación de sus temas fundamentales (de su tema fundamental, que es el teatro mismo), una labor profunda de depuración y de búsqueda de una verdad y una vida que precisan pérdidas para siempre.

¡Y qué actores, Dios mío! ¡Qué formidables actores son Luis Miguel Climent y Manuel Dueso! Hacen vivir a ese «ñaque» que ha resucitado de la tumba de la erudición José Sanchis Sinisterra

315

con tal espontaneidad, tal alegría, tal patetismo, cuando es el caso, y siempre con tan extraña, secreta elegancia bajo las toscas apariencias, que resultan absolutamente irresistibles.

¡Bravísimo!

(*Heraldo de Aragón,* Zaragoza,
5 de noviembre de 1981, pág. 17).

Lorenzo López Sancho:

Una grata renovación del «ñaque», primaria forma del teatro español

El «ñaque» organizado por Sanchis Sinisterra hizo las delicias del Festival de Sitges del año pasado y a esa representación me referí entonces en mis pocas crónicas sigetanas. Con toda justicia, el jurado discernió entonces al «Teatro Fronterizo» el Premio Artur Carbonell y en verdad lo merecían la selección de textos, la idea escenográfica en que han sido plantados y la acción interpretativa de Climent como Ríos y Dueso como Solano.

....

Como Climent y Dueso llevan mucho más de un año con su «ñaque» a cuestas por teatros y otros lugares, aquel espectáculo de Sitges se ha ido decantando, perfeccionando, sin automatizarse, sin mecanizarse. El diálogo de los dos actores hampones sigue estando lleno de alegrías y sorpresas para el espectador, que se encuentra ante los decires rufianescos, populares, cargados de sabiduría refranera a lo Sancho Panza, animados de momentos o páginas de *El viaje entretenido,* de Agustín de Rojas, que viene a vertebrar este juego aparentemente improvisado, rebozado de alusiones a romances antiguos, de fragmentos sacados del Códice de Autos Viejos, donde aparece tal cual escena de *La Serafina,* de Alonso Vega, un verso clásico, otro dicho de hoy engastado perfectamente en la trama coloquial de ayer, para producir una acción viva, rica en pausas y trucos, voluntariamente pobre, pero por eso mismo muy gráfica, de recursos escenográficos.

(ABC, Madrid,
11 de diciembre de 1981, pág. 58).

Pablo Corbalán:

Teatro popular del xvii: el «ñaque»

Ahora, en el Teatro Español, se puede asistir a unas sesiones de ñaque que ofrece el grupo Teatro Fronterizo.

....

Los textos que recitan, los diálogos que promueven, el humor que rebosan, la vitalidad que exhalan, desmienten inmediatamente esa intentona y, a no ser porque al final vuelve a repetirse, nada quedaría de ella. Otro reparo habría que ponerle a la duración de la representación. Un poco más corta, y todo hubiera resultado perfecto.

Dicho esto, lo que importa al espectador es la pequeña y feliz fiesta que el ñaque proporciona. *De piojos y de actores* es su título, y se le califica como «mixtura joco-seria de garrufos varios sacada de diversos autores». Unos palos, un baúl para los bártulos y disfraces son los elementos que se escenifican. Y entre ellos, la gracia de la picaresca de los caminos, ventas y aldeas del siglo xvii, devuelta con gracia y eficacia por dos actores estupendos.

(Hoja del Lunes de Madrid,
14 de diciembre de 1981, pág. 54).

Julio Trenas:

Los comediantes como espectáculo

La virtud de la palabra es esencial en *Ñaque o de piojos y actores.* El espectáculo queda enmarcado por las telas de una cámara negra. Su categoría y dignidad justifican el premio del Festival Internacional de Teatro de Sitges que le fue adjudicado. El público aplaudió largamente.

(La Vanguardia, Barcelona,
11 de diciembre de 1981, pág. 54).

JUAN EMILIO ARAGONÉS:

Ñaque o de piojos y actores según José Sanchis Sinisterra

ESCENIFICACIÓN

Luis Miguel Climent y Manuel Dueso se manifiestan aquí como dos intérpretes de cuerpo entero, en sus respectivas creaciones de «Ríos» y «Solano» —personajes principales de *El viaje entretenido,* junto a «Ramírez» y al propio autor-cómico «Rojas», de los que esta versión prescinde, que de otro modo no sería *Ñaque*—, levemente sustentados en la apoyatura de muy sobrios recursos escenográficos: un baúl, tres palitroques que enmarcan cortina de burdo tejido y nada más que no sea la expresividad de sus vitalistas, entusiasmantes coloquios; verdaderamente, la versión inteligente y mesurada del dramaturgo hace que los cómicos encarnen con perfección lindante con el virtuosismo a sus personajes irrisorios/risueños, hambrones y esperpénticos, soñadores y pícaros, trotamundos y populistas, piojosos y reflexivos... arquetipos de una constante española que perdura al través de los años, de los siglos.

Hay que concluir, por todo lo escrito, proclamando como muy válida y sugestiva la propuesta teatral ideada por Sanchis Sinisterra mediante la actualización de su *Ñaque o de piojos y actores.*

(Nueva Estafeta, núm 37,
diciembre de 1981, pág. 121).

F. García Pavón:

El Teatro Fronterizo vuelve de Barcelona a Madrid

Decía más arriba que llegué al Español poco animado con el programa, pero luego, aunque el texto resulta a veces algo reiterativo de motivos y situaciones, gracias a la hábil selección y colocación de los textos, aunque nada nuevo aporten, y a la gracia de Luis Miguel Climent, y sobre todo de Manuel Dueso, el espectáculo se vio con gusto, y el público, que fue el típico de las inauguraciones de temporada en el Español, aplaudió con ganas.

(Ya, Madrid,
11 de diciembre de 1981, pág. 45).

Eduardo Haro-Tecglen:

Homenaje al cómico

El diálogo dura hora y media; la impresión general, sin embargo, es la de que es largo. La tendencia general, ahora, de los directores es la de cortar los textos que parecen largos. Es un error o una resignación. A un texto que parece largo generalmente no le sobra algo, sino que le falta algo. No es un problema de longitud, sino de densidad, de peso específico. El texto de *Ñaque* parece largo en sólo hora y media, porque tiene una situación única y porque los estímulos introducidos en él para irle dando nueva vida —la representación de fragmentos clásicos— no son suficientes. La interpretación se añade a esa monotonía.

Los actores arrancan muy bien en el medio tono del diálogo íntimo; pero pronto se pasan a la sobreactuación. Es curioso que cuando unos actores imitan en el escenario a los actores malos, lo único que hacen sea exagerar los vicios de la teatralidad que comúnmente usan. En esta pareja llega un momento en que los dos planos —la exageración buscada al suponer que son viejos cómicos trashumantes y la intimidad de la conversación propia— se llegan a confundir en uno solo; y el gesto y la voz se adulteran.

319

Hay que hacer la salvedad de que esta posible monotonía está observada en una segunda representación —el jueves por la tarde— con escasísimo público —una injusticia que probablemente se corregirá, porque, a pesar de todas las objeciones, el espectáculo merece verse y ser aplaudido— y que puede que una de las virtudes de este espectáculo sea la comunicación directa entre actores y espectadores, y esa virtud se perdió. Los actores recibieron poco estímulo de la platea: no por falta de interés del público —que lo demostró—, sino por su escasez.

(El País, Madrid,
12 de diciembre de 1981, pág. 31).

EDUARDO G. RICO:

Ñaque o de piojos y actores, una mixtura joco-seria

Sinisterra «compone y adereza» a su gusto esta «mixtura», transformada en diálogo vivo e ingenioso, a través del cual rememoran hechos, se intercambian anécdotas, parodian actuaciones, desnudan su interioridad los dos actores. Duro trabajo el de Luis Miguel Climent y Manuel Dueso. Tras la aparente nadería de lo que representan se esconde, y a veces aflora a la superficie, una reflexión sobre la condición del actor, amarga y hasta desesperada. Esta reflexión llega, a mi modo de ver, más lejos, convirtiéndose en una meditación sobre la condición humana.

Dirección e interpretación son excelentes y poseen una garra popular indudable. Lo que a primera vista podría parecer una sarta de trivialidades, cobra, gracias a aquéllas, una significación honda, que infunde calidad a la representación.

Vale la pena, sinceramente, contemplar este «ejercicio» del Teatro Fronterizo, que devuelve a la vida una de las varias fórmulas populares que el arte escénico español adoptó en sus primeros pasos.

(Pueblo, Madrid,
12 de diciembre de 1981, pág. 20).

M. Díez-Crespo:

Ñaque o de piojos y actores, en el Español

Y en efecto, aquí tenemos un *Ñaque* con su desvergonzada expresión, su gracia y donaire, su alegría y dramatismo. Aquí tenemos divertidos e ingeniosos ejemplos de la cultura popular, también extraídos de ingenios menores del gran Siglo de Oro. Y aquí están los dos cómicos, Ríos y Solano, también hoy esperando un poco a Godot, con otro aire entre la espera, la esperanza y la desesperación más alegre y burlona. Buenos textos, gracia popular y culta, y una buena interpretación por parte de Luis Miguel Climent y Manuel Dueso, según la acertada dramaturgia de José Sanchis Sinisterra. Un pasatiempo a la manera clásica con sabores de la escena de hoy. Noble empeño.

(El Alcázar, Madrid,
17 de diciembre de 1981, pág. 32).

Jose A. Gabriel y Galán:

Qué hacer con los brillantes ejercicios

Dicho esto, es preciso insistir en que el espectáculo es sólido desde el punto de vista intelectual y técnico (quizás un poco demasiado largo). La dirección del propio Sanchis Sinisterra es totalmente convincente. Y la interpretación de Luis Miguel Climent y Manuel Dueso es de *chapeau.*

(Fotogramas, núm. 1670,
enero de 1982, pág. 50).

6. CRÓNICA DE UN FRACASO*

Fracaso, sí. ¿De qué otro modo designar el resultado de estos años trascurridos en la frontera de la inexistencia? ¿Cómo nombrar, sino fracaso, la exigua cosecha que los trabajos y los días han proporcionado a este terco proyecto que inicia su décimo aniversario desde la misma penuria de sus orígenes?

Porque no sólo se trata de la ausencia de infraestructura material, de la insolvencia económica, de la inestabiliad de sus componentes, de la necesidad de recomenzar cada proyecto desde cero, de las incógnitas que ciernen su horizonte futuro. Se trata también del escaso interés —más bien habría que hablar de desconfianza— que ETF suscita en los responsables de la política teatral, tanto central como autonómica, en los circuitos de distribución de espectáculos, en los medios de comunicación —especializados o no— y, lo que es más grave, en los propios profesionales de la escena, sin hablar de los restantes ámbitos artísticos e intelectuales, en cuyas fronteras pretendía discurrir.

El balance no puede ser más desolador. A pesar de los doce espectáculos producidos —¡y en qué condiciones!— durante estos nueve años, de los siete talleres, seminarios y laboratorios y de sus restantes iniciativas —Asociación ESCENA ALTERNATIVA, *marathones* Cortázar y Beckett...—, ETF no ha sabido conquistar su derecho a un modesto espacio, a una discreta presencia en el panorama teatral de nuestro país. Han sido los suyos, sin duda, «trabajos de amor perdidos», esfuerzos errados, tentativas desafortunadas, en desfase evidente con los nuevos rumbos, con las nuevas tendencias que mueven nuestra escena.

El hecho de que algunos espectáculos, algunas iniciativas de ETF hayan merecido elogiosos comentarios y cordiales palmaditas en la espalda, o de que varios montajes hayan rozado las trescientas representaciones, superado los cinco o seis años de vida y hasta recorrido media docena de países —todo ello con ridículo apoyo oficial, cuando no sin ninguno—, no son sino tenues ex-

---

* *Primer Acto*, núm. 222, enero-febrero de 1988, págs. 24-25.

cepciones que no modifican el diagnóstico general: ETF no interesa a nadie. Puede seguir consumiéndose en la sombra.

Y es que los errores se pagan caro. Y ETF ha cometido varios, algunos de ellos imperdonables, impresentables. Por ejemplo, ha emprendido proyectos desmesurados, sin contar con los medios adecuados y sin las suficientes garantías de éxito. ¿Cómo y por qué acometer la realización de un espectáculo cuyos resultados son, a todas luces, dudosos? ¿Por qué y cómo lanzarse a un proyecto creativo en el que predominan las incógnitas por despejar, las preguntas, en lugar de hacerlo con un buen surtido de respuestas, de fórmulas, de recetas capaces de asegurar la masiva aceptación, el aplauso unánime?

Porque, no lo olvidemos, tales son las consignas imperantes: hay que hacer un teatro que guste a todos los públicos, que gratifique todos los estómagos, que no moleste a nadie (y, si lo hace, que sea sólo a «los de siempre», que resulte muy divertido, que esté muy bien presentado: así podrá sufragarse y consumirse como cultura popular y democrática). Es el signo de los tiempos: las «masas» son un concepto cuantificable estadísticamente... y electoralmente.

¿Y la investigación? ¿Y la experimentación? ¿Y el sentido del riesgo inherente a la creación artística? ¿Y su derecho al fracaso? ¿Y los circuitos marginales?... Ah, bueno: eso son tópicos trasnochados, supervivencias del «teatro independiente» o vestigios elitistas.

Y algo de eso hay. ETF arrastra algunos de tales tópicos y vestigios, no tanto por una cazurra cuestión de principios —aunque también—, como por cierta flema o inercia histórica que le impide adaptarse a las aceleradas mutaciones de la flamante contemporaneidad.

Este talante anacrónico y moroso, este transitar cachazudo por los problemas prácticos y teóricos del quehacer teatral propio, mientras lo ajeno sobrevuela ágilmente modos y modas novedosos, conlleva la incapacidad para integrarse en los sutiles mecanismos del «marketing» cultural, incuestionable panacea del resurgimiento teatral en nuestro país.

Demasiados errores, demasiadas torpezas... Porque otros los cometen también, es cierto; otros urden también engendros escénicos que, en el sentir unánime —pero no siempre en el decir—

constituyen monumentos a la mediocridad, rancios estofados dramáticos condimentados con viejos ingredientes y nuevas salsas. Pero algo les redime en el sentir unánime: han dilapidado en su confección cuantiosos presupuestos públicos y, lo que es más loable, no han escatimado recursos ni nombres para asegurarse el éxito, no han incurrido en la menor sospecha de riesgo ni aventura. Todo estaba previsto y calculado para dar en la diana de la general complacencia. Es un detalle irrelevante que el producto final resulte indigerible. La operación, en líneas generales, ha tenido resonancia pública, y eso es lo que importa. La próxima, quizás, con más millones, ofrecerá además el suplemento de algún mérito artístico...

Desde una lúcida conciencia de fracaso, pero sin la más mínima autocompasión, ETF inicia ahora su décimo año de labor. Y lo hace con un ambicioso programa, en evidente desproporción con sus posibilidades reales, inadecuado a su alarmante situación clínica. Pero, curiosamente, el escepticismo no le es paralizante. En las antípodas del desencanto, la mirada cansada que revisa las huellas del camino recorrido, los frutos del trabajo realizado —inverosímil, pero real— persiste en asomarse, tenaz, hacia el futuro.

Enero-87

POSTDATA: UN AÑO DESPUÉS

Los doce meses transcurridos desde que el texto precedente fue escrito han supuesto, preciso es reconocerlo, algunas modificaciones en la situación objetiva de ETF y, lo que es quizás más importante, en el talante subjetivo de sus componentes. La concentración de esfuerzos en un único montaje —«**Minim.mal Show**»— y en la constitución de una infraestructura organizativa sencilla pero rigurosa, así como la respuesta finalmente positiva de la Administración —en concreto, el I.N.A.E.M.— al S.O.S. lanzado a principios del 87, han disipado algunas de las sombras que, durante diez años, amenazaron su continuidad.

Bien es verdad que, al redactar estas líneas, penden aún serios interrogantes sobre el futuro de ETF. La falta de una sede propia —perdido el anterior local por insolvencias varias—, la incertidumbre de las prometidas (?) ayudas oficiales, la endeblez presupuestaria y el alto riesgo estético con que se emprende el próximo espectáculo —«Pervertimento»—, las siempre dudosas condiciones de explotación de los tres montajes en repertorio —Ñaque», «Primer amor» y «Minim.mal show»—... son factores que, directa o indirectamente conectados con lo económico, comprometen la estabilidad del actual equipo y, por lo tanto, el mantenimiento de las coordenadas artísticas, conceptuales e ideológicas que definen su especificidad.

No obstante, en otros aspectos, las circunstancias comienzan a presentar un cariz más favorable, como si el éxito del último montaje hubiera bastado para perdonar pasados fracasos, o como si la constatación de los DIEZ AÑOS, DIEZ de labor —de los que se hizo eco un solidario artículo de Carlos Espinosa en la revista *El Público*— produjera de golpe la vaga necesidad de proceder a alguna forma de reparación. Se percibe, sí, como una atmósfera de cordial, animosa expectativa frente al remozamiento de ETF, que parece renacer de sus cenizas con cierto aire de juvenil «modernidad»...

No conviene confiarse demasiado: los nuevos miembros adolecen de la misma falta de tacto, oportunidad y sentido de la complacencia que la «vieja guardia», y abrigan una similar propensión a la fabricación de artefactos dramatúrgicos y escénicos infrecuentes, con pertinaz olvido del mercado cultural.

Y aquí está el problema, y no sólo en las circunstancias más o menos propicias que puedan afectar, intrínsecamente, a la situación de ETF. Porque, mientras la mayor parte de la oferta teatral del país siga arrastrada por esa espiral del despilfarro que equipara el arte con un artículo de lujo, mientras los productos de la actividad escénica profesional, cada vez más costosos, sigan vaciándose cada vez más de *sentido,* de *función,* de *necesidad,* EL TEATRO FRONTERIZO continuará siendo un frágil anacronismo, pronto a verse arrasado y anegado por *«las heladas aguas del cálculo egoísta»,* como decía aquél...

Enero-88

7. TEXTO INTRODUCTORIO EN EL PROGRAMA DE MANO DE *¡AY, CARMELA!*

¡Ay, Carmela! no es una obra *sobre* la guerra civil española, aunque todo parezca indicarlo. La acción transcurre, sí, en marzo de 1938, y nada menos que en Belchite, símbolo descarnado y real —aún hoy: visitad sus ruinas— de la feroz contienda fratricida que destruyó y marcó a varias generaciones de españoles. Reales son también, y descarnadas, las circunstancias bélicas y de otro tipo que enmarcan e impulsan la trama, que zarandean y hieren a los personajes. Pero son éstos, y no la guerra, quienes se erigen en sustancia y voz de un acontecer dramático totalmente ficticio, en soporte y perspectiva imaginarios de la tragedia colectiva.

Carmela y Paulino, con sus «Variedades a lo fino», son la cara humilde y jocosa, pero también tierna y patética, de un acontecimiento histórico trascendental que, evidentemente, desborda sus escasas luces, supera su mínima conciencia política, arrasa su nula capacidad de acción. Ellos no son más que «artistas» —¡y de qué rango!— que sólo aspiran a sobrevivir con su oficio en medio de unas circunstancias particularmente adversas para el «arte»... y para la vida.

Su mala estrella —y los altos designios estratégicos del Estado Mayor franquista— les mete de hoz y coz en el mismísimo «teatro de operaciones» de la gran ofensiva nacional de la Zona del Ebro. Y desde el otro *teatro,* el suyo, el verdadero, el de candilejas y bambalinas, intentarán salir del paso, aguantar el tipo, sortear la tormenta. ¿Cómo? Aceptando representar una improvisada Velada Artística, Patriótica y Recreativa para celebrar, ante el ejército victorioso, la «liberación» de Belchite.

Esta Velada —que la Historia no registra, quizás por el hecho, estéticamente irrelevante, de que nunca existió— se produce en la imposible convergencia de una serie de factores difícilmente conciliables; de ahí, sin duda, su catastrófico desenlace. Dejando aparte la de por sí anómala promiscuidad de lo «artístico», lo «patriótico» y lo «recreativo» (¿y qué más?...), se da la penosa contingencia de tener que actuar *sub manu militari;* como quien dice, con la pistola en la nuca. Y, por añadidura, sin medios materiales, prácticamente «a pelo»... y sin tiempo para ensayar, o sea, a bocajarro... y, para colmo, con la regla a punto de presentársele a Carmela...

Pero todo ello podría superarse, al fin y al cabo, ya que Paulino y Carmela no son, precisamente, artistas exquisitos, exigentes, remilgados. Están acostumbrados a arrostrar toda clase de adversidades, a plegarse a toda clase de abdicaciones, como aquella vez, en Logroño, cuando, él afónico y ella tísica, tuvo Paulino que recurrir a su infamante don de pedómano para cumplir los contratos.

Lo que ya colma el vaso es esa ocurrencia del comandante: permitir la asistencia a la Velada, como «última gracia», de un grupo de prisioneros republicanos, de las Brigadas Internacionales, que han de ser fusilados a la mañana siguiente...

¿Puede el arte, incluso uno de tan dudosa altura, afrentar a la muerte? ¿Puede el teatro, incluso tan plebeyo, ostentar su grotesca carátula ante la impúdica desnudez de la muerte?

En cierto sentido, pues, podría decirse que *¡Ay, Carmela!* es una obra sobre el teatro *bajo* la guerra civil. O, también, una obra acerca de los peligros y poderes del teatro, de un teatro ínfimo, marginal, en medio de la más violenta conflagración de nuestra historia contemporánea.

¿Qué poderes? ¿Qué peligros? Aquellos que detenta y comporta ese ámbito de la evocación y de la invocación, esa encrucijada de la realidad y del deseo, ese laberinto que concentra y dispersa voces, ecos, presencias, ausencias, sombras, luces, cuerpos, espectros...

Redoma del sueño y de la vida, máquina dislocadora del tiempo, espacio electrizado de afectos, el teatro erige su frágil castillo de naipes en las fisuras de la dura e inhóspita realidad, para ofrecer a la memoria albergue seguro, nido duradero. La memoria, sí: única patria cálida y fértil de la rabia y de la idea.

8. LA PUESTA EN ESCENA DE *¡AY, CARMELA!*
SEGÚN LA CRITICA TEATRAL

Carmen Puyó:

Artistas de la emoción

Los dos actores, Verónica Forqué y José Luis Gómez, convierten la obra en un perfecto recital interpretativo. Hacen teatro dentro del teatro, cantan, bailan, nos hacen reír en muchas de sus escenas y nos convierten en espectadores de un doble espectáculo en el que se impone la participación. Su trabajo en este montaje, acompañado por una acertadísima escenografía, tan tenebrosa como la desventura de los dos personajes, les descubre una vez más como dos artistas camaleónicos.

(Heraldo de Aragón, Zaragoza,
7 de noviembre de 1987, pág. 3).

Antón Castro:

En el crisol del recuerdo

Con el soporte argumental de una pareja de artistas atrapados en el fragor de una guerra civil, en Belchite (geografía alegórica del terror, nido de sierpes), José Luis Gómez ha sabido construir un espectáculo que conmueve. No ha precisado ningún elemento marcial para darnos la impresión de tragedia colectiva; basta la sugerencia, la interpretación de los actores, para configurar una tragicomedia con figuras de carne y hueso, con espectros, con presencias acechantes. Ha levantado un escenario con edificios sombríos y ruinas presentidas, y ha sabido dotar al montaje de una cuidada iluminación (cuyo diseñador es Mario Bernedo): *¡Ay, Carmela!,* en cierto modo, es un montaje definido por la luminotecnia, pero también por el silencio que bosqueja la debilidad y el desamparo, y plantea el mundo imaginario del Teatro, con sus ínfimas plenitudes, frente al teatro absurdo de la guerra.

....

En la obra hay un aspecto que irrumpe por encima de todos: los intérpretes. Verónica Forqué y José Luis Gómez desarrollan una de las interpretaciones más bellas e intensas que recuerdo. En la vastedad de sus recursos y matices, la perfecta caracterización de los artistas humildes, con todas sus contradicciones y sus mínimas miserias; en su profunda ternura y cobardía, en la capacidad de transmitir sus temores, de dibujar personajes en la sombra y de comunicar, en suma, tanto Gómez como Forqué, maniatan al público, lo subyugan con asombro.

(*El Día,* Zaragoza,
7 de noviembre de 1987, pág. 30).

Moisés Pérez Coterillo:

Nos queda la memoria

La interpretación que José Luis Gómez y Verónica Forqué hacen de sus respectivos personajes, superadas las imprecisiones propias de las primeras funciones, son verdaderamente antológicas. El público que asistió a las primeras representaciones en el Teatro Principal de Zaragoza así supo entenderlo.

....

Pepe Rubio en el vestuario y Mario Bernedo en la escenografía han querido reproducir un teatrito provinciano con su embocadura propia, capaz de encastrarse sin violencia en cualesquiera que sean los espacios que se dispongan para la representación y asegurando el continente imprescindible para que el acto de magia teatral que supone la representación no sufra la intemperie, la improvisación ni la interferencia de otros espacios. Con todo, se trata de una máquina articulada y regulable, capaz de adaptarse a los escenarios de gira. Los efectos y la luz están meticulosamente ajustados y la música de Pablo Sorozábal Serrano llena de registros patéticos y nostálgicos los momentos más densos de la obra.

(El Público, Madrid,
núm 51, diciembre de 1987, pág 5).

LORENZO LÓPEZ SANCHO:

¡Ay, Carmela!, **sainete tragicómico de Sanchis Sinisterra**

José Luis Gómez ha puesto la magia mínima a la magia del texto.

....

Verónica Forqué compone, muy a su peculiar manera, el tipo de la tonadillera apegada a una realidad ínfima, fiel a una pauta más recibida que pensada. Atina en muchos matices, a veces se liquida con exceso la dicción, siempre pone humanidad y ternura en la composición de su tipo. Galiana perfila el personaje con la fuerza expresiva que le es habitual, aunque en muchos momentos se quede en lo exterior, esté escaso de convicción. En el segundo acto, mejor que el primero, el juego parodístico de una actuación de Carmela y Paulino ante la soldadesca opresora, la caricatura resulta graciosa. Verónica y Galiana se expresan libremente, ya que no tienen la obligación de actuar bien, de cantar bien, sólo de hacer una caricatura que se dramatiza por la circunstancia en que sus personajes se hallan y que va a desembocar en la muerte de la mujer y la soledad desesperada, sin dignidad, de su compañero.

....

Como espectáculo, *¡Ay, Carmela!* no es gran cosa. Ni el drama personal de Paulino, ni el sacrificio, desvaído en el tratamiento escénico, de Carmela, nos parte ya el corazón. El pretendido naturalismo de acciones como la reiterada micción de Paulino, vienen de un momento naturalista del cine de los años setenta, ya abando-

330

nado. Ni la escenografía ni el vestuario van más allá de lo anecdótico y usual. Todo está como un poco pasado.

(*ABC,* Madrid,
5 de octubre de 1988, pág. 93).

Eduardo Haro Tecglen:

Un acto de heroísmo cívico

La obra está basada en la interpretación de la actriz, y Verónica Forqué la borda. Siempre representa ingenuas, y ésta lo es, pero transida por algo más, capaz de tener una trascendencia, arrebatada por sus sentimientos. Consigue la creación del personaje hasta el punto de que parece escrito para ella. Manuel Galiana tiene el antipersonaje: el que tiene que ser cobarde para que resalte el heroísmo del otro personaje. Es, claro, el mal papel para un actor, aunque tenga sentido humano.

La obra gustó desde el principio, pasó por encima de las incomodidades del estreno —el calor, el largo retraso, el largo descanso— y llegó a un final de ovaciones que se transmitieron y redoblaron en la presencia de Sanchis Sinisterra y de José Luis Gómez con todos sus colaboradores. Se puede considerar un gran éxito.

(*El País,* Madrid,
5 de octubre de 1988, pág. 44).

Alberto de la Hera:

Sólo unos simpáticos números musicales

Entre las obras anunciadas en el Festival de Otoño de Madrid, *¡Ay, Carmela!* es una de las que habían despertado mayor expectación. Cierto que la pareja estelar, Verónica Forqué y Manuel Galiana, ha dado días de gloria al teatro, y que aún no se ha olvidado el trabajo de ambos en *Tres sombreros de copa,* la anterior ocasión en la que trabajaron juntos. Cierto, igualmente, que José Luis

Gómez es un excelente actor y director, uno de los grandes de nuestra escena en la actualidad.

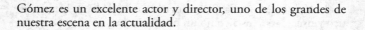

Por lo demás, hacía un calor denso —las obras del Fígaro no han incluido el aire acondicionado, que un espectador reclamó a voces al acabar el primer acto— y no se podía cortar el aire: el ambiente de los grandes acontecimientos.

¿Lo fue este estreno? Si atendemos a la interpretación, sí. Verónica Forqué y Manuel Galiana se superaron a sí mismos, pese a que sus papeles les ayudaban poco.

Por lo que hace al acto segundo, es mucho más divertido porque los dos cómicos actúan, es decir, bailan y cantan tal como se supone que lo hicieron en la Velada Patriótico-Musical que están recordando. No hay, pues, tampoco teatro, sino unos simpáticos números musicales. Y como Verónica Forqué y Manuel Galiana lo hacen estupendamente, en esta segunda parte se pasa mejor. Es más divertido ver bailar y oír cantar que soportar un relato más o menos adobado de fantasía.

Deseo que en días sucesivos sea el público que aplaudió y no yo, que hago la crítica, quien tenga razón, porque prefiero que haya un éxito detrás de todo estreno teatral.

(Ya, Madrid,
1 de octubre de 1988, pág. 51).

Jerónimo López Mozo:

¡Ay, Carmela!, la dignidad de los cómicos

Obras como ésta son el sueño de muchos actores. José Luis Gómez debió entenderlo así cuando decidió incorporarla al repertorio de su compañía. Se diría que el autor la escribió para los actores que la interpretan —Verónica Forqué y Manuel Galiana—, tal es el grado de identificación con los personajes que alcanzan. Pero no es así. Antes que Galiana, en su andadura por otras ciudades, Jose Luis Gómez actuó en el papel de Paulino. Dentro de poco lo retomará y Kiti Manver sustituirá a Verónica Forqué. Más adelante los intérpretes serán Kiti Manver y Manuel Galiana, cerrando de este modo todas las combinaciones posibles. Estoy seguro de que siempre se repetirá esa sensación de que los personajes han sido concebidos a la medida de sus intérpretes.

(Reseña, Madrid,
núm. 189, noviembre de 1988, pág. 15).

MOISÉS PÉREZ COTERILLO:

La tardía revelación de un autor

Seducido por la obra, buen conocedor del trabajo de Sanchis Sinisterra, a quien tuvo como dramaturgo en los montajes de *La vida es sueño* y de *Absalón,* José Luis Gómez ha llevado a su Teatro de la Plaza el texto pensado por el autor para el Teatro Fronterizo. Sin perder de vista las dimensiones del espectáculo, su producción ha querido potenciar su patetismo, su poesía, el tránsito entre lo grosero y lo sublime, el humor y la tragedia. El espacio creado por Mario Bernedo sobre el molde de un viejo teatrito de pueblo, que termina encastrándose dentro de la boca del escenario real en el teatro en que se representa, tiene la fragilidad, la contingencia, la irrelevancia que se corresponde con los hechos que pide la acción, pero al mismo tiempo es el perfecto contenedor de la magia, de la irrealidad, de la pesadilla que impone la memoria. Entre la realidad evocada y el deseo que se formula, la materia teatral resultante tiene la textura, la fiebre, la intensidad de los sueños, y la implacable lucidez de la conciencia.

Pocas veces un texto encuentra en el montaje su horma tan cómoda. Se diría, en contra de lo que habitualmente sucede, que el montaje trataba de reprimir cualquier tentación hacia lo espectacular y lo aparatoso, para no deformar el ámbito deliberadamente austero y el origen bastardo de los materiales de que se nutre. Tan sólo en un instante el montaje no supo alcanzar al texto. Y un instante crucial, como señaló la crítica, que parecía hurtado a los espectadores, el de la patética insurrección de Carmela, ondeando con los pechos desnudos la bandera republicana, deshaciendo la parodia grotesca y oportunista, para dar paso al pequeño heroísmo que iba a costarle la vida.

(Anuario Teatral 1988, Madrid,
Centro de Documentación Teatral, 1989, págs. 10-11).

Joan-Anton Benach:

¡Ay, Carmela!, un triunfo de la tragicomedia

El autor domina con especial ingenio el oficio de combinar la nota humorística con el alfilerazo trágico y en ambos extremos los diálogos se ajustan a una contención admirable, sólo vulnerada en la segunda parte, a lo largo de los números de «variedades a lo fino» que ofrecen los protagonistas. Dicho fragmento merecería una revisión, quizá no tanto de lo que dicen los artistas, sino de la forma —de la dirección, por tanto— que revisten sus ejercicios.

Es más aceptable la dosis de artificio que se cuela en la expeditiva liquidación de Carmela —remisa a la burla obscena de la bandera tricolor— que los excesos caricaturescos que se registran en toda la secuencia, una inflexión a la baja del tono del espectáculo y de la labor, por otra parte, magnífica, de José Luis Gómez. Quienes disfrutamos ya de una biología un tanto provecta, podemos certificar que ni el género más desastrado que un masoquismo juvenil nos hacía consumir en el Iris o en el Selecto, alcanzaba los niveles irrisorios que aparecen en el referido pasaje de *¡Ay, Carmela!,* donde lo grotesco priva sobre el ridículo. La payasada parece alzarse como el refugio a la impotencia de todo el equipo —director e intérpretes— por cuanto en ninguna circunstancia es imaginable la pobreza de los números de magia que se intentan y, de otra parte, para una parodia de cantantes zarzueleros se precisa un suficiente adiestramiento vocal que los personajes, Paulino (Manuel Galiana) en particular, no demuestran poseer.

A excepción de este bache —que además alarga innecesariamente la historia—, la obra es un puro deleite para el espectador.

....

Frágil y segura a la vez, descarada y entrañable, la figura que compone Verónica Forqué ofrece un poderoso atractivo al tiempo que Manuel Galiana efectúa, salvo en las escenas citadas, una de las actuaciones más sólidas de cuantas le recordamos; su mayor éxito es lograr que no añoremos al actor José Luis Gómez.

(*La Vanguardia,* Barcelona,
21 de marzo de 1989, pág. 18).

Gonzalo Pérez de Olaguer:

¡Ay, Carmela!, teatro de la emoción

Las excelencias de este espectáculo se basan a mi juicio en estos factores: el texto original es de una calidad, claridad y fuerza ejemplares; la dirección de José Luis Gómez, hábil como pocas y explorando hasta lo más recóndito las posibilidades escénicas de esos dos cómicos y de quienes los interpretan, y el trabajo de Manuel Galiana y Natalia Dicenta, de una gran comunicabilidad y emoción.

....

Tengo la sensación de que puede haber *¡Ay, Carmela!* para rato. Porque al hermoso entramado de la obra, a su juego entre humor e ironía, con esa implacable reflexión política desprovista de acidez, se une una felicísima interpretación de sus dos únicos actores.

Manuel Galiana domina el personaje, sus recursos, las vísceras de su Paulino, y le da efectividad escénica, matices y patetismo. Natalia Dicenta se enfrentaba aquí por vez primera al suyo. Y lo resuelve a lo grande, ganándose desde las primeras escenas cuanto

335

se le pone por delante. Una interpretación muy bien trabajada y mejor resuelta en cada momento.

(El Periódico de Catalunya, Barcelona, 1 de diciembre de 1989, pág. 60).

Joan-Anton Benach:

Seductora, tierna «Carmela»

Sin más dilaciones, les diré que tal novedad consiste en la presencia entrañable, luminosa, encantadoramente eficaz de Natalia Dicenta. Ella es aquí la Carmela que oculta su formación madrileña en una simpatía, fosforescencia y «autenticidad» andaluzas que se ajustan perfectamente a la idea que podíamos formarnos del personaje. Aun sabiendo que la comparación es odiosa, no hay duda de que la joven Natalia Dicenta suple con suficientes méritos el excelente trabajo de la experta Verónica Forqué que admiramos el pasado año en el ciclo de Granollers. La Forqué se escudaba con ahínco y malicia en las ocurrencias del texto; Natalia Dicenta se empeña en dibujarnos el personaje completo, en transmitir la cordialidad, la ingenuidad cálida y estremecedora que emana de esa «cómica» que desafió a las tropas fascistas recién entradas en Belchite, y transita del relato objetivo de los hechos a la condición de fantasma ultraterrenal con absoluta propiedad. Le preocupa menos a la actriz el chiste sobre el aparecido García Lorca, que surge con el traje «naturalmente» agujereado —recuerdo la pausa que hacía aquí Verónica Forqué, arrancando la carcajada del público—, que instalarse en la temblorosa ternura, en la compasión afectuosa que la difunta Carmela siente por su compañero Paulino (Manuel Galiana).

En el número de variedades que llena el segmento principal de toda la segunda parte, sigue habiendo algún exceso disparatado. La supuesta improvisación del espectáculo no hace demasiado plausibles los fallos y simulaciones de Manuel Galiana, actor que, por otra parte, se ha adueñado de la pieza con gran seguridad y estimables aciertos. Los quiebros, en todo caso, obedecen a una concepción demasiado conformista de algunas secuencias; así, es incomprensible el abuso caricaturesco que hay en el ejercicio de prestidigitación. Por contra, en el dúo zarzuelero, las aptitudes que para un buen timbre y entonación exhibe Natalia Dicenta, han permitido replantear positivamente la escena, una de las más aplaudidas.

Pienso, sinceramente, que hay comedia para rato en la sala Villarroel.

(La Vanguardia, Barcelona,
1 de diciembre de 1989, pág. 49).

JOAN DE SAGARRA:

Químicamente puro

Llega, por fin, a Barcelona *¡Ay Carmela!,* de Pepe Sanchis —sin acento en la *i,* por favor—, el gran éxito del teatro español de la temporada 1987-1988 (el espectáculo se estrenó en Zaragoza en noviembre de 1987), un éxito que se extiende como mancha de aceite por toda España, un éxito imparable.

....

Quisiera hacer partícipe al lector, y posible espectador de *¡Ay, Carmela!,* de la gran satisfacción que me produce el éxito de la obra de Pepe Sanchis, éxito merecidísimo, que el público del miércoles corroboró en el Villarroel, de manera unánime y entusiástica.

....

La interpretación es excelente y Natalia Dicente, que debuta en el papel de Carmela, está estupenda. No se la pierdan.

(El País, Madrid,
1 de diciembre de 1989, pág. 43).

JOAN CASAS:

Una nena que posa la pell de gallina

D'ençá d'aleshores, l'apoteosi. Un grapat de mesos a Madrid a teatre ple; Kitty Manver succeint Verónica Forqué en el paper de la protagonista; un no parar de *bolos;* i, finalment, el rodatge d'un film amb Carmen Maura en el paper principal. Allò que se'n diu un éxit históric. Però portar l'espectacle a Barcelona costava més que arrencar un queixal del seny.

I finalment s'alça el teló a Barcelona amb una actriu nova, que ha preparat la substitució amb el temps justíssim i que havia d'assumir el pes d'unes antecessores de prestigi. Però Natalia Dicenta és l'últim rebrot d'una llarga dinastia d'actors i, amb els seus vint-i-pocs anys, ha demostrat que pot causar sensació. El seu paper és agraït, un caramelet, però vol temperament, autoritat i saviesa en el matís. Natalia Dicenta té de tot això i li'n sobra, es va ficar a la butxaca el públic de l'estrena —ben abrigada per la veterania de Galiana— i s'hi ficarà tota la gent que hi vagi passant. No s'ho perdessin pas.

....

José Luis Gómez ha fet un muntatge que potencia el subtil joc de registres del text —tot i que afluixa, de vegades lamentablement, el seu to polític— i que exigeix dels actors subtilesa i virtuosisme. La interpretació de Galiana té les virtuts i els defectes que resulten de centenars de funcions: seguretat i tics de l'ofici. Però el contrapunt de la frescor interpretativa i vital de la seva companya ens permet veure el muntatge com si fos nou de trinca. Un espectacle, en definitiva, de visita obligada amb una actriu que fa posar la pell de gallina.

(Diari de Barcelona, Barcelona,
1 de diciembre de 1989, pág. 29).

Marcos Ordóñez:

Todos somos hijos del cobarde Paulino, de la mártir Carmela o de quien la mató

Así, Manuel Galiana funciona bien en la primera parte, muy en la línea del añorado Jose María Mompín, pero se pierde un tanto en la segunda, acaso porque cede a la facilidad de los agradecidos números de variedades que a punto están de quedarse sólo en eso, fallo del autor y fallo del cómico. Natalia Dicenta está muy bien: dice muy bien, canta muy bien, no tiene una sola frase fuera de registro, matiza de maravilla ese personaje que al menor descuido podría caer en el cliché de la cazurra-con-corazón-de-oro y esquiva con gran habilidad las posibles comparaciones con el estilo de la Forqué, su peculiarísima (y contagiosa) manera escénica.

....

Al final hubo merecidos aplausos y la convicción de que tenemos comedia para rato.

(ABC, 2 de diciembre de 1989,
pág. XI de *ABC Cataluña).*

Joaquim Vilà i Folch:

Perquè en resti memòria

Jose Luis Gómez ha trobat el just equilibri entre el joc populista i l'intel.lectual, entre allò que podria ser una farsa guinyolesca i el teatre polític, entre el simple oportunisme i la temptació demagògica. Esplèndida Natalia Dicenta (a Granollers vam veure a Verónica Forqué) que sap contrarestar amb eficàcia l'excessiva sobreactuació de Manuel Galiana. *¡Ay, Carmela!,* però és un espectacle que cal veure.

(Avui, Barcelona,
2 de diciembre de 1989, pág. 35).

CRISÓGONO GARCÍA:

¡Ay, Carmela!, de José Sanchis Sinisterra

A pesar de esas matizaciones que no desearía fueran polémicas, la obra es sencillamente espléndida. Por su estructura, como hemos apuntado, por su texto, por su humor, por la interpretación genial que de la misma hacen Verónica Forqué y Manuel Galiana. Los he visto muchas veces, pero en *¡Ay, Carmela!* han coronado la cumbre de su perfección. Tantos cambios de ánimos, tantos papeles interpretan dentro de su papel, que es sumamente meritorio esos bruscos registros en su arte teatral. Son muchas y sostenidas las ovaciones y oleadas de aplausos que levantan. Y, como estribillo de cierre, se oye corear: *Ay, Carmela, Ay Carmela.*

(Religión y Cultura, Madrid, núm. 168, 1989, pág. 134).